ESTRATEGIAS DE TRADING

TRADING STRATEGIES

4 LIBROS EN 1: DAY TRADING + FOREX TRADING + SWING TRADING + TRADING DE FUTUROS

COMO NEGOCIAR Y HACER DINERO A TRAVES DE UNA GUIA PARA PRINCIPIANTES.

(SPANISH EDITION)

por Andrew Rich

© Copyright 2021 - Todos los derechos reservados.

Este libro está orientado a proporcionar información exacta y confiable sobre el tema. La publicación se vende con la idea de que el editor no está obligado a prestar servicios contables, permitidos oficialmente o de otra manera por servicios calificados. Si se necesita asesoramiento legal o profesional, se debe solicitar un profesional.

- De una Declaración de Principios que fue aceptada y aprobada igualmente por un Comité de la American Bar Association (Asociación Americana de Abogados) y del Committee of Publishers and Associations (Comité de Editores y Asociaciones). De ninguna manera es legal reproducir, duplicar o transmitir cualquier parte de este documento en forma electrónica o impresa. La grabación de esta publicación está estrictamente prohibida y no se permite el almacenamiento de este documento, a menos que tenga un permiso por escrito del editor. Todos los derechos reservados.

La información proporcionada en este documento se declara veraz y coherente, ya que cualquier responsabilidad, en términos de falta de atención o de otro tipo, por el uso o abuso de cualquier política, proceso o dirección contenida en este documento es responsabilidad solitaria y absoluta del lector receptor. Bajo ninguna circunstancia se tendrá responsabilidad legal o culpa alguna contra el editor por cualquier reparación, daño o pérdida monetaria debido a la información aquí contenida, ya sea directa o indirectamente.

Las marcas comerciales que se utilizan aquí no tienen ningún consentimiento y no tienen permiso ni respaldo del propietario de la misma. Todas las marcas comerciales y marcas en general de este libro son sólo para fines de aclaración y son propiedad de los propios dueños no afiliados a este documento.

TRADING STRATEGIES

DAY TRADING 7

    Introducción 8

    Capítulo 1 Cómo funciona el Day Trading 17

    Capítulo 2 Hallar las acciones adecuadas para negociar 32

    Capítulo 3 Herramientas del Day Trading 41

    Capítulo 4 Abrir una cuenta de corretaje 62

    Capítulo 5 Planificación estratégica para la negociación de opciones 67

    Capítulo 6 Análisis de mercado 83

    Capítulo 7 Las 4 estrategias más comunes de Day Trading 100

    Capítulo 8 Patrones de velas 116

    Capítulo 9 Ingreso promedio de un Day Trader 135

    Capítulo 10 El trading y el tiempo 156

    Capítulo 11 Comercio de criptomonedas 162

    Capítulo 12 Riesgos y gestión de cuentas 179

    Capítulo 13 Errores de principiante que debe evitar 187

    Conclusión 197

FOREX TRADING **200**

    Introducción 201

    Capítulo 1 ¿Dónde se negocia en el mercado Forex? 222

    Capítulo 2 Cómo escoger un corredor 235

    Capítulo 3 La estrategia del scalping en el trading de Forex 246

    Capítulo 4 Estrategias para principiantes 269

    Capítulo 5 Análisis fundamental y técnico 285

    Capítulo 6 Estrategias operativas para el Forex 302

    Capítulo 7 Trading de rupturas (breakout) 342

    Capítulo 8 Gestión del riesgo y autodisciplina 354

    Capítulo 9 Los mejores consejos para los operadores de Forex 370

    Conclusión 381

SWING TRADING **384**

INTRODUCCIÓN 386
CAPÍTULO 1 POR QUÉ ES RECOMENDABLE EL SWING TRADING PARA LOS OPERADORES PRINCIPIANTES 391
CAPÍTULO 2 PRINCIPIOS BÁSICOS DEL SWING TRADING 398
CAPÍTULO 3 PLATAFORMAS Y HERRAMIENTAS PARA EL TRADING 425
CAPÍTULO 4 LA ESTRATEGIA DE LOS CANALES EN EL SWING TRADING 457
CAPÍTULO 5 LA ESTRATEGIA DE SWING TRADING DE RUPTURA... 465
CAPÍTULO 6 ANÁLISIS FUNDAMENTAL.. 473
CAPÍTULO 7 GESTIÓN DEL DINERO.. 480
CAPÍTULO 8 ESTRATEGIAS EXITOSAS DE ENTRADA Y SALIDA 508
CAPÍTULO 9 CÓMO MANTENER EL IMPULSO DEL SWING TRADING.. 526
CAPÍTULO 10 MEJORA DE LOS MÉTODOS DE SWING TRADING Y REDUCCIÓN DE LOS RIESGOS ASOCIADOS.... 544
CONCLUSIÓN 552

TRADING DE FUTUROS **554**

INTRODUCCIÓN 556
CAPÍTULO 1 CÓMO COMENZAR A OPERAR 562
CAPÍTULO 2 CÓDIGOS DE CONTRATOS DE FUTUROS, VOLÚMENES Y MESES DE NEGOCIACIÓN 574
CAPÍTULO 3 OPERAR CON FUTUROS POR DIFERENCIAS (SPREADS).. 578
CAPÍTULO 4 CONOZCA SUS PRODUCTOS 590
CAPÍTULO 5 QUÉ MERCADO OPERAR, Y CON QUÉ CORREDOR 593
CAPÍTULO 6 CUÁNDO OPERAR Y CUÁNDO NO OPERAR 602
CAPÍTULO 7 ANÁLISIS TÉCNICO 613
CAPÍTULO 8 CÓMO UTILIZAR LAS OPCIONES BINARIAS 619
CAPÍTULO 9 COMPARACIÓN Y COMBINACIÓN DE MODELOS.. 625
CAPÍTULO 10 COMBINACIONES Y VISUALIZACIÓN DEL RENDIMIENTO... 636
CAPÍTULO 11 DESARROLLO DE MODELOS DE TRADING 665
CAPÍTULO 12 PSICOLOGÍA DEL TRADING 684
CAPÍTULO 13 ¿POR QUÉ ES TAN ARRIESGADO EL APALANCAMIENTO? 700
CAPÍTULO 14 ENTRADAS Y SALIDAS 716
CAPÍTULO 15 GESTIÓN DEL RIESGO 723
CONCUSIÓN 726

Day Trading

UNA GUIA PARA PRINCIPIANTES ACERCA DE EL COMERCIO DE OPCIONES SOBRE ACCIONES Y LA INVERSION DE DIVISAS EN LINEA PARA GANARSE LA VIDA. EL LIBRO ESTA BASADO EN LA PSICOLOGIA UTILIZADA POR OPERADORES QUE HACEN DINERO Y OBTIENEN BENEFICIOS DE LOS DIVIDENDOS.

por Andrew Rich

Introducción

¿QUÉ ES EL DAY TRADING?

El day trading (o trading intradía), es básicamente la compra y venta de valores en un solo día de negociación en cualquier mercado, comúnmente en la bolsa de valores y divisas (FOREX) con el fin de obtener un conjunto de préstamos a corto plazo. Los comerciantes involucrados en esto lo invierten todo en esta actividad comercial: con múltiples fuentes de aprendizaje, tiempo para aprender, y un buen tipo de capital, a menudo terminan siendo bastante exitosos. Tener éxito en el day trading significa literalmente adquirir ganancias en grandes cantidades.

CARACTERÍSTICAS DE UN DAY TRADER

Ser un day trader (o trader intradía), no es algo que surja naturalmente, se requieren una personalidad y unos rasgos específicos. A continuación se presentan algunas de las características de un day trader.

- **DISCIPLINADO.**

Este es un rasgo realmente importante que los day traders necesitan tener. Los traders intradiarios deberían ser siempre disciplinados, para no desesperar cuando no surjan oportunidades, y para actuar rápido cuando aparezcan. Actuar rápido también incluye considerar estrictamente las reglas paso por paso, y las obligaciones plasmadas inicialmente en sus esquemas.

- **MENTE ABIERTA.**

El Day Trading es un tipo de compromiso de aprendizaje que genera ingresos, lo que implica que habrá buenos momentos y caídas. Cuídese y aprenda de todo eso. Mejore los buenos momentos, y descarte por completo los movimientos equivocados de las caídas. Estar expuesto a las victorias y a las derrotas lo convertirá en una persona de mente abierta, maestra de todos los posibles movimientos que puede usar para ganar.

- **AFICIONADO A LA TECNOLOGÍA.**

El day trading se lleva a cabo en diversas plataformas y sistemas de negociación con los que el comerciante debería estar familiarizado. Esto no debería asustarle. No necesita ser un genio de la informática para saber cómo funcionan. Aprenda los movimientos básicos y crezca tecnológicamente con el tiempo.

- **FORTALEZA MENTAL.**

Las pérdidas de operaciones en el mercado son constantes; los comerciantes más exitosos pierden operaciones todos los días. Usualmente ganan solo un poco más de lo que pierden. Es de vital importancia mantenerse concentrado y racional durante los períodos de pérdida, así como no dejar que le afecte el hecho básico de que se ha perdido dinero. Concéntrese en sus futuras actividades de day trading, implementando algunas de las estrategias descritas en un gran plan.

- **INDEPENDIENTE.**

La independencia se esfuerza por construirle su propia caja de herramientas, es decir, lo guiará por siempre. Leer libros de comercio, ver todos y cada uno de los videos, interactuar con un mentor tras otro, puede ser una pérdida total. ¿Qué pasa si diferentes libros tienen un punto de vista confuso sobre un campo en particular? ¿Qué pasa si su suscriptor de YouTube decide dejar de hacer blogs? Aprenda siempre los conceptos básicos luego de una investigación profunda. Atrévase a investigar a fondo, convénzase de que se tiene a usted mismo, y obtenga los grandes beneficios. Sin embargo, cuando sienta que está demasiado perdido, no dude en buscar ayuda. Más importante, domine y analice los movimientos exitosos, y deje que sean parte de su gran plan.

- **PACIENTE.**

Las cosas buenas se toman su tiempo. Piense cuidadosamente en cada movimiento estratégico que trate de hacer. Esto no debería volverlo paranoico. Actúe de acuerdo a varias disciplinas para reducir el número de posibles pérdidas durante las diversas actividades del day trading.

Además, un comerciante paciente es un comerciante que aprende. El day trading no será fácil al principio, pero con el tiempo, mientras adquiere numerosas habilidades y experiencia, es de esperar que las cosas fluyan sin problemas. Tenga paciencia.

- ○ **ORIENTADO AL FUTURO.**

Atascarse en el pasado lo convierte en un prisionero. Pensar hacia adelante le permite ver los posibles movimientos y decidir cuándo ocurrirá la siguiente actividad comercial, considerando los protocolos establecidos en el plan del comerciante. Estar orientado al futuro incita a pensar hacia adelante, lo que claramente implica conocer y pensar mentalmente en tus siguientes movimientos luego de un examen considerable. Estar orientado hacia el futuro acelera y simplifica los movimientos de operaciones del day trading, y es más que probable que tengan éxito.

- ○ **LIBERTAD FINANCIERA.**

El day trading no requiere que sea necesariamente un magnate, pero requiere que posea una cantidad específica de dinero que haya sido seleccionada con precisión para comenzar su negocio intradía. Recuerde que las primeras veces son siempre una situación de ganar o perder, a medida que continúa aprendiendo y creciendo. Este monto particular de dinero puede perderse también. Sea cuidadoso con la manera en la que maneja sus finanzas en el day trading. No todas las historias son buenas historias.

- **ENTUSIASMO.**

Un gran interés en algo es una meta exitosa pendiente. Una gran inclinación entusiasta por las acciones, valores, materias primas, los mercados, y el negocio, le proporciona la sed de aprender y dominar todo acerca de lo que trata el day trading. Estos son signos de un day trader exitoso.

- **EXPERIENCIA Y FAMILIARIDAD.**

La experiencia viene acompañada de lecciones y aprendizajes fallidos. Expóngase a diferentes fuentes de aprendizaje, y domine cada movimiento rentable durante el day trading, para sacar lo mejor de ello. Vale la pena obtener la experiencia real y la familiaridad de las plataformas de negociación, y las diversas estrategias necesarias para tener éxito en las transacciones intradiarias.

DIFERENCIA ENTRE OPERACIONES LARGAS Y CORTAS

En los mercados de valores, los términos largo y corto implican básicamente si una operación se inició con la primera venta o la primera compra. Una operación larga se inicia cuando el day trader compra a un precio particular, y con la intención de vender a un precio más alto en el futuro, en un intento por obtener ganancias, mientras que las operaciones cortas se inician con la venta, incluso antes de comprar, con la intención de recomprar a un precio más bajo y eventualmente obtener beneficios.

La venta corta es simplemente:

- Pedir prestadas las acciones.
- Vender las acciones.
- Recomprar las acciones
- Ganar o perder

También hay riesgos involucrados en las ventas en corto; el precio de las acciones puede terminar siendo muy alto, y normalmente no hay un límite para lo alto que puede llegar a ser.

Durante las operaciones largas, su potencial de ganancias e ilimitado, ya que el precio del activo puede aumentar indefinidamente.

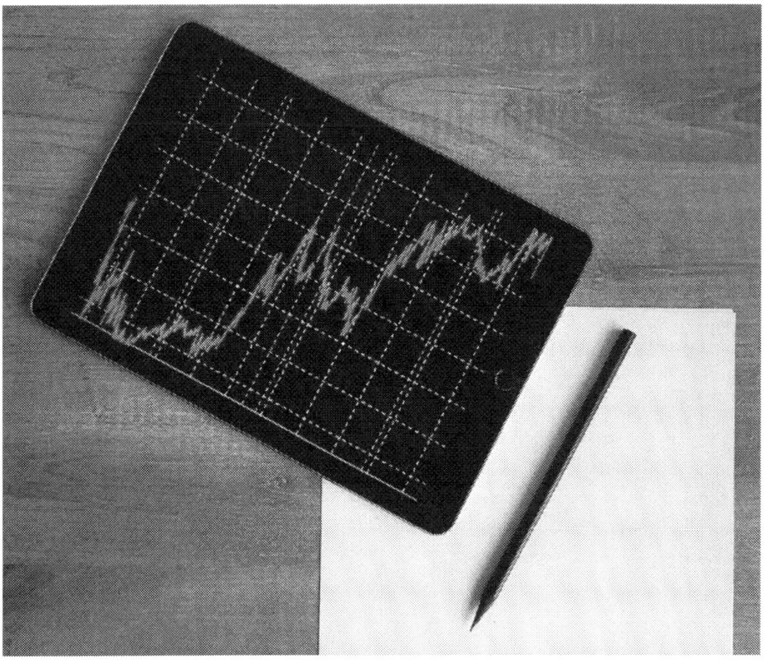

Capitúlo 1 Cómo funciona el Day Trading

Hemos mencionado antes que el day trading no es algo que se deba dar por hecho. Debe preguntarse a usted mismo si realmente quiere involucrarse o no. Hay algunas cosas que debe tener antes de considerar convertirse en un day trader, y es por eso que estamos aquí para ayudarlo.

Antes de saltar al mundo del day trading, es esencial que acumule algunos conocimientos sobre el mundo del trading. Debe averiguar su nivel de tolerancia al riesgo, sus objetivos y su capital.

El day trading es una carrera en la que debe invertir tiempo. Si decide intentarlo, debe dedicar tiempo a practicarlo antes de comenzar a negociar en serio. Mientras practica, mejora sus estrategias. Solo entonces, ¿utiliza dinero real para probarlo? Todo esto requiere que invierta su tiempo. El day trading no es algo que se pueda realizar con éxito solo cuando tenga la urgencia de hacerlo. Debe dedicar de su tiempo y energía si quiere ser exitoso

Si ha decidido considerar el trading, debe pensar en comenzar con lo menos posible. Inicialmente, opte por pocas acciones o valores, en lugar de intentar ingresar al mercado por todo lo alto, y al final del día, quedarse sin nada. Si empieza con todo lo que tiene, terminará confundiéndose, y esto podría generar una gran cantidad de pérdidas.

Es aconsejable que esté tranquilo mientras opera. Apague sus emociones a la hora de negociar. Utilice únicamente hechos, no intente utilizar sus emociones, ya que podrían engañarle.

Cuanto más pueda deshacerse del aspecto emocional, más fiel podrá ser al plan que ha trazado. El estar tranquilo le permite estar concentrado.

DAY TRADING VS. SWING TRADING

Cuando se trata del mundo del trading, las personas tienen distintas maneras de pensar, lo que significa que existen distintas escuelas de pensamiento sobre lo que se debería hacer. Un tema muy debatido es si se debería optar por una forma de negociación a corto plazo, como el day trading, o una a largo plazo, como el trading de posiciones.

Los comerciantes de ambas escuelas sienten que sus estilos son mejores que los de la otra. Siguen adelante pensando que los suyos ganan más dinero, en comparación con el resto. Analizaremos los hechos y llegaremos a la verdad. Si prueba el day trading, ¿conseguirá más dinero que alguien que utilice el position trading, o viceversa?

¿Debería entrar y salir de diversos mercados, como si fuera un velocista? ¿Debería quedarse en un mercado por más tiempo?

Veremos lo que tenemos disponible antes de concluir.

Day Trading

Antes de decidir cuál es mejor, hablemos acerca de sus diferencias. El day trading significa tanto la apertura como el cierre de posiciones en un día en particular.

Una ventaja del day trading es que no se le permite mantener una posición después de pasado un día. Eso significa que no tiene que preocuparse por cómo le está yendo a una operación mientras duerme.

Usted sabe con facilidad en donde ha terminado al final del día. Puede decir fácilmente si ha perdido u obtenido ganancias.

Una desventaja del day trading es el hecho de que debe buscar una nueva operación cada día. Esto puede resultar estresante para algunos, pero fácil para otros.

Swing Trading

Esta es otro tipo de negociación, en la que un comerciante intenta captar las variaciones en los cambios de precio en una oferta, para obtener beneficios significativos del nuevo movimiento.

Para realizar esto, necesita más experiencia y estrategias. Estas le permitirán conocer la forma en que ocurriría un movimiento de perspectiva.

Se sabe que los swing traders analizan sus gráficos a diario, en un intento por encontrar esa oportunidad que podría conducir a un movimiento significativo en los próximos días.

Apenas se detecta esa oportunidad, la intercambian y tratan de gestionarla durante unos días.

Una ventaja del swing trading es el hecho de que no es necesario estar en una posición todos los días antes de que pueda generar dinero. La operación correcta podría generarle una excelente relación recompensa/riesgo. Eso significa que si todo sale según lo planeado, puede hacer un montón de dinero con esa única decisión comercial. La cuestión es si todo saldrá como lo planeado. Los novatos deberían evitar esto en el juego del trading.

Se necesita experiencia para poder predecir lo que sucedería después de que se haya realizado un análisis exhaustivo.

Una desventaja significativa es el hecho de que involucra en gran medida la predicción del precio. Esto significa que es más parecido al arte que a la ciencia. Aparte de eso, no tiene más remedio que observar como sus ganancias y pérdidas en esa operación se mueven arriba y abajo dentro de un período de tiempo. Esto no es para los de corazón débil, ni para aquellos con miedo a perder.

COMPRA EN LARGO, VENTA EN CORTO

Ahora que hemos tenido la oportunidad de repasar un poco sobre el day trading y por qué es una gran oportunidad de inversión, es hora de analizar algunas de las diferentes estrategias que puede utilizar para que el day trading sea un éxito para usted. Para este momento, es posible que usted ya haya usado algunas estrategias diferentes, y haya probado un poco el day trading. Pero en este capítulo, comenzaremos con una de las estrategias de nivel intermedio, que puede utilizar para ver grandes resultados. Y vamos a empezar con la venta corta, o "short selling".

La venta corta será la venta de algún tipo de acción, u otro instrumento financiero que un vendedor haya tomado prestado para realizar una venta directa. El vendedor piensa que la acción que pidió prestada va a bajar de precio, lo que significa que será más fácil comprarla a un precio más bajo más adelante. La diferencia entre el precio de la acción que fue vendida en corto, y el precio al que se compró, será la pérdida o ganancia para el vendedor, según los números que tenga.

Cualquier puede colocar en corto cualquier instrumento o activo, incluidas acciones, bonos, divisas, materias primas y valores híbridos. Cualquier empresa que tenga algunas acciones que negociará en el mercado, por lo general tendrá millones de acciones que sus accionistas conservarán. Estos accionistas pueden incluir inversores, empleados, gerentes y ejecutivos individuales e institucionales. Sin embargo, todas estas personas van a tener un interés común, que será el deseo de que la compañía siga teniendo éxito en el futuro. Esta es la forma en la que ganan dinero con las acciones. El resultado de esto será que las acciones se revaloricen con el tiempo, y ofrezcan beneficios a los accionistas.

Cualquiera puede comprar las acciones de una compañía, siempre que tenga dinero para invertir en ella. Invertir en acciones ha sido durante mucho tiempo un medio popular para acumular dinero. Muchas veces, un inversor va a comprar acciones de diferentes empresas, y puede que dichas empresas las intercambien rápidamente, o las conserven durante un período de tiempo más largo. La compra de acciones se conoce como compras en largo, y "largo" se referirá solo a los inversores que compran acciones y no las venden en corto. Por ejemplo, los fondos mutuos operarían en largo sin acciones en corto.

Este tipo de acciones se compran fácilmente con efectivo, o mediante otra cuenta, conocida como cuenta de margen. Si el inversor puede pagar en efectivo, pagará la cantidad total que vale la acción. Si están trabajando con la cuenta de margen, pagarán parte del monto antes de pedir prestado el resto a su corredor, utilizando las acciones como garantía. Usted podría realizar ventas en corto con una cuenta de margen si fuera necesario.

Los inversores a menudo están dispuestos a esperar mucho, cuando tienen la esperanza de ver un aumento en el precio de las acciones. Los comerciantes se quedan con las acciones por poco tiempo cuando esperan que su precio caiga. Al vender en corto, esto les permite vender acciones que técnicamente no poseen. La razón por la que pueden hacer esto es que piden prestadas las acciones a los corredores, y luego las venderán al precio actual del mercado. Las ganancias luego se acreditarán a la cuenta de margen del vendedor. Y si obtienen suficientes ganancias, se quedan con el resto. Luego, en el futuro, el vendedor podrá cubrir su posición corta comprándola y reembolsando las acciones que se le prestaron de vuelta al corredor.

La diferencia que surge entre la venta y el precio de compra terminará siendo la pérdida o la ganancia para el vendedor, en función de cuánto pudo beneficiarse de la venta.

La idea del short selling es a menudo un tema que se malinterpreta en gran medida a la hora de invertir. Los vendedores en corto a menudo se ven como personas insensibles que intentarán obtener una ganancia, sin importar lo que cueste. Se les ve como personas a las que no les importan mucho las empresas o las personas que pueden ser destruidas en este proceso. Sin embargo, la verdad sobre este tipo de comerciantes es bastante diferente. Descubrirá que los vendedores en corto, cuando tienen éxito, permitirán que el mercado funcione mejor, ya que agregarán mayor liquidez a la mezcla, y restringirán cualquier sobrexuberancia que se produzca con los inversores en el mismo.

Demasiado de este optimismo puede llevar al mercado de valores a niveles realmente elevados cuando es un momento pico. El proceso de short selling será un control de realidad que evitará que las acciones se eleven a niveles extraordinarios durante esos momentos. Ponerse en una posición corta es arriesgado, porque está orientado a ir en contra de las tendencias del mercado. Y se dará cuenta de que puede volverse más riesgoso a medida que el mercado comience a apresurarse. Es por eso que el short selling a menudo está reservado para los comerciantes que tienen experiencia con el mercado, y que saben más sobre lo que están haciendo.

La idea y el proceso de la venta en corto es algo con lo que la mayoría de los comerciantes no están familiarizados. Mucha gente está acostumbrada a lo normal, comprar cuando el precio es bajo y vender cuando es alto, cuando invierten. Son muy pocos los que conocen la venta alta y la compra baja. Al realizar ventas en corto, se beneficia de las acciones que tienden a bajar de precio. Básicamente pedirá acciones prestadas a su corredor para venderlas y devolvérselas más adelante. Si tiene suerte, lee bien el mercado, y su operación funciona adecuadamente, puede comprar esas acciones a un precio inferior al que las vendió.

COMERCIANTES MINORISTAS VS. INSTITUCIONALES

En el mundo del comercio, existen básicamente dos tipos de comerciantes: institucionales y minoristas. La diferencia entre ellos dicta la manera en que abordan sus operaciones. Por ejemplo, los comerciantes institucionales suelen realizar grandes transacciones en comparación con los minoristas. Pero, ¿qué son exactamente?

Sus nombres pueden darle una pista de lo que puede entender de ellos.

Los comerciantes minoristas se refieren a comerciantes individuales. Estos comerciantes pueden ser cualquier persona en el mundo que tenga la capacidad de participar en una operación. Por otro lado, los comerciantes institucionales son aquellos que representan a grandes instituciones financieras, fondos de cobertura, bancos, u otras grandes empresas que administran dinero. Se podría decir que los comerciantes institucionales son comerciantes "corporativos", mientras que los minoristas son comerciantes "domésticos".

Entonces, ¿la cantidad invertida en el negocio determina el tipo de comerciante en el que uno se convierte? ¿Es ese el único punto de distinción?

No del todo.

Análisis

Un comerciante minorista generalmente prefiere utilizar algún tipo de sistema de análisis técnico para sus operaciones. Utilizan patrones de precios y comportamientos pasados, o indicadores en el presente que dictan escenarios de precios futuros. Por otro lado, los comerciantes institucionales no suelen utilizar únicamente patrones o sistemas técnicos para hallar las oportunidades en su negocio.

Enfoque

Dado que los comerciantes institucionales han estado lidiando con el sistema durante mucho tiempo, su experiencia los ha llevado a perfeccionar muy bien sus habilidades. Hacen uso de los sentimientos y fundamentos del mercado. Usan la psicología del trading (que se compone de un firme entendimiento de sus emociones y del hecho de mantener una mente analítica, a pesar de la situación en la que se encuentre) y de la comprensión de las respuestas generales hacia una moneda. Están siempre atentos a las noticias, para ver si hay ciertas tendencias o reacciones que puedan captar.

Los comerciantes minoristas no tienen experiencia en la gestión de riesgos, ni tienen una mente psicológica adecuada para comerciar. Sin embargo, esta es una situación que le sucede a todos los que se inician en el comercio de divisas. Nadie puede estar preparado para lo que experimentará. Deben experimentarlo primero antes de que puedan decidir como agudizar su forma de pensar.

Apalancamiento

Los comerciantes institucionales no suelen utilizar apalancamientos financieros. Su principal atención se dedica a la gestión de riesgos. Incluso si ocurriera una situación en la que tuvieran que hacer uso de ello, serían muy cuidadosos con respecto a la cantidad que usarían.

Por otra parte, los comerciantes minoristas cometen el error de buscar corredores que les proporcionan altos niveles de ventaja. Si bien el hecho en sí mismo no es incorrecto, plantea un problema para aquellos minoristas que eligen a sus corredores únicamente en función del criterio de cuanto apalancamiento les podrán brindar.

Ahora que hemos entendido más sobre el mercado Forex y sus jugadores, es hora de que analicemos el componente más esencial del mercado: las divisas. Más importante aún, vamos a echar un vistazo a algunos de los principales actores del mercado Forex.

NEGOCIACIÓN DE ALTA FRECUENCIA (HFT, POR SUS SIGLAS EN INGLÉS)

Esta técnica de negociación implica transacciones de alta frecuencia. Es quizás el estilo de negociación más arriesgado, complejo e involucrado, que exige velocidad y atención las 24 horas del día. Los operadores que utilizan esta técnica confían en analizar múltiples mercados al mismo tiempo para obtener ganancias. Los operadores exitosos en este método son capaces de evaluar sus sistemas de comercio compuestos y con marca registrada. Usualmente, un principiante, tal vez trabajando desde casa, no suele ser competitivo en este mercado. Este enfoque de negociación difiere del day trading, ya que el day trading sigue un enfoque de mercado único.

Esencialmente, el day trading difiere de todos estos mecanismos comerciales, debido al período de tenencia de las acciones compradas. Recuerde que operar implica principalmente comprar barato y vender caro. Además, recuerde que el day trading implica entrar y salir del mercado el mismo día. A menudo es como un trabajo a tiempo completo, en el que debe identificar y asegurarse de que todos los requisitos estén en orden. Cualquier interrupción del espacio de trabajo puede hacer que los operadores pierdan las fluctuaciones de precios intradiarias y, por lo tanto, pierdan sus mejores oportunidades comerciales. Sin embargo, no es tan complejo, intensivo o arriesgado como el scalping, que requiere condiciones más estrictas y menos períodos de negociación.

Capítulo 2   Hallar las acciones adecuadas para negociar

Si bien vamos a explorar algunas de las mejores estrategias a utilizar cuando se trabaja en el day trading, primero debemos tener una idea de cómo elegir las acciones adecuadas, para facilitar el proceso. Puede tener la mejor estrategia del mundo, pero si elige las acciones equivocadas, estará perdiendo su tiempo. Antes de continuar, deberá tomarse un tiempo aquí para estudiar sus acciones. Los siguientes factores le ayudarán a elegir las acciones perfectas para negociar.

LOS INGRESOS DE LA COMPAÑÍA

El crecimiento de una acción comenzará cuando la compañía empiece a ganar dinero. Si la compañía no está produciendo dinero, es posible que sea nueva, y que sea demasiado pronto para determinar que tan rentable será, o que esté a punto de fracasar. De cualquier manera, no ganarás dinero en el day trading con ellos. Los ingresos le darán una idea de cuánto dinero está ganando una empresa. Si observa los ingresos, y nota que están aumentando constantemente, es una buena señal de que la empresa está creciendo.

- Fallan.

Si observa que los ingresos de la compañía están cayendo, entonces sus acciones fallan, y no debería usarlas para negociar.

- Aprueban.

Si observa que los ingresos están aumentando, entonces las acciones aprueban, y podrían ser adecuadas para negociar.

BENEFICIOS POR ACCIÓN

Los beneficios por acción, o BPA, mostrarán cuánto de los ingresos de la compañía fluyen desde y hacia los bolsillos de sus accionistas. El BPA será la cantidad de dinero que la empresa obtenga en ganancias por cada acción que tiene.

- Fallan.

Si observa que el BPA disminuye, entonces las acciones fallan.

- Aprueban.

Si observa que el BPA aumenta, entonces las acciones aprueban.

RENTABILIDAD FINANCIERA (ROE)

La rentabilidad financiera es muy importante cuando se trata de elegir las acciones en las que invertirá su dinero. El ROE puede ser un buen indicador de la eficiencia con la que la administración de una empresa puede generar beneficios.

- Fallan.

Si observa que el ROE disminuye, especialmente si ha caído en los últimos dos años, entonces las acciones fallan.

- Aprueban.

Si observa que el ROE ha aumentado durante al menos los últimos dos años seguidos, entonces las acciones aprueban.

RECOMENDACIONES DE LOS ANALISTAS

Debería tomarse un tiempo para escuchar lo que dicen los analistas del mercado sobre una determinada acción. Si bien hay ocasiones en las que estos analistas pasan por alto información importante, o buenas oportunidades, pasan mucho tiempo investigando el mercado de valores. Y cuando terminan, darán sus recomendaciones. Esta puede ser información útil para un principiante en day trading:

- Fallan.

La recomendación falla si la recomendación de consenso no alcanza el nivel de compra.

- Aprueban.

La recomendación se aprueba si la recomendación de consenso es la de comprar.

SORPRESA DE GANANCIAS POSITIVAS

Cada trimestre, la empresa debe publicar una declaración sobre sus finanzas. Este es un requisito legal para poder estar en la bolsa de valores, y proporciona a los inversores y prestamistas información importante sobre las finanzas de la empresa. Antes de que una empresa publique estas declaraciones, muchos analistas harán algunas predicciones sobre el BPA para la empresa:

- Fallan.

Si las ganancias para la empresa durante los trimestres anteriores han sido negativas, entonces las acciones fallan.

- Aprueban.

Si se reciben ganancias, y son mayores de lo que se predijo, entonces las acciones aprueban.

PRONÓSTICO DE GANANCIAS

Como un day trader, es importante tener una buena idea de lo que la empresa podría ganar potencialmente en el futuro. Esto le ayudara a determinar si es probable que alguien más quiera comprar las acciones más adelante.

- Fallan.

La acción fallará si el BPA pronosticado va a disminuir.

- Aprueban.

La acción aprobará si el BPA previsto aumenta.

AUMENTO DE GANANCIAS

Este es el número que los comerciantes pueden usar, ya que les indica como los analistas creen que crecerán las ganancias de una empresa cada año.

- Fallan.

Si el número a largo plazo de cinco años está por debajo del ocho por ciento, entonces la acción falla.

- Aprueban.

Si el pronóstico para el número a largo plazo de cinco años termina siendo superior al ocho por ciento, entonces la acción aprueba.

RATIO PEG

Otro número que puede observar es el ratio PEG. Esta es una relación que incluirá los Precios/Beneficios a crecer junto con otros factores que fueron importantes en el crecimiento de la empresa. Como comerciante, desea asegurarse de que está trabajando con acciones que se prevé que crecerán en el futuro, por lo que esta proporción puede ser realmente importante para determinar esta información:

- Fallan.

Si el valor de la relación es más de 1.0, entonces la acción falla a su análisis.

- Aprueban.

Si el valor de la relación es menos de 1.0, entonces la acción aprueba.

GANANCIAS DE PRECIOS DE LA INDUSTRIA

Las ganancias de precios de la industria le mostrarán el promedio de cuánto gana la empresa en comparación con otras empresas de la misma industria. Esto puede ayudarle a averiguar si a la empresa le está yendo igual de bien, peor, o mejor que a otras empresas en ese momento:

- Fallan.

Las acciones fallan si el PEG termina siendo más bajo que las ganancias de la industria para ese período de tiempo.

- Aprueban.

Las acciones aprueban si el PEG termina siendo mayor a las ganancias de la industria.

DÍAS PARA CUBRIR

El interés corto le ayudará a conocer el número de acciones en que los inversores están cortos. Los días de cobertura se refieren a cuántos días tardarán los vendedores en corto en cubrir la posición en la que se encuentran. Esta información puede ayudarle a tener una buena idea de si la empresa es rentable, cuánto tiempo les tomaría volverse rentable, y si esta es realmente una buena oportunidad de inversión en la cual trabajar.

- Fallan.

Si los días a cubrir terminan siendo más de dos, entonces no le servirá para su análisis.

- Aprueban.

Si los días a cubrir terminan por debajo de dos, entonces servirá a su análisis.

Cuantos más puntos apruebe una acción en particular, es mejor opción para realizar transacciones intradiarias y ganar beneficios. Dicho esto, hay momentos en los que es muy difícil para usted encontrar una acción que cumpla con todos estos diferentes aspectos, y es posible que deba decidir cuáles son los más importantes para sus estrategias comerciales. Trate de conseguir tantos (si no todos) como le sea posible, para obtener las mejores acciones para sus necesidades mercantiles.

Cada operador tendrá su propia estrategia a la hora de elegir las acciones adecuadas. Hablaremos sobre algunas estrategias en varios capítulos y, a veces, estas estrategias lo llevarán a la acción adecuada para sus necesidades. Pero el observar los diez factores anteriores realmente puede marcar la diferencia a la hora de responder a la pregunta "¿en qué acciones debería invertir?".

Capitúlo 3 Herramientas del Day Trading

Existen diversas herramientas necesarias para que pueda a llevar a cabo el day trading de manera exitosa. Algunas de estas herramientas están disponibles de forma gratuita, mientras que otras deben comprarse. El trading moderno no es como la versión tradicional. Esto significa que tiene que conectarse a internet para tener acceso a las oportunidades del comercio intradía.

Así pues, la herramienta número uno que necesita es un portátil o un ordenador con conexión a Internet. El ordenador que use debe tener suficiente memoria para que pueda procesar sus solicitudes con la suficiente rapidez. Si su ordenador se bloquea o se queda colgado todo el tiempo, se perderá algunas oportunidades lucrativas. Hay plataformas de negociación que necesitan mucha memoria para funcionar, y siempre se debe tener esto en cuenta.

Su conexión a internet también debe ser lo suficientemente rápida. Esto asegurará que su plataforma de negociación se cargue en tiempo real.

Asegúrese de obtener una velocidad de internet que procese los datos instantáneamente para evitar experimentar cualquier retraso en la carga de los mismos. Debido a algunos cortes que se producen con la mayoría de los proveedores de internet, es posible que también tenga que invertir en un dispositivo de internet de reserva, como un hotspot para su teléfono inteligente, o un módem. Otras herramientas y servicios esenciales que usted necesita son:

Corretaje

Para tener éxito en el day trading, necesita los servicios de una empresa de corretaje. El trabajo de la empresa es dirigir sus operaciones. Algunos corredores tienen más experiencia que otros en el day trading. Debe asegurarse de conseguir el corredor de day trading adecuado que pueda ayudarle a obtener los mayores beneficios de sus operaciones. Dado que el day trading implica varias operaciones al día, necesita un corredor que ofrezca las menores tasas de comisión. También necesita un corredor que le proporcione el mejor software para sus transacciones. Si prefiere utilizar un software específico para sus operaciones, busque un corredor que le permita utilizar este software.

Información del mercado en tiempo real

Las noticias y los datos del mercado son esenciales cuando se trata de day trading. Le proporcionan las últimas actualizaciones sobre los cambios de precios actuales y previstos en el mercado. Esta información le permite personalizar sus estrategias en consecuencia. Los operadores intradiarios profesionales siempre gastan mucho dinero en buscar este tipo de información en plataformas de noticias, en foros en línea o a través de cualquier otro canal fiable.

Los datos financieros suelen generarse a partir de los movimientos de precios de determinados inventarios y bienes. La mayoría de los corredores disponen de esta información. Sin embargo, tendrá que especificar el tipo de datos que necesita para sus operaciones. El tipo de datos que debe obtener depende del tipo de valores que desee negociar.

Monitores

La mayoría de los ordenadores tienen la capacidad de conectarse a más de un monitor. Debido a la naturaleza del negocio del day trading, es necesario seguir las tendencias del mercado, estudiar los indicadores, seguir las noticias financieras y controlar el rendimiento de los precios al mismo tiempo. Para que esto sea posible, es necesario tener más de un procesador para que las tareas mencionadas puedan ejecutarse simultáneamente.

Clases

Aunque puede dedicarse al day trading sin asistir a ninguna escuela, debe formarse en algunas de las estrategias que necesita para tener éxito en el negocio. Por ejemplo, puede decidir inscribirse en un curso en línea para adquirir los conocimientos necesarios en el negocio. Puede que tenga todas las herramientas esenciales en su poder, pero si no tiene la experiencia adecuada, todos sus esfuerzos pueden ser inútiles.

GRÁFICOS DE PRECIOS DEL DAY TRADING

Los gráficos son utilizados por los operadores para supervisar los cambios en los precios. Estos cambios determinan cuándo entrar o salir de una posición de negociación. Hay varios gráficos que se utilizan en las operaciones intradías. Aunque estos gráficos difieren en términos de funcionalidad y diseño, normalmente ofrecen la misma información a los operadores.

Algunos de los gráficos más comunes en el day trading incluyen:

1. <u>Gráficos de líneas</u>
2. Gráficos de barras
3. *Gráficos de velas*

Para cada uno de los gráficos anteriores, se debe entender cómo funcionan, así como las ventajas e inconvenientes que conllevan.

GRÁFICOS DE LÍNEAS

Estos gráficos son muy populares en todo tipo de operaciones de bolsa. No dan el precio de apertura, sólo el de cierre. Se espera que especifique el periodo de negociación para que el gráfico muestre el precio de cierre de ese periodo. El gráfico crea una línea que conecta los precios de cierre de los diferentes períodos.

La mayoría de los operadores intradiarios utilizan este gráfico para establecer cómo se ha comportado el precio de un activo a lo largo de diferentes períodos. Sin embargo, no se puede confiar en este gráfico como único proveedor de información a la hora de tomar decisiones comerciales críticas. Esto se debe a que el gráfico sólo le proporciona el precio de cierre. Eso significa que no puede establecer otros factores vitales que han contribuido a los cambios actuales en el precio.

GRÁFICOS DE BARRAS

Se trata de líneas utilizadas para indicar los rangos de precios de un determinado valor a lo largo del tiempo. Los gráficos de barras constan de líneas verticales y horizontales. Las líneas horizontales suelen representar los precios de apertura y cierre. Cuando el precio de cierre es superior al de apertura, la línea horizontal es siempre negra. Cuando el precio de apertura es más alto, la línea se vuelve roja.

Los gráficos de barras ofrecen más información que los gráficos de líneas. Indican los precios de apertura, los precios más altos y los más bajos, así como los precios de cierre. Son fáciles de leer e interpretar. Cada barra representa información puntual. Las líneas verticales indican los precios más altos y más bajos alcanzados por un determinado valor. El precio de apertura de un valor se muestra siempre con una pequeña línea horizontal a la izquierda de cada línea vertical. El precio de cierre es una pequeña línea horizontal a la derecha.

La interpretación de los gráficos de barras no es tan fácil como la de los gráficos de líneas. Cuando las líneas verticales son largas, indica que hay una diferencia significativa entre el precio más alto alcanzado por un valor y el precio más bajo. Por lo tanto, las líneas verticales grandes indican que el producto es muy volátil, mientras que las líneas pequeñas indican ligeros cambios en el precio. Cuando el precio de cierre es muy superior al de apertura, significa que hubo más compradores durante el periodo indicado. Esto indica que es probable que haya más compras en el futuro. Si el precio de cierre es ligeramente superior al de compra, significa que hubo muy pocas compras durante el periodo. La información del gráfico de barras siempre se diferencia mediante códigos de colores. Por lo tanto, debe entender qué significa cada color, ya que esto le ayudará a saber si el precio está subiendo o bajando.

Ventajas de los gráficos de barras

- Presentan gran cantidad de datos en un formato visual
- Resumen grandes cantidades de datos
- Ayudan a estimar de antemano información importante sobre los precios
- Indican cada categoría de datos con un color diferente
- Muestran una gran precisión
- Son fáciles de entender

Desventajas

- Requieren una interpretación adecuada
- Una interpretación errónea puede llevar a una información falsa
- No explican los cambios en los patrones de precios

GRÁFICOS DE TICKS

Los gráficos de ticks no son habituales en el day trading. Sin embargo, algunos operadores utilizan estos gráficos para diversos fines. Cada barra del gráfico representa numerosas operaciones. Por ejemplo, un gráfico 415 genera una barra para un grupo de 415 posiciones comerciales. Una gran ventaja de los gráficos de ticks es que permiten a los operadores entrar y salir de múltiples posiciones rápidamente. Esto hace que los gráficos sean ideales para los operadores intradiarios que negocian grandes volúmenes de acciones cada día.

Estos gráficos funcionan completando varias operaciones antes de mostrar una nueva barra. A diferencia de otros gráficos, estos funcionan en función de la actividad de cada operación, no del tiempo. Puede utilizarlos si necesita tomar decisiones más rápidas en sus operaciones. Otra ventaja de los gráficos de ticks es que puede personalizar cada gráfico para adaptarlo a sus necesidades de negociación. Puede aplicar el gráfico a diversos tamaños de transacción. Cuanto mayor sea el tamaño, mayor será el potencial de obtener beneficios de la operación.

Cuando se utiliza en el day trading, el gráfico de ticks funciona junto con los siguientes tres indicadores:

GRÁFICOS DE VELAS

Los gráficos de velas se utilizan en casi todas las plataformas de negociación. Estos gráficos contienen mucha información sobre el mercado de valores y los precios de las acciones. Le ayudan a obtener información sobre los precios de apertura, de cierre, más altos y más bajos de las acciones en el mercado. El precio de apertura siempre se indica como la primera barra a la izquierda del gráfico, y el precio de cierre está en el extremo derecho del gráfico. Además de estos precios, el gráfico de velas también contiene el cuerpo y la mecha. Estas son las características que diferencian al gráfico de velas de otros gráficos de trading intradía.

Una gran ventaja de los gráficos de velas es el uso de diferentes aspectos visuales a la hora de indicar los precios de cierre, apertura, más altos y más bajos de las acciones. Estos gráficos computan los precios de las acciones en diferentes marcos temporales. Cada gráfico consta de tres segmentos:

- La sombra superior

- El cuerpo
- La sombra inferior

El cuerpo del gráfico suele ser de color rojo o verde. Cada vela es una ilustración del tiempo. Los datos en la vela representan el número de operaciones realizadas en el tiempo especificado. Por ejemplo, una vela de 10 minutos indica 10 minutos de negociación. Cada vela tiene cuatro puntos, y cada punto representa un precio. El punto alto representa el precio más alto de la acción, mientras que el bajo representa el precio más bajo de la acción. Cuando el precio de cierre es inferior al de apertura, el cuerpo de la vela será de color rojo. Cuando el precio de cierre es más alto, el cuerpo será de color verde.

Hay varios tipos de velas que se pueden utilizar en el day trading. Uno de ellos es el gráfico Heikin-Ashi, que le ayuda a filtrar cualquier información no deseada de los datos del gráfico, terminando con una indicación más precisa de la tendencia del mercado. Los operadores novatos suelen utilizar este gráfico por la claridad con la que muestra la información.

El gráfico Renko sólo muestra los cambios en el tiempo. No da ninguna información de volumen o de tiempo. Cuando el precio supera los puntos más altos o más bajos alcanzados anteriormente, el gráfico lo muestra como un nuevo ladrillo. El ladrillo es blanco cuando el precio está subiendo y negro cuando el precio está bajando.

Por último, el gráfico Kagi se utiliza cuando se quiere seguir rápidamente la dirección del mercado. Cuando el precio sube por encima de los precios anteriores, el gráfico muestra una línea gruesa. Cuando el precio empieza a bajar, la línea reduce su grosor.

Cada uno de los gráficos anteriores funciona con un marco temporal que se representa con el eje X. Este marco temporal siempre indica el volumen de información que representa el gráfico. Los marcos de tiempo pueden estar en forma de tiempo corriente o en la forma del número de operaciones completadas dentro de un período específico, así como el rango de precios.

SOFTWARE DE GRÁFICOS

Cada uno de los gráficos anteriores es creado y visualizado mediante un software específico. Éste puede encontrarse en una empresa de corretaje, aunque también puede adquirirlo en línea dependiendo del tipo que desee utilizar.

El software le ayuda a identificar las oportunidades adecuadas, indicándole cuándo y cómo debe iniciar y cerrar posiciones. Siempre muestran los patrones necesarios para estimar los futuros cambios en los precios de las acciones. Utilizando los patrones de la bolsa, también puede establecer continuaciones y reversiones en los precios de los valores.

El software de gráficos está disponible en muchas formas. Puede encontrar algunos en forma de aplicaciones móviles, u otros basados en el uso del internet. Obtener el software adecuado le permite generar gráficos correctos. Esto explica también el por qué necesita incorporar el análisis técnico en sus operaciones.

La mayoría de las herramientas de gráficos de day trading están disponibles de forma gratuita. Algunas tienen un foro en el que puede aprender de los operadores experimentados mientras las utiliza. También vienen con cuentas de demostración que le permiten dominar las técnicas de day trading antes de invertir su capital en el negocio.

CÓMO ESCOGER GRÁFICOS DE DAY TRADING

Antes de seleccionar algún gráfico para sus operaciones intradías, debe tener en cuenta una serie de factores. Entre ellos:

- *Índice de Fuerza Relativa (RSI)*: se utilizan cuando se negocian valores muy volátiles. Ayudan a establecer cuándo un determinado valor está sobrevendido o sobrecomprado, ya que son los periodos en los que los precios de las acciones cambian significativamente.

- *Momentum:* los operadores intradiarios lo utilizan junto con los gráficos de ticks para mostrar el grado de actividad de las acciones y si la actividad es auténtica o falsa. Si el precio sube considerablemente, pero el momentum es el mismo, esto es una señal de advertencia. Las acciones con momentum positivo son ideales para las operaciones a largo plazo. Debe evitarlas si desea cerrar sus posiciones en un día.

- *Indicadores de volumen:* se utilizan para confirmar los puntos correctos de entrada y salida de cada operación. Las grandes posiciones de negociación suelen indicarse con barras de mayor volumen, mientras que las posiciones bajas, con poca volatilidad, se muestran con barras de poco volumen.

- *Capacidad de respuesta*: se refiere a la rapidez con la que el gráfico puede mostrar información sobre las características cambiantes del mercado. Este es el primer factor, y el más importante, que debe comprobar siempre. Cualquier retraso en la forma en que un gráfico muestra los datos significa que no recibirá información vital en tiempo real. Es posible que acabe actuando basándose en información antigua para tomar sus decisiones, y esto puede provocar pérdidas importantes de su parte. La mayoría de los gráficos pueden congelarse o bloquearse cuando su ordenador se queda sin memoria. Esto explica por qué necesita una máquina de procesamiento rápido para su negocio de day trading. Usted querrá asegurarse de que todo el proceso sea lo más eficiente posible. Cuando pruebe la capacidad de respuesta de un gráfico, espere un momento en el que el mercado de valores esté concurrido. Por ejemplo, puede intentar utilizar el gráfico durante un anuncio financiero crítico o una sesión de noticias. Si el gráfico se congela en ese momento, entonces entenderá que no es el mejor para sus necesidades.

- *Coste:* todo operador quiere invertir en herramientas que sean menos costosas de adquirir y mantener. Hace años, los gráficos de trading solían costar una fortuna. Esto limitaba el número de operadores que podían dedicarse al day trading. Por ejemplo, los operadores podían comprar datos de mercado de las bolsas de valores, y esto también costaba mucho dinero. Hoy en día, toda la información necesaria para cualquier tipo de operación es mucho más accesible. Esto significa que los gráficos no deberían costar tanto. Actualmente hay varias alternativas disponibles en el mercado para que usted pueda elegir. Al hacerlo, tenga siempre el precio presente.

- *Estabilidad:* un buen gráfico es aquel que permanece en línea y actualizado todo el tiempo. Para que usted tenga éxito como operador intradiario, debe permanecer en el mercado la mayor parte del tiempo. Si su gráfico se desconecta del mercado de valores o no muestra su información a tiempo, le hará incurrir en más pérdidas. Por lo tanto, debe asegurarse de permanecer conectado al mercado continuamente. Si experimenta inestabilidad debido al software de gráficos que utiliza, no dude en cambiarlo. Si la inestabilidad se debe a una mala conexión a internet, es posible que tenga que cambiarla también.

- *Tipo de indicadores*: si alguna vez ha participado en el day trading antes, entonces entiende la importancia de los indicadores técnicos. Tener los indicadores adecuados juega un papel vital para asegurar que usted prediga los movimientos de precios correctos en el futuro. Los indicadores le ayudan a ahorrar mucho capital. Le impiden cometer importantes errores financieros y de inversión, que pueden llevarle a perder su capital. Puede crear sus propios indicadores o adquirir un software de gráficos con indicadores incorporados. Si decide utilizar sus propios indicadores, debe asegurarse de que las herramientas de gráficos que compre puedan utilizarse junto con estos indicadores. Si no es así, es posible que tenga que limitarse a los indicadores suministrados por el software de gráficos.

- *Compatibilidad con su computadora*: antes de decidirse por cualquier gráfico, compruebe si funcionará bien con los elementos de su ordenador actual. Este es un factor importante, ya que determinará si podrá seguir utilizando su antigua computadora, o si tendrá que comprar una nueva. Algunos gráficos requieren mucho espacio de memoria RAM. Si su ordenador no tiene esta capacidad, terminará por añadir más RAM. Esto se traduce en más costes, aunque innecesarios. Cuando busque un programa de gráficos, asegúrese de comprobar cuántos recursos necesitarán los mismos. La mayoría de los paquetes de gráficos tienen una indicación de los requisitos mínimos que se necesitan para que funcionen bien. Si esto no está claramente indicado, asegúrese de preguntar a su proveedor al respecto para no hacer una compra a ciegas.

- *Fácil de usar:* un buen gráfico debe ser fácil de usar, leer e interpretar. Un gráfico complicado sólo dificultará sus jornadas de negociación. Consiga un gráfico que simplifique el trabajo de interpretación de los datos. Tómese su tiempo, investigue sobre las opciones disponibles y luego elija la mejor en términos de simplicidad y diseño. Puede considerar obtener recomendaciones de otros operadores, aunque esto no significa necesariamente que dicho gráfico vaya a funcionar para usted. Un gráfico complicado puede hacerle perder la confianza. Por lo tanto, deberá evitarlo si quiere tener una experiencia de trading fluida.

- *Asistencia al usuario:* de vez en cuando, su software de gráficos puede experimentar un problema que requiera asistencia técnica. A medida que siga utilizando el software, pueden surgir preguntas que necesiten la atención de un experto. Si el proveedor no está disponible para asistirle o responder a sus preguntas, puede quedarse atascado utilizando el programa. Antes de realizar la compra, asegúrese de averiguar el tipo de asistencia técnica que recibirá y cómo se llevará a cabo. ¿Es a través de un chat en directo, por correo electrónico, o por teléfono? También puede consultar los comentarios de algunos clientes para saber si el proveedor de servicios tiene un historial de apoyo a sus clientes en cuestiones técnicas. En caso de que requiera un sistema con gran capacidad de respuesta, es posible que deba evitar aquellas plataformas que utilizan el método de soporte del ticket. Las empresas que utilizan este criterio para resolver los problemas de los clientes siempre tardan mucho en responder incluso a las cuestiones más críticas.

Los gráficos desempeñan un papel esencial, y puede utilizar tanto los gráficos cronometrados como los de ticks para realizar el day trading con éxito. Recuerde siempre que las diferentes herramientas están diseñadas para diferentes tipos de operaciones. Debe comprender el tipo de herramientas que necesita como operador intradiario para no tener problemas en el mercado.

Capitúlo 4 Abrir una cuenta de corretaje

Para realizar las operaciones que desea, tendrá que abrir una cuenta de corretaje. Hay varios factores que van a entrar en juego cuando elija una cuenta de corretaje, incluyendo las tasas de margen, las comisiones que deberá, y cualquier otro cargo que la empresa añada. Si elige un mal corredor o uno que le cobre demasiadas comisiones, no importa el éxito que tenga con sus operaciones; ellos acabarán quedándose con la mayor parte, si no la totalidad, de los beneficios que obtenga.

Si planea ser un operador de gran volumen, podría terminar pagando una tonelada de comisiones diarias al corredor. Para aquellos que planean operar con un alto volumen, lo cual es más común en el day trading en comparación con otras formas de trading, tendrán que ponerse en contacto con su corredor, y ver cuáles son las tarifas. Asegúrese de preguntar sobre todas sus tarifas y si tienen algún incentivo u oferta especial que pueda acabar ahorrándole dinero.

Una vez que tenga una buena idea de los costes y tarifas que tendrá con un corredor, tendrá que echar un vistazo a las plataformas que ofrecen. Estas plataformas son muy importantes porque podrían afectar a cosas como las cotizaciones de precios y la velocidad de ejecución de sus operaciones. Como comerciante intradiario, incluso unos pocos segundos de retraso en el procesamiento pueden costarle mucho dinero. Muchos corredores tienen ejecuciones que ocurren en tiempo real, pero hay ocasiones en las que puede haber retrasos. Es conveniente que compruebe la plataforma del corredor para ver si es cómoda y si le gusta cómo funciona.

Tómese su tiempo para examinar la estabilidad financiera y el servicio de atención al cliente de los corredores que está considerando. Es conveniente elegir un corredor que tenga un buen servicio de atención al cliente porque, si se produce una crisis, querrá recibir ayuda rápidamente. La solidez financiera puede ser importante porque existen corredores que han quebrado, y si el suyo lo hace, puede costarle toda la cantidad que tiene en su cuenta.

Hay muchos corredores diferentes que puede
considerar utilizar para sus necesidades de negociación.
Algunos de los mejores con los que puede querer
trabajar son:

- MB Trading
- SpeedTrader
- Generic Trade
- OptionsXpress
- E-Trade
- Fidelity
- TD Ameritrade
- Lightspeed
- TradeStation
- Interactive Brokers

Después de elegir el corredor con el que desea
trabajar, puede configurar su cuenta y añadir dinero.
La mayoría de los corredores le exigirán que tenga
dinero en su cuenta antes de empezar a operar.
Tómese un tiempo para explorar todas las
características que vienen con su nueva cuenta de

operaciones, comprobando los diferentes gráficos, las herramientas interactivas y más. Luego, cuando esté listo (y después de haber echado un vistazo al resto de este libro), podrá empezar a utilizar su estrategia para ganar dinero con el day trading.

Cuando configure su cuenta de corretaje, debe asegurarse de tener cuidado con algunas de las comisiones en las que incurre. Cada cuenta de corretaje, incluso si usted hace la mayor parte del trabajo por sí mismo, va a cobrar algunas comisiones por realizar las operaciones. Debe saber cuáles son antes de pensar en operar, o podría perder todas sus ganancias sólo para pagar por la cuenta de corretaje.

Algunas cuentas de corretaje le cobrarán una comisión básica por cada operación que realice. Esto a menudo puede resultar caro, especialmente porque el day trading depende de que usted pueda hacer un montón de pequeñas operaciones a lo largo del día. Esta no suele ser la mejor opción en cuanto a comisiones, a menos que sea un operador a largo plazo que no planea salir del mercado durante algún tiempo. La mayoría de los day traders optan por una base de comisiones, por lo que sólo tienen que pagar cuando obtienen un beneficio. Cuando haga sus estrategias, asegúrese de tener en cuenta los honorarios o las comisiones que tiene que pagar, y descuente eso de sus beneficios cuando determine lo rentable que es una operación.

Capitúlo 5 Planificación estratégica para la negociación de opciones

La planificación estratégica es una parte integral del éxito sustentable, ya sea en los negocios o en el comercio de opciones. En este capítulo hablaremos de cómo elaborar un plan de juego para sus operaciones.

QUÉ ES LA PLANIFICACIÓN ESTRATÉGICA

Los ingredientes básicos de todas estas estrategias son las dos opciones principales, a saber: las opciones de compra y las opciones de venta. La multitud de estrategias que se formulan son las diferentes permutaciones y combinaciones de estas dos, y de otras cosas.

BENEFICIOS QUE OFRECE

Para evitar que sus emociones afecten al negocio, es necesario crear un plan. Experimentar la inmensa felicidad de obtener una enorme ganancia o sufrir una desgarradora cantidad de pérdidas puede hacer que su mente dé vueltas, y es posible que se desvíe de la estrategia original que tenía en mente, si es que tiene una, lo cual es necesario. La planificación estratégica le ayuda a ello. Le proporciona instrucciones detalladas, aunque simplificadas, sobre cómo abordar específicamente cada situación de negociación, en caso de que se produzca. Si sigue eficientemente una estrategia bien formada, puede incluso manejar múltiples operaciones. Por lo tanto, no tiene que dejar pasar una buena oportunidad si se le presenta. Sin embargo, realizar demasiadas operaciones puede exponerle a un riesgo excesivo. Una estrategia de negociación bien estructurada le indica tanto la forma en que realiza las operaciones como la razón por la que lo hace.

No sólo eso, sino que una buena planificación estratégica también le orienta sobre cómo supervisar los resultados. Uno debe saber si la estrategia que está aplicando está funcionando de la manera deseada. Las operaciones aleatorias, en las que uno se limita a vender y comprar por cualquier motivo que parezca bueno, no dan ninguna información útil, porque las ganancias y las pérdidas serán tan aleatorias como los impulsos por los que se realizó la operación. Pero si se utiliza la planificación estratégica, se pueden hacer los ajustes calibrados necesarios al proceso de negociación para mejorarlo en su totalidad.

LE PERMITE SER PROACTIVO

Cuando tienes un plan, puedes predecir mejor el futuro y prepararte en consecuencia. Le ayuda a anticiparse a los escenarios desfavorables y a tomar las medidas necesarias para evitar los impactos negativos. De este modo, no se limita a reaccionar ante situaciones negativas, sino que las evita de forma proactiva. Las tendencias del mercado cambian constantemente y, si quiere mantenerse en la cima, debe ser siempre proactivo para adelantarse a la competencia.

LE DA UN SENTIDO DE LA DIRECCIÓN

Con un plan estratégico, puede saber en qué punto se encuentra actualmente y en qué dirección debe ir para alcanzar sus metas y objetivos. Cuando su plan está en sintonía con su visión y sus propósitos, avanza con mucha energía. También le ayuda a tomar decisiones más eficaces y a evaluar mejor su éxito.

CONSEJOS PARA DESARROLLAR UN PLAN ESTRATÉGICO

Ahora que hemos establecido la necesidad de un plan estratégico, debemos conocer ciertos aspectos para desarrollarlo. El desarrollo de un plan estratégico tiene en cuenta muchos factores.

- *La cantidad de capital que tiene*
- *El tipo de capital que tiene*
- *Su inclinación por ser alcista o bajista*
- *Las condiciones existentes en el mercado*
- *La volatilidad del mercado*
- *El entorno técnico*
- *Su afinidad con el riesgo*
- *¿Es usted un inversor a largo o a corto plazo?*
- *Sus conocimientos técnicos y su experiencia*

Esta lista no es exhaustiva, pero cubre una parte importante de todos los aspectos que hay que tener en cuenta al elaborar un plan estratégico. En cuanto a los consejos para desarrollar un plan estratégico, sepa que las opciones no son como cualquier otra inversión.

Requieren un análisis profundo y enfoques detallados y metódicos. Así pues, el primer consejo sería ver de cuánto capital dispone y, a continuación, elegir un plan estratégico que funcione eficazmente con esa cantidad. Si no tiene mucho capital, empiece con una estrategia a corto plazo, que genere beneficios pronto para poder reunir más capital y prepararse para una inversión más intensiva. Sin embargo, un mayor potencial de beneficios conlleva un mayor riesgo, y ahí es donde entra en juego su preferencia por el riesgo. Si usted es un jugador seguro que desea obtener unos ingresos estables, aunque la tasa sea más baja, entonces planifique una estrategia que le proporcione rendimientos bajos pero regulares. Si usted es un jugador de riesgo, entonces puede aspirar a obtener mayores beneficios, pero tenga en cuenta que lo ideal es que no invierta en estrategias de mayor riesgo con capital prestado, porque la responsabilidad general podría aumentar. Invierta en este tipo de estrategias con su propio dinero y capital, que no tienen ninguna responsabilidad inherente. Otro consejo sería determinar la dirección con la que quiere ir, si tendrá un enfoque bajista o alcista. Pero al mismo tiempo, otro consejo auxiliar sería el de ser flexible con su enfoque. Si su estilo general de negociación se inclina hacia el lado bajista, pero es razonablemente aparente que ser alcista en este momento sería mejor, y viceversa, entonces ser rígido no es bueno.

GUÍA DE INICIO PASO A PASO

Antes de comenzar a realizar cualquier operación, hay ciertas cosas que debe verificar. Esta es una guía estratégica paso a paso que le ayudará a elegir grandes transacciones y a filtrar las malas de forma consistente. El orden facilita la rápida decisión de si una operación merece la pena.

EQUILIBRIO DEL PORTAFOLIO

El equilibrio en el portafolio lo es todo. Así que, incluso antes de empezar a buscar una nueva operación, debe preguntarse cómo encajará en su portafolio. Debe preguntarse si necesita la inversión. Si, por ejemplo, ya tiene muchas operaciones alcistas en su cartera, probablemente no necesite otra.

Equilibrar las operaciones es la clave para desarrollar un buen portafolio, ya que reduce los riesgos. Por lo tanto, cuando ya tenga un puñado de operaciones alcistas, debería buscar algunas operaciones bajistas que compensen su riesgo. Saber desde un principio qué tipo de operación debe buscar le ayuda a filtrar mejor y a centrarse sólo en lo que necesita su cartera.

Liquidez

La liquidez es uno de los factores más importantes a la hora de elegir buenas acciones negociables. Una opción sin liquidez no merece su tiempo. Por lo tanto, cuando busque una nueva operación, debería seguir esta regla general: si el valor subyacente negocia aproximadamente 100.000 acciones diarias, entonces es bueno. Dado que se trata de un mercado grande y eficiente, podemos confiar en que los cálculos serán más precisos a medida que pase el tiempo. En el caso de las opciones subyacentes, es preferible que los precios de ejercicio (strikes) con los que se negocia tengan al menos 1000 contratos de interés abierto. De este modo, se asegura de poder entrar y salir del mercado con rapidez, ya que es lo suficientemente fluido.

PERCENTIL DE VOLATILIDAD IMPLÍCITA

Esto se mide utilizando los percentiles IV. Así, por ejemplo, si GOOG tiene un IV del 40% pero un percentil de IV del 80%, esto significa que durante el último año, más del 80% de las veces la volatilidad sería inferior a la actual (40%). Esto implica que la volatilidad implícita para GOOG es relativamente alta, lo que significa que debería considerar estrategias de venta de primas.

Del mismo modo, si FB tiene un IV del 35% pero un percentil de IV del 30%, significa que durante el último año, sólo el 30% de las veces el IV fue inferior al actual (35%). Esto también implica que hay un 70% de posibilidades de que el IV aumente, por lo que el IV es relativamente bajo para FB y usted debería preferir ser un comprador neto.

ELEGIR UNA ESTRATEGIA

Cuando hablamos de elegir la mejor estrategia, se trata más de eliminar que de seleccionar. Una vez que se conoce bien cómo afectan a las opciones el IV y el percentil IV del valor subyacente, se pueden empezar a eliminar estrategias que no tendrían sentido aquí. Por ejemplo, en caso de que el precio de la opción sea alto y el IV sea elevado, podemos eliminar estrategias como los calendarios, las opciones individuales largas, los diferenciales de débito, etc. Entonces podemos seguir adelante y seleccionar la mejor estrategia de las que queden (diferenciales de crédito, estrangulamientos, cóndor de hierro, etc.) dependiendo del tamaño de nuestra cuenta y de nuestra tolerancia al riesgo.

STRIKES & TIEMPO

Una vez seleccionada la estrategia adecuada, el siguiente paso es colocar las operaciones a un nivel de probabilidad con el que se sienta cómodo. Digamos que va a vender diferenciales de crédito por debajo del precio de mercado. Podría vender sus diferenciales de crédito a un precio de strike que le dé una probabilidad de éxito del 70%, o a un precio de strike que le dé una probabilidad de éxito del 90%. Ambas son operaciones de alta probabilidad, pero una es claramente más agresiva. Puede elegir cualquiera de ellas si está seguro de que se ajusta a sus objetivos y a su estilo. También tiene que darse el tiempo suficiente para asegurarse de que la operación funcione para usted. Para las estrategias de alto IV, usted preferirá colocarlas a 30-60 días, y para las estrategias de bajo IV, optará por

60-90 días. ¿Por qué? Porque el plazo más largo aumenta su valor theta y contrarresta la baja volatilidad.

TAMAÑO DE LA POSICIÓN

Una de las áreas más cruciales en las que muchos operadores fallan (incluso los más experimentados) es el cálculo del tamaño de la posición. Numerosos estudios han demostrado que el riesgo aumenta exponencialmente cuando se operan posiciones grandes, y puede acabar arruinando toda su cuenta. Por eso, para los principiantes y los intermedios, se aconseja ir siempre con una posición pequeña. Coloque todas sus operaciones en una escala móvil del 1-5% de su saldo total. Esta es su escala de riesgo.

¿Cómo se define el riesgo? Sencillo, es el efectivo o el margen que se pone para cubrir una operación. Si usted vendiera una opción de venta de crédito de 1 dólar por 25 centavos, necesitaría poner 75 dólares de margen para cubrirla. Ahora bien, si su cuenta tiene un valor de 10.000 dólares, y para cada operación desea asignar el 2% de su cuenta, el margen de 75 dólares es lo que se utilizaría para basar la operación. Por lo tanto, puede asumir 200 dólares de riesgo (2% de 10.000 dólares) dividido por 75 dólares por contrato. Esto da como resultado 2,66, lo que significa que podría vender 2,66 diferenciales como máximo.

Para estar seguro, siempre debe redondear hacia abajo, nunca hacia arriba.

MOVIMIENTOS FUTUROS

Así como los jugadores de ajedrez necesitan pensar en algunas jugadas futuras (al menos los buenos lo hacen), un buen operador también necesita pensar en el futuro. Siempre debe tener un plan B para cuando las cosas vayan mal, y esto significa no sólo poder protegerse de una operación perdedora.

Aunque eso es importante, también debe pensar en escenarios en los que el valor no se mueve, y podría tener que pasarlo al mes siguiente. Debe saber incluso si las opciones existen para el siguiente mes de contrato. La acción podría tener ganancias pronto, o un dividendo podría ser pagado dentro de poco.

Debe recordar que algunas operaciones saldrán mal, como es habitual en el mercado. Si se hace constantemente preguntas importantes, su cerebro se mantendrá alerta y formulará nuevos planes para ajustarse, si surge la necesidad.

FUNDAMENTOS DE LAS ESTRATEGIAS DE OPCIONES

LONG CALLS (COMPRA DE OPCIONES "CALL")

Es la estrategia de opciones más sencilla de conocer. Eso no significa que la obtención de beneficios sea fácil. Es una estrategia alcista, pero hay que acertar en muchas cosas para que sea rentable. Para ello, el operador debe acertar en la dirección del movimiento del precio de las acciones y en su cantidad. El tiempo que tarda en moverse también debe ser correcto. Acertar en estos tres elementos hace que la estrategia de long call sea rentable. El potencial de beneficios al alza es ilimitado, pero aspectos como la volatilidad y la erosión del tiempo juegan en contra de una opción larga.

SHORT CALLS (VENTA DE OPCIONES "CALL")

No es una buena estrategia para los novatos en el comercio de opciones. También se denomina "naked call" (compra al desnudo), ya que está al descubierto. Es una posición bastante comprometida, porque el riesgo al alza es ilimitado y el beneficio es limitado (ocurre cuando el precio de la acción cae). La short call es una estrategia de crédito en la que se obtiene dinero por la colocación de la posición, lo que pone en riesgo al corredor si no es capaz de cubrirla cuando se requiera.

LONG PUTS (COMPRA DE OPCIONES "PUT")

Al igual que una operación long call, una operación long put es sencilla de entender. Las estrategias de venta suelen ser más difíciles de rentabilizar, pero son un componente básico de muchas estrategias de opciones complejas. Una opción long-put es bajista en términos de inclinación. Con las opciones de compra largas, un inversor necesita acertar en la dirección del movimiento del precio de las acciones y en la cantidad de la misma, con el marco temporal, para obtener un beneficio. La máxima pérdida potencial en una operación long-put es igual al precio pagado por la opción. Sin embargo, el potencial de beneficios es bastante considerable si el precio de las acciones baja.

SHORT PUTS (VENTA DE OPCIONES "PUT")

Las opciones de venta cortas no son tan arriesgadas como las short calls. Pero eso no significa para nada que los novatos en el comercio de opciones puedan obtener beneficios fácilmente utilizando esta estrategia. Cuando se vende una opción de venta, se crea una situación de ganancia/pérdida opuesta a la de una opción de venta larga. El beneficio, cuando el precio de la acción sube, se limita a la prima recibida por la venta de la opción. El riesgo a la baja sigue aumentando hasta que el valor de la acción sea cero. Los requisitos de margen de esta estrategia son elevados y, por tanto, se requieren fondos considerables.

SELECCIÓN DEL PRECIO DE EJERCICIO (O PRECIO STRIKE)

Los operadores de opciones suelen tener dificultades para determinar los precios de ejercicio que van a utilizar. El tipo de precio de ejercicio (ATM, OTM, ITM) influye en la cuantía del movimiento del precio del activo subyacente necesario para obtener beneficios. Incluso si el valor subyacente permanece estancado, se pueden obtener beneficios utilizando un precio de ejercicio adecuado. La tendencia bajista o alcista del inversor debe ajustarse en consecuencia.

ESTRATEGIAS DE OPCIONES ALCISTAS

Si un inversor es extremadamente bajista, se debe considerar la posibilidad de realizar long-puts fuera del dinero (OTM) o short-calls dentro del dinero (ITM). Éstas requieren un movimiento altamente bajista de un monto igualmente alto en la acción subyacente para ser rentables. Pero si usted no es tan bajista, debería considerar las long-puts ITM, o las short-calls OTM. En ocasiones, las OTM pueden generar beneficios, incluso cuando no hay cambios en el precio de la acción subyacente.

ESTRATEGIAS DE OPCIONES BAJISTAS

La mayoría de las estrategias de opciones tienen un mayor potencial de beneficios cuando necesitan un movimiento sustancial del precio de la acción subyacente, pero también es menos probable que se obtengan ganancias. Las short-puts OTM y las short-calls OTM pueden hacer posible un beneficio incluso con un movimiento nulo en la acción subyacente. Pero son extremadamente arriesgadas. El uso de diferenciales de crédito es una alternativa más segura, pero tiene menos potencial de beneficios.

Capitúlo 6 Análisis de mercado

Después de todas las teorías e información que ha leído, su verdadero viaje de negociación comienza con el análisis del mercado. El análisis es el proceso mediante el cual los operadores estudian los gráficos y utilizan los conocimientos para tomar decisiones sobre sus operaciones. Decimos que el análisis del mercado no es parte del trading, sino que es toda la esencia del trading.

Este es otro aspecto controvertido en la industria del trading, porque los operadores nunca parecen ponerse de acuerdo sobre cuál es el mejor tipo de análisis de mercado, entre los dos más importantes. En realidad, hay tres tipos de análisis de mercado. Sin embargo, sólo dos de ellos son populares, ya que el tercero suele ser un método personal. Entonces, ¿cuáles son estos tres tipos de análisis de gráficos?

Son:

1. El análisis fundamental
2. El análisis técnico, y

3. *El análisis sentimental*

Veamos qué implica cada uno de ellos.

ANÁLISIS FUNDAMENTAL

El análisis fundamental es un tipo de análisis de mercado que trata de deducir el valor subyacente de un instrumento o activo financiero mediante el estudio y la evaluación de los datos económicos. En este enfoque, los operadores no necesitan mirar los gráficos para determinar el futuro del mercado. En cambio, buscan todos los datos relevantes sobre los instrumentos con los que operan y luego utilizan la información para realizar sus operaciones. Algunos de los datos económicos que los operadores miran con especial atención son la inflación, el empleo, el PIB, las exportaciones, las importaciones, los tipos de interés, las actividades de los bancos centrales, etc.

El objetivo de los fundamentalistas es utilizar los informes económicos como indicadores para predecir las condiciones generales del mercado. A partir de este análisis, esperan detectar oportunidades de negociación que prometan grandes beneficios y un riesgo mínimo. En pocas palabras, los operadores fundamentalistas interpretan los datos económicos actuales y luego utilizan la información para decidir si un instrumento puede ganar o perder valor en el futuro. Por ejemplo, saben que si se publica un informe sobre el lanzamiento de un nuevo producto por parte de Facebook, y el público lo espera con gran expectación, es probable que el valor de la acción de Facebook se revalorice en el futuro. Por lo tanto, comprarán acciones esperando el crecimiento del valor.

Estos son algunos de los datos económicos en los que se fijan los fundamentalistas.

- La economía

El estado de una economía afecta directamente al valor de la moneda de un país, sus importaciones, exportaciones, y otros factores. Si la economía de un país va bien, su moneda se hará más fuerte. Sus exportaciones costarán más, y las importaciones serán más baratas. Por ejemplo, cuando el precio del petróleo aumenta, el valor de todas las monedas que producen y exportan el artículo crecerá. Del mismo modo, si el crecimiento de una economía disminuye, el valor de su moneda y de los productos de exportación disminuirá.

- Estabilidad política

La estabilidad política conduce a una mayor confianza en los bienes o las monedas de los países independientes. Por otro lado, la inestabilidad política erosiona la confianza de los inversores, lo que lleva a una menor inversión y al deterioro de los rendimientos económicos. Un buen ejemplo fue en 2018, cuando Facebook se vio envuelto en el escándalo de Cambridge Analytica, donde se le acusó de interferir en el proceso electoral de Kenia, un país de África Oriental. El primer día de la denuncia, las acciones de Facebook perdieron cerca de 18.000 millones de dólares. Cuando el escándalo se estabilizó, la compañía había perdido más de 134.000 millones de dólares. En este caso, cualquier operador que haya vendido las acciones ganó mucho dinero.

- Políticas del gobierno

Las políticas gubernamentales, como las tasas de interés, tienen efectos significativos en el comportamiento general de las divisas y las materias primas. Cuando se aumentan las tasas de interés, se controla la inflación y se frena el crecimiento económico. Del mismo modo, la reducción de las tasas de interés estimula las economías al promover la inversión. Otros aspectos, como las políticas fiscales, también afectan al movimiento del mercado. Por ejemplo, una elevada tasa de impuestos frena los resultados económicos y desanima a las empresas.

- Observar a los creadores de mercado

Hay operadores que esperan a que los grandes actores del mercado hagan sus movimientos; entonces se suman y fluyen con la marea. Basan sus decisiones en el supuesto de que los grandes actores tienen la capacidad de mover los mercados. Si pueden detectar los grandes movimientos en el momento en que comienzan, podrán obtener grandes beneficios. Por lo tanto, estos operadores se centrarán en los fondos de cobertura, los gobiernos, los bancos centrales y otras grandes instituciones financieras.

- Reportes y eventos en las noticias

¿Recuerda el 11 de septiembre? Si es así, entonces este punto será fácil de entender. Cuando se conoció la trágica noticia, el dólar se desplomó inmediatamente. En unos 5 días, la economía estadounidense había perdido más de 1,4 billones de dólares. En este caso, cualquiera que hubiera comprado el EURUSD habría ganado mucho dinero. Del mismo modo, cualquier operador que hubiera vendido el USDJPY también habría obtenido grandes beneficios.

Otro suceso fue cuando, en 2019, un Boeing 737 MAX se estrelló en Etiopía, unos meses después de que un avión similar se estrellara en Indonesia. En ambos vuelos murieron todos los pasajeros y la tripulación. Surgió la polémica de que el modelo de avión era inseguro. En pocos días, las acciones de Boeing se hundieron un 12%, lo que supone cerca de 27.000 millones de dólares del mercado. Un operador que hubiera analizado este acontecimiento y hubiera vendido las acciones de Boeing habría ganado mucho dinero con la caída del precio.

¿Entiende ahora cómo funciona el análisis fundamental?

VENTAJAS DEL ANÁLISIS FUNDAMENTAL

- *En primer lugar, dado que los fundamentalistas tratan de predecir el movimiento de los mercados antes de que se produzca, pueden explicar fácilmente por qué se ha producido un movimiento. Este hecho por sí solo es suficiente para aumentar la capacidad de predicción y los beneficios.*

- En segundo lugar, el estudio de los datos económicos puede ayudar a un operador a conocer la posición de los precios a largo plazo. En resumen, puede colocar operaciones y anticipar a donde llegará el mercado en el futuro. Esto mejora su confianza cuando tiene operaciones activas.

- En tercer lugar, debido a la cantidad de datos que se recogen y analizan, un operador adquiere una mejor comprensión de los mercados. De este modo, puede predecir los mercados con mayor precisión y reducir las conjeturas.

DESVENTAJAS DEL ANÁLISIS FUNDAMENTAL

- *El mayor inconveniente del análisis fundamental es que carece de precisión en el tiempo. Un operador puede saber que el precio de una acción bajará en el futuro, pero no sabe el momento específico en que comenzará la caída. Esto es muy arriesgado a la hora de operar.*

- En segundo lugar, debido a la falta de sincronización, este enfoque no es adecuado para el trading a corto plazo, como el day trading, o el scalping. Sin embargo, hay algunos tipos de fundamentos que pueden utilizarse para el day trading.

- La tercera desventaja es que la recopilación de demasiados datos económicos puede provocar una sobrecarga de información. Cuando esto ocurre, el operador es incapaz de procesar la información. A la larga, puede tomar decisiones erróneas que le ocasionen pérdidas.

- La última desventaja es que la interpretación de la información económica puede variar. Un operador puede creer que un mercado crecerá, mientras que otro puede interpretar los mismos datos de la manera contraria. Una interpretación errónea puede conducir a un análisis inexacto, y a pérdidas.

ANÁLISIS TÉCNICO

El análisis técnico es el método que consiste en analizar el mercado a partir de los movimientos de los precios en el pasado. Se suele decir que este enfoque es más un arte que una ciencia, ya que utiliza principalmente la observación, en lugar de complejas fórmulas y derivaciones. Esta vez, a diferencia del análisis fundamental, el operador se basa en los gráficos, que se encuentran en las plataformas de negociación, para tomar sus decisiones. No tiene que intentar interpretar los datos económicos, sino leer lo que dicen los gráficos.

La herramienta más importante en el análisis técnico son los datos de los precios. Diferentes marcos temporales mostrarán diferente información, pero, de todos modos, los datos de los precios deben ser utilizados para tomar las decisiones de negociación. Básicamente, el análisis técnico estudia el curso pasado y presente de los precios y ayuda al operador a predecir el comportamiento futuro del mercado. El comportamiento del precio se estudia utilizando herramientas como los gráficos de velas, líneas y barras que vimos anteriormente. Este enfoque funciona mejor cuando el instrumento con el que se negocia, ya sea una acción, un índice, un producto, una divisa, un futuro o una opción, tiene suficiente liquidez y no es susceptible a influencias externas.

El análisis técnico se basa en tres suposiciones principales:

- *Primera: que el comportamiento de los precios sustituye a cualquier otra información, como los datos económicos. Los operadores técnicos creen firmemente que el comportamiento actual del precio contiene toda la información sobre el mercado. Además, cualquier información nueva es captada y presentada inmediatamente. En pocas palabras, no creen tanto en el enfoque fundamental.*
- Segunda: que los mercados se mueven según patrones observables. Los operadores técnicos afirman que el mercado se mueve según patrones que pueden observarse y utilizarse para predecir el movimiento futuro de los precios. Sin embargo, hay que estar entrenado para observar los patrones cuando se forman. El patrón observable más

utilizado en el comercio se conoce como "tendencia". Una tendencia es una dirección definida (hacia arriba o hacia abajo) que el precio parece seguir.

- Tercera: en el mercado, la historia siempre se repite. Esta suposición está estrechamente relacionada con el punto anterior, en el sentido de que, una vez que se ha observado un patrón, cabe esperar que continúe en una dirección determinada hasta que se haya completado. La repetición en los patrones de precios puede verse en los patrones de velas, el volumen, las formaciones de los gráficos y el momentum, por mencionar sólo algunos.

VENTAJAS DEL ANÁLISIS TÉCNICO

- *Al utilizar los gráficos, es posible elegir cualquier marco temporal y centrarse en el análisis del mercado durante un tiempo determinado. Esto es muy importante en el day trading, ya que necesitamos marcos temporales inferiores a un día para realizar nuestros estudios de precios.*

- Los gráficos son herramientas visuales; por lo tanto, nos permiten ver las tendencias. Las tendencias muestran la dirección general en la que se mueve el precio. En resumen, a partir de un gráfico, podemos ver si un mercado es alcista o bajista antes de decidir comprar o vender un instrumento.

- La función temporal de los gráficos ayuda a los day traders a planificar sus horas de trabajo. Pueden decidir cuándo trabajar, cuándo descansar, o cuándo cerrar sus operaciones, ya que no tienen que prolongarse más allá de la medianoche. En el análisis fundamental, el horario de negociación de un operador está determinado por factores externos, como la hora en que se publican los datos importantes.

- Muchos operadores prefieren el análisis técnico porque permite automatizar los conceptos. Los programadores pueden crear herramientas automáticas, conocidas como indicadores, y asesores expertos (robots) para ayudar a analizar el mercado, así como a entrar o salir de las operaciones.

- La otra ventaja del análisis técnico es que destaca fácilmente las zonas importantes en el mercado. Por ejemplo, puede saber dónde es probable que el mercado dé un giro de 180 grados observando los gráficos. Encontrará más información al respecto en el apartado de Soportes y Resistencias.

- Por último, en comparación con el análisis fundamental, el análisis técnico exige menos esfuerzo, ya que el operador no tiene que buscar diferentes canales de información para poder realizar sus operaciones. En este último, sólo hay que mirar los gráficos.

DESVENTAJAS DEL ANÁLISIS TÉCNICO

- *La elaboración de gráficos no es tan fácil como parece. Una de las razones es que los distintos marcos temporales pueden dar señales distintas. Un marco temporal de 1 hora puede predecir un precio al alza, mientras que el gráfico de 15 minutos muestra un precio a la baja. Este tipo de casos pueden ser confusos.*

- Hay otra cuestión que está estrechamente relacionada con el punto anterior, conocida como parálisis por análisis. En estos casos, un operador analiza en exceso sus gráficos hasta que se siente demasiado confundido para tomar una decisión segura.

- En tercer lugar, debido a la presencia de miles de indicadores y robots automatizados, los distintos operadores pueden interpretar el mercado de forma diferente. Los sistemas automatizados no necesariamente funcionan igual, de ahí que las señales varíen. Esto también puede llevar a la confusión o a un análisis erróneo.

- Por último, aunque los analistas técnicos pueden ignorar a los fundamentales, este enfoque puede influir significativamente en su análisis. Durante las noticias o eventos importantes, el mercado podría ignorar las formaciones y patrones que se han formado, lo que llevaría a un análisis erróneo o a pérdidas.

ANÁLISIS SENTIMENTAL

El análisis sentimental no es tan popular como los otros dos métodos, pero aun así, es utilizado por algunos day traders. A diferencia de los otros dos, el análisis sentimental se basa en la opinión del operador y no en ningún factor externo. En resumen, el operador observa el mercado y da su opinión personal sobre si el mercado va a subir o a bajar.

Uno de los métodos utilizados en el análisis sentimental consiste en medir las proporciones entre los compradores y los vendedores. Si hay más compradores (llamados "toros"), es probable que el operador realice operaciones de "compra". Por otro lado, si los vendedores (llamados "osos") parecen estar a la cabeza, es más probable que el operador coloque operaciones de "venta".

El enfoque sentimental es el más arriesgado de los tres. Por ello, los operadores suelen utilizarlo junto con cualquiera de los dos métodos principales.

¿ANÁLISIS TÉCNICO O FUNDAMENTAL?

¡Usted es parte de esta gran batalla desde que eligió convertirse en un trader!

Bueno, cualquier operador experimentado le dirá que las tres formas de análisis son muy importantes en el day trading. Los tres enfoques deben complementarse entre ellos si un operador necesita aumentar su porcentaje de ganancias. Cuando se ignora uno de ellos, aumentan los riesgos de hacer predicciones erróneas.

Debido a la revelación anterior, vamos a utilizar los tres métodos. Sin embargo, el análisis técnico será el dominante. He elegido el enfoque técnico porque el day trading necesita una mayor precisión en comparación con el position trading y el swing trading. Además, considero que la observación es más reveladora que basar mis decisiones en información verbal. En mis muchos años de trading, he llegado a comprobar que, efectivamente, en los mercados, la historia se repite. Usted también se dará cuenta de ello.

Las herramientas que se encuentran en los gráficos, junto con el comportamiento histórico de los precios, nos ayudarán a entender y predecir la dirección potencial de los mercados con una exactitud significativa. No obstante, aunque nos centremos en el análisis técnico, también incluiremos algunos aspectos importantes del análisis fundamental, y cómo utilizarlos para obtener mejores ganancias en el day trading.

A continuación, veremos los patrones de velas.

Capitúlo 7 Las 4 estrategias más comunes de Day Trading

Ahora que tiene una comprensión clara de cómo funciona el day trading, tenga en cuenta que los day traders expertos tienden a centrarse en cuatro estrategias habituales de day trading. Entienda que hay más de cuatro estrategias. Cuanto más opere en day trading, más capaz será de unir los puntos y crear su propia estrategia personal. Lo fundamental es que si un método en particular le funciona, entonces adhiérase a él. En consecuencia, el único límite para las estrategias de day trading que puede utilizar es su imaginación; todavía necesita un punto de partida.

Al ser un principiante, tiene mucho sentido que explore las cuatro estrategias comunes de day trading que voy a describir a continuación, y que experimente con ellas. Después de pasar algún tiempo perfeccionando estas estrategias, puede llegar a una combinación, variación o simplemente a su propia versión personal de una o más de las estrategias descritas a continuación. Una vez más, estas no son las únicas estrategias de day trading disponibles; sin embargo, son las más comunes. Utilícelas como puntos de partida para elaborar su propia estrategia personal de day trading.

Scalping

El scalping consiste en vender una acción tan pronto como se revalorice, hasta el punto en que haya cubierto todos los costes de comisiones, intereses, impuestos, costes de negociación, gastos generales y un pequeño margen de beneficio que haya establecido para sí mismo, en un día determinado. Tenga en cuenta que todos estos costes, incluidas las comisiones, los intereses, los costes de negociación, los impuestos y los gastos generales, se calculan día a día. Una vez que haya identificado el punto de equilibrio, el pequeño margen de beneficio, y el punto en el que su posición ha cubierto su pequeño margen de ganancia, se debe preparar para vender su posición en ese punto.

Es fácil visualizar esta técnica al alza; sin embargo, tenga en cuenta que debe ir acompañada de una tendencia a vender igualmente rápida si se activan sus parámetros de pérdida de la operación. Es fácil fijarse en el precio al que se va a vender cuando se obtiene un beneficio. Se necesita disciplina para atenerse también a la máxima caída del precio o al deslizamiento que toleraría antes de vender su acción.

Ahora bien, entienda que es más fácil decirlo que hacerlo. Si bien es fácil aceptar esto intelectualmente, cuando se trata de la práctica real, es muy fácil aferrarse a una acción que parece estar al rojo vivo. No es raro, incluso para los day traders veteranos, aferrarse durante demasiado tiempo a una acción que parece estar en llamas.

Por ejemplo, si su objetivo es vender Netflix a 107 después de haberlo comprado a 105, es realmente tentador mantener su posición en Netflix si la acción ha superado el punto de precio de 107 y va en camino a los 112. Es muy fácil pensar que puede seguir subiendo. Hay que ser disciplinado cuando se hace scalping. Una vez que llegue al punto fijado, venda. No debería importarle lo que ocurra después de alcanzar el punto meta. No debería importarle en absoluto si la acción sigue subiendo o no. Su principal objetivo debe ser alcanzar su punto meta de venta para poder trazar su siguiente movimiento.

Lo mismo ocurre cuando la acción va en dirección contraria. Una vez que sobrepase su umbral de pérdidas, venda la acción. No se aferre a ellas con la esperanza de que vuelvan a subir. Tal vez lo haga, o tal vez no; realmente no importa. En lo que se debe concentrar es en atenerse a su punto de precio objetivo. De lo contrario, va a ser muy, muy difícil para usted hacer dinero usando el day trading. Será un auténtico suplicio para usted, porque estará luchando contra las dudas. El scalping no es fácil. Parece bastante sencillo, pero requiere bastante disciplina.

Fading

La siguiente estrategia común de day trading que debe conocer es el fading. Tenga en cuenta que las acciones tienden a revalorizarse muy rápidamente, y luego se topan con un muro. Llegan a una barrera de precios al alza y, por lo general, las acciones no se quedan ahí, sino que empiezan a bajar. En muchos casos, caen como una roca.

Los operadores intradiarios lo saben; por eso prestan atención a dos factores clave cuando intentan hacer fading a una acción. Se fijan en lo rápido que se revaloriza el precio de la acción y prestan atención al volumen. Lo que hacen es registrar una orden de venta en corto una vez que la acción ha alcanzado el punto en el que la revalorización del precio ha superado el volumen de operaciones. Esto significa que la cantidad de compradores se ha agotado, y es sólo cuestión de tiempo hasta que la acción experimente un retroceso.

Al vender una acción en corto, usted gana dinero cuando la acción cae. Usted toma prestadas acciones de su plataforma de corretaje y las vende a un precio alto. Espera a que la acción baje, y cubre su posición comprando de nuevo la acción. La diferencia entre el precio de la acción cuando la vendió y su precio cuando la compró o la cubrió es su beneficio. Este es un fenómeno muy común.

En realidad, el fading es más común de lo que la mayoría de la gente cree. A medida que aparecen más cortos en la acción, y la gente que compró esa acción en largo comienza a adoptarla, hay una tremenda presión para que el precio de la acción caiga. Ahora bien, el fading puede ser bastante complicado. Hay que calcular bien el tiempo. Debe entender que una vez que la acción comienza a caer, va a haber un impulso alcista del precio a medida que los vendedores en corto comienzan a cubrir sus operaciones. Cuando cubren sus operaciones, vuelven a comprar sus acciones. Por lo tanto, esta demanda artificial creada por los vendedores en corto, que cubren sus operaciones en corto, pone un impulso alcista en el precio de las acciones.

Usted no quiere ser el day trader que se queda atrapado en la subida de una acción que se hunde. No es de extrañar que muchos operadores intradiarios que hacen uso del fading elijan precios de referencia que estén uno o dos puntos porcentuales por debajo del precio máximo al que compraron la acción.

Pivotes diarios

Después de estudiar el rendimiento de las acciones del día anterior, los day traders intentan fijar un precio de entrada bajo. Intentan adivinar dónde se asentarán las acciones durante el día. Se supone que este es el punto más bajo de la acción por ese día.

Utilizan puntos de datos como el nivel de soporte del día anterior, así como los niveles de resistencia; se fijan en un precio de entrada bajo, que suele ser el nivel de soporte proyectado para la acción. A continuación, esperan a que las acciones suban hasta que alcancen su nivel de resistencia previsto. A continuación, salen de su posición y tratan de ponerse en corto con la acción en el nivel de resistencia, bajan y compran de nuevo la acción en el nivel de soporte.

Los day traders principiantes probablemente tendrían dificultades para hacer pivotes diarios. Si usted es un principiante, probablemente sea una buena idea subir las acciones en lugar de tratar de bajarlas. Entienda que en realidad es más arriesgado comprar acciones en corto, porque si usted está comprando una acción en largo, y se desploma, la acción sólo tiene un límite para caer hasta llegar a cero.

En teoría, lo contrario no es cierto. Si se compra una acción en corto, el cielo es el límite en cuanto a la revalorización de la acción. Espero que pueda ver la diferencia, y espero que pueda ver el riesgo de vender acciones en corto. Aun así, en manos de operadores intradiarios capaces y experimentados, los pivotes diarios pueden llegar a ser bastante lucrativos.

Trading de momentum (o de impulso)

El trading de impulso depende especialmente de la calidad de sus gráficos y de sus herramientas de seguimiento en tiempo real. Compra una acción cuando su precio está aumentando. Combinado con el aumento de los volúmenes de comercio de acciones, vende la acción cuando el impulso comience a revertirse. En otras palabras, no está comprando las acciones por su valor intrínseco o su posición en la industria; las está comprando porque mucha gente las compra. Las compra porque hay un gran interés del mercado en esa acción. Luego, se deshace de las acciones una vez que alcanzan su máximo interés.

Esto se ve bastante básico en teoría, pero en realidad es muy complicado. Los operadores deben ser lo suficientemente disciplinados como para cerrar al principio del cambio de tendencia. Entienda que todas las acciones pasan por tendencias a lo largo del día y, a menudo, pasan por varias tendencias en un día.

Usted debe ser lo suficientemente disciplinado para cerrar su posición cuando la tendencia comience a invertirse. En el momento en que el impulso se detiene o experimenta una resistencia, usted sale. Entonces, puede optar por seguir la acción de vuelta hacia abajo, o puede esperar hasta que el impulso se recupere. En cualquier caso, debe salir. Lo que hace que esto sea difícil es que necesita dejar la acción, independientemente de si obtuvo ganancias o no.

COMENZANDO CON EL DAY TRADING

Para iniciarse en su carrera de day trading, debe hacer lo siguiente:

Organice su investigación

Lea este libro y familiarícese con los conceptos que se exploran en él. Necesito que profundice más e investigue sobre los temas que aprende en este libro. Cuanto más investigue, mejor.

Sin embargo, tenga en cuenta que no quiere quedarse atrapado en una parálisis por análisis. Las personas que sufren de parálisis por análisis piensan que necesitan leer un libro tras otro e investigar exhaustivamente hasta obtener toda la información que necesitan para dar el paso correcto. Siento ser quien le diga esto, pero nunca llegará a ese punto.

Tiene que haber un punto en el que deje de investigar y empiece a actuar. Aunque es obvio que hay mucho riesgo en el day trading, usted solo puede minimizar ese riesgo hasta cierto punto con la investigación. Con el tiempo, deberá dar ese salto de fe en el que realmente se hace el day trading y se aprende de la experiencia.

Una vez que realmente empiece a hacer day trading, será capaz de conectar los puntos y llegar a sus propias estrategias personales para minimizar las pérdidas y maximizar sus ganancias. La investigación sólo puede llevarle hasta cierto punto. Si bien es importante investigar y profundizar, hay que saber cuándo trazar la línea y dar el salto de la investigación a la acción real.

Empiece a operar con papel

Lo bueno de pasar a la acción es que no tiene que tomar medidas que necesariamente le expongan al riesgo de pérdidas financieras. Una vez que haya reunido su investigación, empiece a operar con papel.

Busque plataformas que le permitan realizar operaciones ficticias. Se trata de operaciones imaginarias que utilizan información real del mercado.

Así, se familiariza con el funcionamiento de la plataforma de negociación y, lo que es más importante, supera la intimidación emocional de hacer day trading real. Lo que hace que las operaciones sobre papel sean complicadas es que hay que luchar contra la tendencia natural de querer lanzarse de cabeza.

Sé que usted querría empezar a ganar dinero de verdad. Sé que quiere aprovechar todo el potencial del day trading. Sin embargo, primero tiene que pagar sus deudas. Debe invertir todo el tiempo que pueda en operar con papel, para darse el tiempo suficiente para conocer los pormenores del day trading. Esto aumenta su nivel de confianza. También le permite ser consciente de ciertos patrones del proceso de toma de decisiones que tiende a seguir. Al conocer esta información, puede posicionarse para convertirse en un mejor operador intradiario. Puede aprovechar sus puntos fuertes y trabajar en sus puntos débiles.

Desgraciadamente, es muy fácil perder dinero cuando se pasa directamente de la investigación a la práctica del day trading. Hay que seguir una serie de pasos. Comience a operar con papel, empiece pronto y dedíquele tiempo.

Dedicar tiempo

No quiero ser un spoiler, pero déjeme decirle que, al principio, perderá más de lo que ganará. Está bien, porque no está perdiendo dinero de verdad. Deberá dedicarle tiempo y practicar el day trading día tras día, hasta que mejore su relación entre ganancias y pérdidas. Una vez que sea sólida, sabrá que se está acercando a la posibilidad de realizar operaciones con dinero real.

Reúna su dinero

Esto podría parecer el paso 4, pero en realidad este paso debería hacerse al mismo tiempo que el número 1. Está haciendo la investigación al mismo tiempo que va a través de los pasos posteriores, como el operar en papel y dedicarle tiempo.

Debe empezar a reunir dinero. Asegúrese de que tiene suficiente efectivo para el comercio en una escala que al menos le de la oportunidad de obtener un buen ingreso diario. Si su objetivo es ganar 1.000 dólares, aparte de los impuestos, entonces necesita tener una buena base inicial. Estamos hablando de al menos 25.000 a 50.000 dólares. Muchos expertos en operaciones intradías recomiendan que los novatos comiencen con una cantidad de entre 50.000 y 100.000 dólares. Este nivel de capital le asegura que podrá operar con acciones más caras, que tienen la volatilidad y el volumen de mercado que necesita para un day trading rentable.

Contrate una cuenta de nivel 2

Busque una cuenta de trading de nivel 2 ofrecida por corredores o plataformas online que se especialicen en day trading. Es muy importante que se asegure de utilizar una plataforma de negociación integrada. Por integrada, me refiero a que use una plataforma que no sólo le permita operar en tiempo real, para que pueda aprovechar las oportunidades de rápido desarrollo, sino que también debe tener un sofisticado software de gráficos incluido.

Afortunadamente, no hay escasez de este tipo de cuentas de nivel 2. Por supuesto, tiene que experimentar con los diferentes programas de gráficos para ver cuál es el que entiende más fácilmente y cuál es el que puede utilizar con más frecuencia. Debe insistir en las múltiples funcionalidades de la misma plataforma. La plataforma debe ser capaz de ejecutar operaciones rápidamente. También debe darle acceso a las cotizaciones en tiempo real y ayudarle a graficar las acciones con las que está operando.

Regístrese en los servicios de noticias de la bolsa

Como mencioné anteriormente, el day trading tiene mucho que ver con la psicología; está operando en la psicología del mercado. No está operando con el valor fundamental de las acciones; no está concentrado en el valor intrínseco de las acciones, tanto ahora como en el futuro. Su enfoque se basa en si hay suficiente atención de mercado en las acciones que producirían volatilidad.

A diferencia de la inversión en valor, o del swing trading, su principal objetivo no es la estabilidad de la acción a lo largo del tiempo, sino su volatilidad. Cuanto más volátil sea la acción, mejor. Sin embargo, tiene que acompañarlo de una gran cantidad de volumen, así como de la atención del mercado. Por lo tanto, tiene que apuntarse a un servicio de noticias bursátiles que le proporcione las últimas noticias relacionadas con esa acción.

Una vez que esté al tanto de las noticias que circulan sobre esa acción, podrá hacer conjeturas sobre el efecto psicológico causado por ellas. Ahora bien, esas noticias no tienen por qué ser reales, pueden consistir en solo rumores. La atención no se centra en los hechos, sino en el efecto de los rumores, o de las impresiones y el estado de ánimo del mercado sobre la acción que está negociando. Aquí es donde los servicios de noticias de la bolsa en tiempo real son realmente útiles. Puede comprarlos como un servicio separado, o puede registrarse como parte de una plataforma de negociación integrada.

Empieza a operar con poco dinero

Una vez que esté preparado para pasar de las operaciones en papel a las operaciones con dinero real, no se lance de cabeza. En serio, se quemará si lo hace. Intente primero metiendo el pie en el agua. Hágalo durante unas semanas. Si es capaz de soportarlo, hágalo durante unos meses.

La clave aquí es aclimatarse al trading real. Como pronto verá, va a ser muy diferente del trading en papel. Cuando realiza operaciones sobre papel, sabe que no va a perder dinero, sabe que si se equivoca en la compra de una acción y ésta va hacia abajo en lugar de ir hacia arriba, no perderá nada del dinero que se ha esforzado en ganar.

En cambio, cuando realiza operaciones reales, el riesgo de pérdida puede parecer sutil al principio, pero puede empezar a distorsionar la calidad de sus decisiones. Por eso es necesario aclimatarse poco a poco, y con seguridad, a través de las operaciones reales. Empiece a operar con poco dinero, empiece con márgenes de beneficio muy moderados. De hecho, le sugiero firmemente que calcule sus precios de salida basándose en su punto de equilibrio. En otras palabras, ni siquiera busque ganar dinero; sólo busque cubrir sus impuestos y sus costes. Manténgalo en ese nivel hasta que confíe en su capacidad para establecer un sólido índice de ganancias y pérdidas.

Capitúlo 8 Patrones de velas

Las velas de las que hablamos se conocen en realidad como "velas japonesas". Fueron inventados por un comerciante japonés y, posteriormente, crecieron en popularidad en los años 90. Desde que se descubrió su importancia, los gráficos de velas japonesas se han convertido en el tipo de gráfico de trading más popular utilizado en la actualidad.

ANATOMÍA DE LAS VELAS

Los gráficos de velas japonesas contienen información muy importante sobre el mercado. Un operador puede leer el mercado como si fuera un libro abierto, una vez que entiende la anatomía de una vela. Este suele ser el primer y muy importante paso para tener éxito en el trading. Es necesario entender lo que sucede en el mercado, o con los precios, para poder tomar las decisiones adecuadas. En este capítulo, vamos a desglosar las velas y a entender lo que nos dice acerca del mercado cada forma y patrón.

Antes de empezar, permítame aclarar que nuestras velas alcistas tendrán cuerpos blancos y puntas negras, mientras que las bajistas tendrán cuerpos y mechas negras. Puede utilizar cualquier color de su preferencia cambiándolo en su MT5. Para ello, haga clic con el botón derecho del ratón dentro de la ventana del gráfico, haga clic en "propiedades" y luego ajuste los colores como desee.

Las velas negras son bajistas, y las blancas son alcistas

EL CUERPO DE LAS VELAS

Cuando observe sus gráficos, se dará cuenta de que las velas tienen diferentes tamaños. Algunas son muy pequeñas, mientras que otras son enormes. ¡Estos tamaños significan algo!

Los cuerpos cortos significan que hubo poca actividad de compra o venta. Las velas blancas cortas significan que hubo poca actividad de compra. Las velas negras cortas significan que hubo poca actividad de venta.

Por otro lado, los cuerpos largos significan que hubo mucha compra o venta. Las velas blancas largas significan que hubo mucha actividad de compra y que los "toros" tenían el control del mercado. Del mismo modo, las velas negras largas significan que hubo mucha actividad de venta, y que los "osos" tenían el control. Cuanto más largas sean las velas, mayor será la actividad de compra o venta en el mercado.

LA MECHA DE LAS VELAS

Las mechas de las velas también tienen información muy importante.

Las mechas de la parte superior de las velas muestran que los toros empujaron los precios hacia arriba antes de que los vendedores entraran e hicieran bajar el precio. Las del lado inferior muestran que los vendedores trataron de bajar el precio, pero los toros entraron y lo hicieron subir. Como operador, siempre debe percibir el mercado como una batalla en la que los toros están siempre luchando contra los vendedores, ya que buscan controlar la tendencia de los mercados.

Las sombras largas en la parte superior de una vela muestran que hubo mucha presión de compra, y que los compradores tuvieron el control del mercado durante algún tiempo, antes de que los osos entraran con más fuerza y bajaran los precios. Las sombras cortas en la parte superior muestran que no hubo presión de compra, o que los toros no estaban interesados en llevar los precios más allá de ese nivel.

Del mismo modo, las sombras largas en la parte inferior de una vela muestran que hubo mucha presión de venta por parte de los osos, pero los toros entraron con más fuerza y subieron los precios. Las mechas cortas en la parte inferior de una vela indican poca presión de venta o falta de interés en seguir vendiendo por parte de los osos.

LOS PATRONES DE VELAS MÁS EFICACES

Las velas están formadas por el comportamiento de los precios, lo que se conoce en el trading como "acción del precio". Estos gráficos pueden utilizarse como herramientas de análisis independientes o como confirmaciones de señales de trading. Los operadores también añaden algoritmos e indicadores a los gráficos de velas para mejorar su precisión.

A veces, los mercados presentan interesantes formaciones de velas que contienen información muy importante. Los operadores que hacen uso de la acción del precio están siempre atentos a estas formaciones, que llamaremos "patrones". Cuando estos patrones se producen, nos indican que el mercado está a punto de hacer algo. Una tendencia existente (dirección del precio) puede con Una tendencia existente (dirección del precio) puede continuar o invertirse después de que se haya formado un patrón de velas específico.

Los patrones de velas pueden estar formados por una o más velas en una secuencia. En este nivel, vamos a ver los patrones formados por velas individuales, dobles y triples.

PATRONES DE VELAS INDIVIDUALES

Estos patrones están formados por una sola vela con una anatomía especial. Estos son algunos de los patrones de velas individuales más importantes.

Doji

El doji es el patrón más sencillo de detectar en los gráficos. Se forma cuando el precio abre y cierra en el mismo valor. Debido a esto, un patrón doji siempre se verá como un simple guion (-). Cuando un doji tiene mechas, se verá como una cruz, aunque la línea horizontal variará de posición. El hecho de que el precio se abra y se cierre al mismo valor significa que los toros y los osos tienen la misma fuerza. Además, un doji no es una vela alcista ni bajista. Como tal, se considera una señal de indecisión. Cuando ocurre, el operador tiene que esperar otras señales para saber hacia dónde se moverá el mercado. Se dará cuenta de que el mercado puede invertirse o continuar fuertemente en la misma dirección después de que se haya formado un doji.

Formaciones doji comunes

Vuelva a su MT5, y trate de encontrar algunos dojis en los gráficos. ¿Qué sucedió después del doji?

Trompo o peonza

Un trompo es una vela con un cuerpo muy pequeño y mechas más largas que el cuerpo a ambos lados. Los trompos indican una intensa lucha entre toros y osos, que suele acabar en empate. En pocas palabras, un trompo muestra que ni los compradores ni los vendedores tienen el control del mercado. A diferencia del doji, un trompo puede ser bajista o alcista.

De todos modos, si se produce un trompo cuando el precio está subiendo (tendencia alcista), puede indicar que los compradores se están debilitando, y el mercado podría invertirse y empezar a bajar (tendencia bajista). Del mismo modo, si se produce cuando el precio está en una tendencia bajista, podría significar que los vendedores se están agotando, y que el precio podría invertirse en una tendencia alcista.

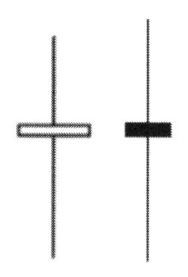

Trompos

Abra sus gráficos y trate de encontrar algunos trompos. Observe lo que ocurrió en el mercado después de que se formaran.

Marubozu

No se preocupe por algunos de estos nuevos nombres de velas, que quizá no haya oído nunca, como doji y marubozu. Son nombres japoneses, ya que fueron concebidos por el inventor de las velas. Así que, además de day trading, también aprenderá un poco de japonés :)

Pues bien, las marubozu son otro tipo de velas muy fáciles de detectar. Aparecen como velas con cuerpo y sin mechas. Pueden ser alcistas o bajistas.

Cuando aparece una marubozu, muestra que la actividad de compra o de venta fue muy fuerte. Una vela marubozu alcista muestra que el precio abrió a la baja y subió sin ser presionado hacia abajo en absoluto. Por lo tanto, hubo muy pocos vendedores, o fueron sobrepasados. Del mismo modo, una marubozu bajista nos indica que los vendedores eran muy poderosos y que los compradores no pudieron hacer subir el precio.

Una marubozu se considera un patrón de continuación porque, cuando ocurre, la tendencia dominante en ese momento continúa.

Velas marubozu

Hombre colgado (Hanging Man)

Una formación de vela de hombre colgado es una vela bajista que tiene un cuerpo pequeño, poca o ninguna mecha en la parte superior, y una mecha muy larga en la parte inferior.

Cuando se forma durante una tendencia alcista, puede predecir un cambio de tendencia. En pocas palabras, el mercado podría empezar a caer. Intente verificar esta información observando dónde se formó un hombre colgado durante un mercado alcista.

Patrón de velas de hombre colgado

Martillo

Una vela martillo se parece a la del hombre colgado, sólo que es una vela alcista, y es relevante solo cuando se forma durante una tendencia bajista. Tiene un cuerpo pequeño con poca o ninguna mecha en la parte superior y una mecha muy larga en la parte inferior.

Si se forma durante una tendencia bajista, puede ser una indicación de que esta podría invertirse y comenzar una tendencia alcista.

Patrón de velas martillo

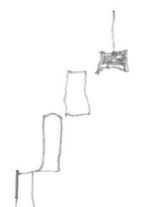

Estrella fugaz

La vela estrella fugaz y la vela del martillo invertido se parecen a la del hombre colgado y la del martillo, colocadas al revés.

La estrella fugaz es una vela bajista con un cuerpo pequeño, una mecha larga en la parte superior y una mecha pequeña o inexistente en la parte inferior. Esta formación sólo es relevante durante una tendencia alcista y, cuando ocurre, es una indicación de que la tendencia podría invertirse.

Formación de estrella fugaz

Martillo invertido

Un martillo invertido sólo es relevante si se forma durante una tendencia bajista. Es una vela alcista que muestra un cambio potencial de una tendencia bajista a una tendencia alcista. Tiene un cuerpo pequeño, una mecha superior larga y una mecha pequeña o inexistente en la parte inferior.

Vela de martillo invertido

PATRONES DE VELAS DOBLES

¿Ha visto la magia que ocurre después de que se forman los patrones de velas simples anteriores? Sí, ¡funcionan!

Si ha quedado impresionado por la magia de los patrones de una sola vela, entonces prepárese para asombrarse con el poder de los patrones de velas dobles. Se dará cuenta de que los patrones con más velas son más eficaces. Veamos si es cierto.

Patrón envolvente alcista

Un patrón envolvente alcista se compone de dos velas. La vela bajista debe estar en el lado izquierdo y la alcista en el derecho. Lo que distingue a un patrón envolvente alcista es que la vela alcista debe tener un cuerpo más grande que la bajista y envolverla completamente (cubrirla).

Este patrón sólo es relevante durante un mercado de tendencia bajista y normalmente implicará que la tendencia podría invertirse en una tendencia alcista.

Patrón envolvente bajista

Techo en pinza

Un patrón de techo en pinza se forma cuando aparece una vela alcista con cuerpo pequeño, mecha superior pequeña y sin mecha inferior, seguida de una vela bajista con cuerpo pequeño, mecha superior pequeña y sin mecha en el extremo inferior. En resumen, las dos velas deben ser iguales, sólo difieren en el hecho de que una es alcista y la otra es bajista.

El patrón sólo es válido cuando se produce durante una tendencia alcista y suele indicar que la tendencia se está debilitando y podría revertirse en una tendencia bajista.

Formación de techo en pinza

Suelo en pinza

La formación de suelo en pinza es lo opuesto al patrón de techo en pinza. Consiste en una vela bajista a la izquierda con un cuerpo pequeño, sin mecha en la parte superior, y una mecha larga en la parte inferior, seguida de una vela alcista con un cuerpo pequeño, sin mecha en la parte superior, y una mecha larga en la parte inferior.

Una formación de suelo en pinza sólo es relevante cuando se forma durante una tendencia bajista. Señala un posible fin de la tendencia bajista y el comienzo de una tendencia alcista.

Patrón de suelo en pinza

PATRONES DE VELAS TRIPLES

Mientras seguía tratando de encontrar estos interesantes patrones de velas en sus gráficos, puede haber notado que las formaciones de velas dobles son más difíciles de encontrar. Eso es cierto. Sin embargo, es más bien algo bueno, porque significa que cuando uno de ellos aparece, algo va a suceder en el futuro cercano. Por lo tanto, debe estar muy atento al observar sus gráficos, porque los patrones son muy raros de encontrar, y perderse uno significa perder una buena oportunidad de negocio.

En esta parte, vamos a ver los patrones de tres velas más eficaces que podemos utilizar en el day trading.

Estrella del atardecer, o vespertina

El patrón de la estrella vespertina está formado por tres velas. Debe haber una vela alcista de buen tamaño (no un doji) a la izquierda, seguida de una vela alcista mucho más pequeña en el centro, y a la derecha una vela bajista de buen tamaño que sea mayor que la mitad de la vela de la izquierda.

Este patrón es válido cuando se forma durante una tendencia alcista. Significa un posible fin de la tendencia y un cambio de tendencia a la baja.

Patrón de estrella vespertina

Estrella del amanecer, o matutina

Una formación de estrella matutina es lo contrario del patrón de estrella vespertina. Consiste en una vela bajista de buen tamaño a la izquierda, una vela bajista mucho más pequeña en el centro y una vela alcista grande a la derecha. La vela alcista debe ser más de la mitad del tamaño de la vela de la izquierda.

El patrón es válido cuando se forma durante una tendencia bajista. Notifica al operador el posible fin del movimiento bajista y el posible inicio de una tendencia alcista.

Patrón de estrella matutina

Los tres soldados blancos

El patrón de los tres soldados blancos consiste en tres velas alcistas. La primera vela debe ser pequeña, seguida por una vela alcista más grande que tiene una mecha diminuta en la parte superior y, finalmente, una vela alcista mucho más grande que tiene mechas diminutas, o no tiene mechas.

Este es un patrón de reversión que sólo debe utilizarse durante una tendencia bajista. Cuando aparece, significa que la tendencia bajista se está debilitando, y los alcistas se están fortaleciendo.

Patrón de los tres soldados blancos

Los tres cuervos negros

La formación del patrón de los tres cuervos negros es el opuesto directo del patrón de los tres soldados alcistas. Consiste en tres velas bajistas donde la de la izquierda es pequeña, seguida de una vela más grande con mechas pequeñas y finalmente una vela más grande con pocas mechas, o ninguna.

Este patrón sólo es relevante durante una tendencia alcista. Cuando se forma, es una indicación de que la tendencia se está debilitando y que una tendencia bajista podría comenzar pronto. Las velas bajistas crecientes muestran que los vendedores se están haciendo más fuertes.

Patrón de los tres cuervos negros

Triple formación alcista

La triple formación alcista se compone de cinco velas, aunque hay tres que son más importantes. Consiste en tres pequeñas velas bajistas intercaladas entre dos grandes velas alcistas. La vela de la derecha debe cerrar por encima de la enorme vela de la izquierda.

Este patrón sólo es válido durante los mercados ascendentes (tendencia alcista), y cuando se produce, significa una continuación de la tendencia existente.

Triple formación alcista

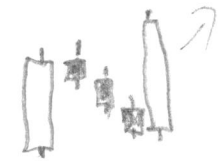

Triple formación bajista

Al igual que la triple formación alcista, la triple formación bajista también se compone de cinco velas. Sin embargo, esta vez, hay tres pequeñas velas alcistas encerradas dentro de dos enormes velas bajistas. La vela bajista a la derecha del patrón debe cerrar por debajo de la primera y enorme vela bajista.

La triple formación bajista se utiliza sólo durante las tendencias bajistas. Cuando se produce, significa que es probable que la tendencia bajista continúe.

Triple formación bajista

RESUMEN

¡Bravo! Acaba de terminar su primera lección sobre gráficos. ¿Qué tal le ha ido? ¿Ha tratado de encontrar estos increíbles patrones en sus gráficos de MT5?

Bueno, las velas son el primer paso para entender y analizar los mercados; sin embargo, puede utilizar la información que ya ha aprendido para intentar operar. Es decir, ahora puede esperar a que se formen los patrones y ver cómo se mueven los precios después. No podemos utilizar las formaciones pasadas, porque los movimientos anteriores del mercado ya se han ido. Sin embargo, a partir de ahora, utilice la versión demo de Metaquotes MT5 y su capital para vender o comprar cuando vea que se forma alguno de estos patrones.

Para realizar una operación, haga clic en el botón situado en la parte superior izquierda de la ventana donde verá la formación de los patrones. Haga clic en el botón "Vender" si ve que se ha formado una tendencia bajista o en el botón "Comprar" si se ha formado una tendencia alcista. Tenga en cuenta que sólo está empezando, por lo que, si tiene pérdidas, no significa que esté fallando. Todavía tiene un largo camino por recorrer, y el proceso se volverá más interesante.

Para concluir, espero que haya disfrutado de esta lección y que haya podido encontrar todos los patrones dentro de sus gráficos. Entiendo que los patrones de tres velas son más difíciles de ocurrir, y eso es bastante normal. Siéntase libre de utilizar cualquier instrumento negociable en su plataforma. Como dijimos al principio, las lecciones que recibirá pueden ser aplicadas en cualquier mercado.

Capitúlo 9 Ingreso promedio de un Day Trader

Imagínese un escenario en el que le haya revelado que, si bien el salario de intercambio tiene numerosos factores, aplicando algunas estrategias de investigación esenciales, usted puede ver un indicador fiable de lo que un inversor informal puede ganar, dependiendo de su área, capital inicial y del estado de su negocio.

En esta sección, compartiré varias fuentes que pueden darle estimaciones claras que luego podría utilizar para decidir su posible potencial de beneficios.

Afrontémoslo, un número importante de personas está pensando en salir a negociar por su cuenta, y no esperan encontrar una nueva línea de trabajo.

Cualquiera que le ofrezca un margen conclusivo como pago por un día negociando, probablemente le esté tomando el pelo.

Yo podría estar conversando con uno de mis hijos sobre Yo Gabba (era uno de sus programas preferidos en Nickelodeon).

En la actualidad, para todos ustedes, individuos corporativos, que pueden ir a sitios como vault.com, o conversar con sus compañeros que poseen información confidencial, para comprobar la cantidad que pueden conseguir en un trabajo de intercambio, por favor: no anticipen números concretos de cualquiera de estas fuentes.

La razón es que hay un gran grupo de variables externas que influyen en la cantidad de dinero que puede ganar. En este artículo, vamos a abrirnos camino a través de toda la información disponible en la web y llegaremos a conclusiones certeras. Siéntese, relájese y busque un poco de café.

UNA DECISIÓN QUE NO DEBE TOMARSE A LA LIGERA

No debería jugársela con esta elección, y debería valorar las ventajas y desventajas. En primer lugar, intercambiar por otra persona le dará la oportunidad de utilizar los dispositivos y sistemas de un conjunto que es idealmente beneficioso.

Una parte de los aspectos positivos de intercambiar por otra persona es evadir los inconvenientes de distinguir tanto un marco triunfante como un tutor que pueda ayudarle en el camino.

En el caso de que no resulte lo "suficientemente beneficioso", prepárese para que le arrojen un enorme número de reglas, más que cuando estuvo en sexto grado.

Este nivel de administración sobre su acción de intercambio se debe al hecho de que está utilizando el dinero de otra persona, así que aproveche o aclimátese a que alguien le diga cómo relajarse.

La ventaja más importante de hacer day trading por otra persona es que le pagarán. Esta paga es probablemente insuficiente para vivir; sin embargo, recibe un sueldo.

Cuando sale por su cuenta, no hay paga. Usted será un especialista en finanzas que quiere hacer pagos. Profundizaremos en este tema más tarde. Sin embargo, tenía que asegurarme de expresar esto con franqueza.

Licencias

En el caso de que elija trabajar para la empresa y esté comerciando con el dinero de los usuarios, o interactuando con los clientes, necesitará su licencia de la serie 7 y quizás de la serie 63.

DISPOSICIÓN 7

La serie 7 le dará el permiso de comerciar. La última vez que lo consulté, el examen costaba 305 dólares y, dependiendo de la entidad, lo asegurara la empresa.

DISPOSICIÓN 63

La serie 63 es la siguiente prueba que deberá realizar después de la serie 7. Esta prueba le autoriza a solicitar pedidos de acciones dentro de un estado de observación.

Una forma simple de verlo es que la 7 le da el privilegio de negociar a nivel gubernamental, y la 63 le permite trabajar dentro de los límites de las leyes estatales.

No me anticipo a cubrir el tema de realizar day trading para alguien porque no lo he vivido.

Por lo que sé, se requiere que termine algunos programas de preparación interna para la empresa con la que trabaja. En el caso de las casas de riesgo, recibirá un sueldo base no muy malo, suficiente para mantenerlo en la clase más baja de trabajador de cuello blanco que se extiende por Nueva York.

¿QUIERE SABER LA MEJOR PARTE?

Su sueldo base de comerciante de acciones podría ir de 50.000 a 70.000 dólares estadounidenses, lo que sólo le basta para ocuparse de su ficha de enlace, alimentarse y quizás tomar un taxi o dos. En cualquier caso, esto no cubre en absoluto las comidas, los autos, las excursiones, las escuelas de enseñanza, etc.

De este modo, supongo que podrá observar rápidamente que para que sea fructífero, va a tener que conseguir su propia recompensa. Sólo hay una dificultad: debe beneficiarse del day trading. Superficialmente, esto suena razonable, porque usted reduce su perfil de riesgo al tener otro flujo de pago con una retribución base; en cualquier caso, debe actuar para seguir siendo empleado, y sólo obtendrá alrededor del 10-30% de los beneficios que obtenga de su movimiento de intercambio.

A la luz de estos números, tendría que hacer unos 300.000 en beneficios de comercio para conseguir una compensación de 100.000.

La ventaja de comerciar con una organización es que, después de un tiempo, su influencia de compra se incrementará, y usted no sufrirá los peligros de las desventajas, ya que es el dinero de la organización. La clave es asegurarse de tener mucho dinero bajo administración.

Como debería ser evidente por la infografía anterior, la manera de hacer dinero genuino es comenzar a tratar con diferentes activos. Consiga hacer eso, de una manera u otra, y ganará por lo general unos 576.000 dólares al año.

En efecto, ha leído bien.

Me doy cuenta de que los 576.000 dólares se ven atractivos; sin embargo, recuerde que llegar al punto más alto es una ardua tarea.

Lo otro que se desprende de la infografía, es que la recompensa habitual está empezando a subir y, si las cosas van como se conjetura, superará la cumbre del declive dentro de poco.

En este sentido, si uno de sus objetivos es obtener ganancias, está pensando en el negocio correcto.

INGRESOS REGULARES OPERANDO PARA UNA EMPRESA

El individuo promedio puede esperar ganar entre 100.000 y 175.000 dólares. En conclusión, si usted está por debajo del promedio, espere recibir una carta de despido.

En cualquier caso, espere, hay algo más.

Ciertamente, si ampliamos nuestra exploración más allá de Nueva York, verá que el salario habitual de un "comerciante" es de 89.496 dólares.

¿No confía en mí?

EMPRESAS COMERCIALES ABIERTAS

Sea como sea, puedo pensar en muchos empleos en los que se puede ganar cerca de 89.000 dólares, y no se requiere el grado de responsabilidad y asunción de riesgos que se requiere para el trading.

Usted podría estar pensando, "esta persona me acaba de revelar que podría ganar entre 250.000 a 500.000 dólares en caso de que sea mejor de lo esperado, ¿dónde se convierten los 89.000 en un factor integral?"

Lo que he mencionado hasta ahora son las tasas de pago por operar en una organización de mercado abierto.

Buena suerte tratando de obtener información precisa para el universo de primera clase de los corredores de valores privados. Descubrirá que regularmente los mejores corredores de Chase y Bank of America se esfuerzan en llevar a cabo inversiones flexibles, como resultado de la oportunidad en sus opciones de comercio y su potencial de remuneración, más significativo.

Aquí está la parte más importante: en el caso de las empresas de la población general, los objetivos corporativos con frecuencia impulsarán un segmento de sus otros objetivos.

La magnificencia del mundo de la inversión multifacética es que mientras todavía hay objetivos de organización, usted tiene la oportunidad de tomar una cantidad más significativa de lo que sacrifica.

Para un corredor profesional, no es nada el superar a su jefe en la posibilidad de llevar suficiente un incentivo a la empresa.

¿Qué cantidad calcula que podría ganar?

VENTAJAS DE REALIZAR DAY TRADING PARA UNA ORGANIZACIÓN

1. *La paga*
2. Beneficios médicos
3. *La notoriedad de trabajar para un banco de riesgo o cercado de inversiones*
4. *No hay peligro de que haya capital individual involucrado*
5. *Puede escalar las posiciones corporativas para manejar varios activos*
6. *Un inconveniente de realizar day trading para una organización*
7. *Debe conectar con los clientes*

8. *Problemas legislativos de oficina*
9. *En general, se obtiene el 20% de los beneficios (empresa pública)*

HACER DAY TRADING PARA UNA EMPRESA DE UTILERÍA

Realizar day trading para las empresas inmobiliarias puede ser como vivir al límite.

Al igual que el trading para una organización, obtendrá cierta preparación antes de que la empresa le permita operar con su dinero en efectivo y acercarse a sus esquemas. A partir de ese momento, todas las similitudes entre el trading para una empresa inmobiliaria y el trading para una organización contrastan.

Trate de no esperar ningún servicio de atención de horas de inactividad pagadas. No contará con una compensación base ni con auditorías anuales. Las firmas inmobiliarias esperarán que almacene dinero en efectivo para comenzar a utilizar su fundación.

Las ventajas son que la empresa inmobiliaria compartirá los beneficios con usted, desde un tercio y hasta la mitad. Las desventajas son que, de nuevo, no hay remuneración, y que usted carga con una parte del sufrimiento en caso de que se produzcan contratiempos.

Sin embargo, aquí está el problema: la explicación que hacen los comerciantes de la empresa inmobiliaria no es precisamente la de las casas de especulación acerca del acceso al capital. Dado que es probable esté negociando con el dinero del propietario de la empresa, la piscina de activos a la que se acerca es restringida.

Yo diría que un corredor por encima del promedio de una empresa inmobiliaria puede hacer alrededor de 150.000 a 250.000 cada año. El corredor típico ganará entre 60.000 y 100.000, y los corredores de bajo rendimiento tendrán un número tan grande de límites de posición establecidos, que básicamente están ensayando y no sacando provecho. Estos corredores de bajo rendimiento probablemente se expulsarán a sí mismos del juego, porque ensayar no se encarga de las cuentas.

Ventajas
- Beneficios divididos con la empresa inmobiliaria

- Comisiones bajas
- No tiene un jefe
- Incremento del margen

Desventajas
- Utilizar su flujo de caja para empezar
- Pérdida de ganancias individuales
- Preparación restringida
- No hay beneficios sanitarios ni tiempo de inactividad remunerado
- No hay movimiento vocacional
- Sólo produce dinero de lo que se adquiere

SALARIOS DEL DAY TRADING, ESTADO POR ESTADO, EN LOS ESTADOS UNIDOS

A pesar de la información mostrada en la infografía de la Oficina del Contralor del Estado de Nueva York, tuve que profundizar para distinguir el salario inicial de un trabajador de trading de nivel básico en todo el país.

Llegué a un nivel de transición para dar un contador a la media nacional normal de 89.000 dólares para un trader. Tenga en cuenta que 89.000 dólares es un promedio normal para los empleos de intercambio, de los menores, a los más altos.

En este sentido, en el caso de que esté empezando de verdad y le ofrezcan 50.000 dólares, no se desanime. Todos tenemos que empezar por alguna parte.

Fiel a su estilo, los distritos de Nueva Inglaterra y del Pacífico del país tienen la paga más significativa. En la actualidad, sólo puede atribuirse al coste promedio de los artículos de primera necesidad. Sin embargo, puede encontrar su estado para estimar lo que puede esperar ganar como un comerciante menor.

El mito

Un gran número de artículos en línea son explícitos sobre la proporción de beneficios que puede esperar cuando se convierte en un inversor informal. Por ejemplo, un artículo de Cory Mitchell que aparece en el sitio de Vantage Point Trading lo explica detalladamente, y pretende empezar a intercambiar con un capital de 30.000 dólares:

"Acepte sus cinco operaciones normales por día, así que si tiene 20 días de intercambio al mes, hace 100 intercambios al mes. Usted hace 3.750 dólares, sin embargo, a pesar de todo, usted tiene comisiones que pagar, y quizás algunos gastos variados. Su coste por intercambio es de 5 dólares por contrato (ciclo completo). Sus costes de bonificación son: 100 operaciones x 5 dólares x 2 contratos = 1000 dólares".

En el modelo de Mitchell, su neto después de las bonificaciones es de 2.750 dólares. Dado que usted comenzó con 30.000 dólares, eso supone un rendimiento mensual de algo más del 9 por ciento. Si usted reinvierte esos beneficios en una premisa mes a mes, hacia el final de un año tendrá un interés de $55,944. No está mal, y lo mejor es que no tiene que vestirse para ir a trabajar.

La realidad

He aquí una señal segura de que la realidad puede ser muy distinta al mito.

Como se indica en una investigación de 2013 de la bolsa de valores de Taiwán, conducida por el analista de negocios Brad Barber, de la Universidad de California Davis, Escuela de Posgrado en Administración, e incluyendo el comercio ordinario del mercado durante 14 años, menos del 1 por ciento de todos los comerciantes miembros obtuvieron un beneficio. Dicho de otro modo, el 99 por ciento de todos los inversores informales perdió dinero.

Otro trabajo realizado por Barber y el analista financiero de la UC Terrance Odean diseccionó los rendimientos del mercado de más de 66.000 familias estadounidenses que intercambiaban en la bolsa de valores de Estados Unidos durante un periodo de cinco años, de 1991 a 1996. Razonaron que los operadores continuos (no principalmente a los inversores informales, sin embargo, incluyendo a los inversores ocasionales y a los individuos que intercambian acciones con la mayor frecuencia posible) no cumplieron las expectativas de los especialistas financieros, que utilizaron una metodología de comprar y mantener, aproximadamente por un tercio. Cuanto más a menudo intercambiaba un miembro, más fallaba en cumplir con las expectativas de la rentabilidad media.

Considerado genuinamente más tarde, y similar a la investigación del 2013, la Cass Business School, de la Ciudad Universitaria de Londres, razonó que los monos que lanzan dardos a las páginas de acciones podrían lograr resultados mejores que los comerciantes de acciones. De acuerdo, eran monos cuidadosamente recreados, pero actuaban al mismo tiempo.

Para darle una mejor idea de sus probabilidades como inversor informal "competente", piense que la Asociación de Administradores de Valores de América del Norte registra los cursos de trading (las "escuelas de trading" basadas en la web, que tienen como finalidad enseñarle a triunfar como inversor informal) como uno de los 10 mayores riesgos para los especialistas financieros, junto con los planes Ponzi y los oscuros cálculos de trading basados en los números de Fibonacci.

UNA ESTRATEGIA DE DAY TRADING EN LA VIDA REAL

Considere un sistema de day trading en el que el límite de pérdidas es de 0,04 dólares, y su objetivo es de 0,06 dólares.

Su saldo total es de 30.000 dólares, por lo que el mayor riesgo por operación es de 300 dólares. Con un límite de 0,04\$, puede tomar 7.500 (300\$/0,04\$) acciones en cada operación y permanecer dentro de su margen de riesgo de 300\$ (excluyendo las comisiones).

Si no es mucho problema, tenga en cuenta que para recibir 7.500 ofertas, el coste de la oferta debe estar por debajo de 16 dólares (se consigue con 120.000 dólares en poder adquisitivo aislados por 7.500 propuestas), si el precio por acción es superior a 16 dólares tendrá que tomar menos ofertas. Además, la acción debe tener suficiente volumen para que usted pueda hacer una posición de este tipo (vea "Busque estas cualidades en una acción de day trading").

Trabajando con este procedimiento, aquí hay un ejemplo de la cantidad que podría ganar realizando day trading:

55 operaciones fueron exitosas: 55 x 0,06 $ x 7.500 acciones = 24.750 $.

45 operaciones fueron fallidas: 45 x - 0,04 $ x 7500 acciones = (13.500 $)

Su ganancia bruta sería de 24.750 $ - 13.500 $ = 11.250 $.

Su beneficio neto, que incorpora el gasto de las comisiones, es de 11.250 $ - comisiones (30 $ x 100 = 3.000 $) = 8.250 $ para el mes.

Este es el beneficio hipotético, algunos elementos pueden y van a disminuir sus intereses; vea los refinamientos más abajo para entender cómo se equilibra este número para la realidad actual.

La proporción de recompensa al azar de 1,5 se utiliza porque es muy tradicionalista e inteligente con respecto a las aperturas que se producen a lo largo del día, constantemente, en el intercambio financiero.

El capital inicial de 30.000 dólares es también una igualación supuesta para comenzar a hacer day trading; se prescribe más en el caso de que desee negociar acciones más costosas.

El tope de 0,04 y 0,06 dólares se utiliza de forma similar. Dependiendo de la imprevisibilidad de la acción, puede ser disminuido, pero es más probable que sea extendido, si la acción se mueve mucho. A medida que el tope permanezca, tendrá que disminuir el número de ofertas tomadas para mantener un grado similar de seguro de riesgo.

Refinamientos para su estrategia

Con frecuencia, en las operaciones ganadoras, no es posible obtener todas las ofertas que necesita; el valor se mueve con demasiada rapidez. De esta manera, acepte que en las operaciones ganadoras usted termina por lo general con 6.000 ofertas. Esto disminuye el beneficio neto a 3.300 dólares, en lugar de 8.250.

Las pequeñas modificaciones pueden afectar la ganancia.

En el modelo anterior se hicieron algunas suposiciones diferentes. Principalmente, que el comerciante puede encontrar una acción que le permita usar su capital en última instancia (contando la influencia), mientras utiliza una proporción de recompensa-a-riesgo de 1,5. Encontrar cinco operaciones al día será más problemático en ciertos días que otros (vea "Cómo encontrar acciones volátiles para el day trading").

El desplazamiento del valor es además una pieza particular del trading. Ese es el punto en el que ocurren contratiempos importantes, cuando se utiliza un límite de pérdidas. El desplazamiento dependerá, en gran medida, del volumen de la acción en comparación con el tamaño de su posición.

Para representar el desplazamiento, disminuya sus cifras de ganancia neta en un 10%, como mínimo. Teniendo en cuenta esta situación y los refinamientos, es concebible ganar unos 2.970 dólares, operando una cuenta de 30.000 dólares (los 3.300 dólares mencionados anteriormente, disminuidos en un 10%).

Modifique esta situación de forma similar en función de su límite y su objetivo (recompensa ordinaria al azar), el capital, el desplazamiento, la tasa de ganancia, los tamaños de posición estándar de ganancia/pérdiday las comisiones. Teniendo en cuenta la metodología que propone, es posible informarse sobre todo esto antes de empezar a operar, para hacerse una idea de la cantidad que puede ganar.

CANTIDAD DE DINERO QUE GANAN LOS DAY TRADERS: CONCLUSIÓN

La situación anterior demuestra que es posible hacer más del 20 por ciento por cada mes con el day trading, hipotéticamente. Esto es bastante, por las medidas regulares, y la mayoría de los corredores no debe esperar ganar esta cantidad cuando se presenten problemas específicos, por ejemplo, el desplazamiento, y no tener continuamente la opción de obtener la posición completa que quieren en las operaciones ganadoras.

Con una tasa de ganancia del 55 por ciento, y con un procedimiento que produzca más victorias que fracasos significativos, es posible ganar entre un 5 y un 15 por ciento, o más, por mes. Sin embargo, no es sencillo, aunque los números lo hagan parecer así. Estas cifras hablan de lo que es factible para aquellos que son productivos en el day trading; recuerde, sin embargo, que el day trading tiene una baja tasa de éxito, particularmente entre los chicos.

Capitúlo 10 El trading y el tiempo

Cuando se piensa en las diferentes herramientas de inversión, o en la práctica de la inversión en general, no se puede dejar de considerar el factor temporal. Este es uno de los factores que desanima al comerciante. Pero, ¿por qué?

En estos tiempos estamos tan acostumbrados al concepto de *"todo, y de inmediato"*, que no podemos esperar más. Exigimos todo de inmediato, perdiendo también la noción del tiempo y su preciado valor.

Desafortunadamente, en el comercio en línea, no puede esperar tenerlo todo, ni de inmediato, pero sobre todo, no podemos esperar convertirnos en operadores y profesionales experimentados en poco menos de un mes, o una semana.

¡No puede pensar en convertirse en un trader experto si no quiere estudiar y practicar! En el comercio en línea, pero también en la inversión, en general, se necesita tiempo para aprender a operar. Otro consejo, que no es factible en este momento, es pensar en dedicar tiempo a encontrar una inversión y técnica de inversión profesional, valiosa, y que valga la pena.

Al negociar, debe hacerlo con seriedad y profesionalidad. Si, por ejemplo, operamos con una estrategia comercial basada en el comercio de divisas, con un pago máximo del 65% para una operación cerrada con ganancias, entonces debemos asimilar la perspectiva de que debemos dar dinero para trabajar con una estrategia específica.

Si está siguiendo la tendencia del mercado, será contraproducente salir del mercado porque, además de perder su capital, es posible que ni siquiera obtengas la remuneración deseada. Es por eso que el tiempo es dinero, y no debe desperdiciarse innecesariamente. La prisa, sobre todo, es una mala compañera.

El factor tiempo es también uno de los principales factores por los que la gente decide mejor confiar su capital a un experto financiero, para que éste tome las decisiones por ellos. Muy a menudo, sin embargo, esta confianza no siempre se corresponde con un aumento de capital. La mayoría de las veces, este capital se pierde por completo.

LA IMPORTANCIA DE LA SINCRONIZACIÓN Y DEL MOMENTO OPORTUNO

Entender cuándo es el momento adecuado para operar es muy importante. Dar dinero para madurar es sin duda uno de los factores más determinantes para el éxito de su inversión. El concepto fundamental sigue siendo el mismo: querer ganar dinero y cómo ganarlo.

Para asegurarse de que sabe, de antemano, cuánto puede ganar, y cómo ganar dinero para nosotros, no puede confiar en el azar y, sobre todo, no puede darse el lujo de perder el tiempo, pero tampoco exigirlo todo de inmediato.

Todo tiene su tiempo; también las inversiones tienen su momento oportuno y su importancia. Como puede ver, incluso el momento adecuado sirve para dar paso a la inversión, para crear su propio ciclo y para expresar esa razonable expectativa. La configuración correcta también le sirve a su capital para sobrevivir en cualquier situación, soportar los momentos negativos y tener siempre la fuerza para empezar de nuevo.

EVITE LOS RIESGOS

Para comprender mejor los peligros que conlleva operar con estrategias de riesgo, parece correcto recordar los fundamentos correctos. Supongamos que puede operar con 10.000 dólares en una estrategia que tiene un riesgo del 50%. Esta estrategia se puso en marcha para duplicar el capital en un máximo de 3. Es una estrategia muy arriesgada desde nuestro punto de vista, ya que podría resultar en la pérdida total del capital. Esta operación se recomienda sólo a los comerciantes experimentados.

Con este ejemplo, le hemos hecho comprender cómo estas operaciones permiten duplicar o triplicar el capital en pocos meses, pero también cómo puede perder todo su capital en cuestión de meses. De hecho, al poner en práctica estas peligrosas estrategias, también verá cómo su cuenta se reduce a la mitad, o se consume por completo, en pocas semanas.

Para entenderlo todo mejor, pongamos otro ejemplo. De acuerdo con sus estrategias de trading, usted ha operado en un activo concreto con una estrategia y piensa que ésta le puede dar una devolución del 50% en el plazo de un mes.

Para no caer en el error, le aconsejamos que se ponga el objetivo contrario o que intente hacerse la pregunta: ¿cómo sería si en medio mes perdiera la mitad de lo facturado? Por lo tanto, aquí se explica y se entiende de una manera sencilla y rápida lo que significa un momento oportuno, pero sobre todo cuales son las estrategias equivocadas que no deben adoptarse.

LIMITE LOS DAÑOS DEL SOCIAL TRADING

Muchos se preguntan si el social trading es la estrategia adecuada para evitar perder tiempo y ganar dinero. Antes de continuar, le recordamos que el social trading no es una forma de operar sin riesgo, aunque el riesgo, en este caso, es reducido. Para operar en social trading, creemos que es esencial operar durante un periodo de tiempo entre 9 y 12 meses como mínimo. Esto se debe a una simple razón. Antes de elegir un sistema de inversión, debe ver el rendimiento durante al menos un año. En este sentido, no es necesario seguir a un trader las 24 horas del día, los 365 días del año, sino sólo consultar los datos de todas las operaciones realizadas durante el año, tal vez con la ayuda de herramientas especiales que simplifican la lectura.

Una vez que comprenda cómo operar, pero sobre todo, que comprenda cuánto operar y con quién quiere operar, tiene que considerar el riesgo que está dispuesto a correr. Más allá de este límite, es aconsejable no arriesgarse.

En la mayoría de los casos, las condiciones que le han llevado a tomar una determinada decisión de inversión deben tener bases sólidas para que la inversión pueda rendir. Por eso, un periodo de 12 meses es suficiente para que comprenda si su inversión es buena o mala.

Capitúlo 11 Comercio de criptomonedas

La popularidad de las criptomonedas está creciendo rápidamente. Se calcula que existen más de 1000 versiones diferentes, y todas ellas funcionan de manera distinta. Por ejemplo, Bitcoin, una de las criptodivisas más populares, y la primera, se utiliza como las monedas normales que se emplean en el día a día. Ethereum es más bien para los nuevos que intentan perfeccionar la tecnología de cadena de bloques (blockchain). Y hay muchas otras opciones ahí fuera, que se utilizan de diferentes maneras.

Algo bueno que puede hacer con estas criptodivisas es utilizarlas en el day trading para ayudarle a hacer algo de dinero en el proceso. Estos mercados vienen con una gran volatilidad, lo que significa que una vez que se aprende a trabajar con los gráficos de cada uno, usted será capaz de beneficiarse de los muchos altibajos, subidas y bajadas que vienen con ellos.

En este capítulo, nos tomaremos algún tiempo para ver algunas de las estrategias de day trading que puede utilizar para obtener los mejores resultados posibles. Algunas de las diferentes estrategias con las que puede trabajar para utilizar el day trading en criptodivisas incluyen:

Breakout (ruptura)

El procedimiento de ruptura va a girar en torno a la idea de que el costo va a despejar una dimensión predeterminada en su esquema con algún volumen ampliado. Esta estrategia hará que el comerciante entre en una posición larga después de que la moneda se quiebre por encima de la competencia. A continuación, volverá a entrar en una posición corta una vez que vea que la moneda se rompe por debajo de ella.

Scalping

Descubrirá que el scalping va a funcionar muy bien con este tipo de valores. Hay una gran cantidad de operaciones que se producen en este mercado de forma regular. La gente de todo el mundo siempre está buscando maneras de hacer más dinero con estos mercados, y hay un intercambio constante entre varias otras monedas y la criptomoneda con la que desea trabajar. El scalping le ayudará a obtener beneficios en el proceso.

Para ello, usted simplemente esperará por los descensos que vengan con el mercado y luego comprará la moneda. A continuación, pasará a venderla tan pronto como el precio o el valor suba. Lo más importante que debe recordar es que va a haber algunos honorarios por el intercambio de las monedas de un lado a otro, así que tenga en cuenta ese factor cuando esté pensando en aplicar este método, para asegurarse de que realmente obtendrá algunos beneficios en el proceso.

Estrategia de acumulación de beneficios incrementales constantes (SIPAS, por sus siglas en inglés)

Suponiendo que el intercambio que está utilizando para la criptomoneda va a trabajar con USDT, y todos los más importantes y de buena reputación lo hacen, el objetivo del día es que usted produzca al menos uno o dos por ciento de algunas criptomonedas Debe asegurarse de que las criptomonedas tengan un historial de estabilidad durante los últimos dos o más días. Esto le ayudará a producir un beneficio de al menos el 7 por ciento en un período de 12 horas. Si hace esto a lo largo de una semana, puede ganar más del 50 por ciento en beneficios.

Además, si es capaz de encontrar un criptomoneda que haya hecho alguna consolidación en los últimos días, entonces esta es una buena opción con la cual ir. Lo que queremos es asegurarnos de que estamos evitando grandes fluctuaciones en el precio. Utilizando esta simple estrategia puede asegurarse de mantenerse en el camino y de que se beneficiará de esa inversión inicial en dos semanas o menos.

También puede ser que usted vaya por una ganancia mayor a la que estamos hablando aquí. Esto no es un problema y puede ser bastante fácil, pero recuerde que cuanto mayor sea el beneficio que quiere ganar, hay más riesgo. Y la avaricia siempre resultará en una fuga de sus ganancias, independientemente de cuánto conocimiento tenga sobre el mercado y todo lo demás.

En su mayor parte, los incrementos de uno a dos por ciento son los mejores. Si usted es capaz de atenerse a estos números, será capaz de evitar las grandes pérdidas que pueden ocurrir una vez que las emociones y una gran cantidad de dinero estén en la línea en esa operación en particular.

Hay mucha volatilidad que puede aparecer en el mercado de criptomonedas, y es importante entender realmente el mercado, para elegir uno que haya sido relativamente estable en los últimos tiempos, y luego trabajar con ese mercado, para hacer las operaciones intradías correctas que produzcan beneficios. Si lo logra, será capaz de hacer algunas buenas ganancias en el proceso.

FOREX TRADING

El mercado de divisas, más conocido como mercado Forex, es el mayor de todos los mercados de inversión, ya que en la actualidad registra transacciones por valor de más de 4 trillones de dólares al día, aproximadamente 10 veces más de lo que puede gestionar la Bolsa de Nueva York. A pesar del lucrativo potencial de este mercado, durante mucho tiempo estuvo fuera del alcance de los operadores principiantes, ya que las limitaciones tecnológicas dificultaban la recopilación de la información necesaria para tal actividad. Por suerte, el auge del internet, junto con las innumerables plataformas de comercio de divisas en línea, permiten que cualquiera que esté interesado pueda aprovechar las extremas tasas de apalancamiento disponibles en el mercado para convertir una pequeña inversión inicial en una gran ganancia.

Antes de lanzarse de lleno, debe tener en cuenta que el mercado Forex es completamente especulativo, lo que significa que, a diferencia de la mayoría de los mercados, cuando compra y vende en el mercado de divisas no está ganando nada físico en el proceso. A diferencia del mercado de valores, en el que se adquieren acciones de una empresa concreta, por ejemplo, en el mercado de divisas lo único que se hace es mover números en varias bases de datos informáticas con información relevante relacionada con los países en cuestión, haciendo que se muevan en una dirección o en otra. Sus ganancias y pérdidas se expresan en la moneda que usted elija.

Si esto le parece un sistema un poco extraño, es porque el mercado de divisas sólo existe debido a que las organizaciones internacionales y los países necesitaban una forma fácil de mover divisas en cantidades masivas, sin tener que pasar por los pasos por los que tendría que pasar una persona normal para poder hacer tal cosa. Estas entidades tienden a comerciar con unidades de moneda tan extremas que pueden llegar a afectar al valor global de las divisas con las que se comercia, y ahí es donde entra en juego el lado especulativo del mercado.

En términos generales, sólo un 20% del movimiento del mercado de divisas procede de estas grandes entidades, y el resto proviene de inversores que intentan ganar dinero con el movimiento que se propaga por el mercado como resultado. Aunque la mayoría de estos inversores son profesionales que trabajan para instituciones financieras o fondos de cobertura, cada vez más operadores privados se suman al movimiento cada año, atraídos por la promesa de grandes ganancias, debido al apalancamiento disponible.

DATOS SOBRE EL MERCADO FOREX

Lo más importante que hay que tener en cuenta cuando se opera en el mercado de divisas es que cada operación de divisas es en realidad un par de operaciones dispares, porque siempre se está vendiendo una divisa para pagar otra. Las operaciones de Forex se realizan en tres tamaños distintos, conocidos como lotes. Un micro lote es de 1.000 unidades de una divisa determinada, mientras que un mini lote es de 10.000 unidades de una divisa y un lote estándar es de 100.000 unidades.

Cuando el mercado se mueve, la cantidad más pequeña que se registra se conoce como pip, que es el uno por ciento del precio total de la divisa en cuestión. Cuando usted se inicia en el mercado de divisas, querrá evitar tomar operaciones que sean mayores a un micro lote, ya que, en este caso, el pip vale 10 centavos de la moneda que esté trabajando. Esto significa que no perderá el control rápidamente cuando una operación se vuelva en su contra en el último momento. Si se pasa a los mini lotes, o a los lotes estándar, corre el riesgo de perder 1 o 10 dólares por pip, respectivamente. Como referencia, puede esperar que una divisa en tendencia se mueva alrededor de 100 pips por sesión de operación.

Aunque el mercado de divisas difiere de otros mercados en aspectos clave, es importante tener siempre en cuenta que son iguales en los aspectos más importantes, ya que se rige por la oferta y la demanda tanto como cualquier otro mercado. Esto significa que cuando una determinada divisa tiene una gran demanda, el valor de esa divisa seguirá aumentando de forma natural hasta el punto en que el mercado tenga más vendedores que compradores, momento en el que el precio empezará a bajar hasta que los compradores empiecen a actuar de nuevo.

Cuando se opera en el mercado Forex, es muy importante estar al tanto de los casos en los que una divisa específica está a punto de aumentar su demanda para poder aprovecharla lo antes posible. Esto significa que querrá estar al tanto de datos como las predicciones económicas relacionadas con las potencias mundiales, las luchas geopolíticas actuales y los movimientos clave de los índices de interés. Es importante tener en cuenta que no existe la información privilegiada cuando se trata del mercado de divisas, por lo que cualquier cosa que aprenda será en juego limpio.

Otro hecho importante que hay que tener en cuenta es que el mercado de divisas nunca cierra de lunes a viernes: sólo cambia su enfoque. Si bien está cerrado los fines de semana, durante la semana el mercado cambia naturalmente su enfoque entre varios pares de divisas, en función de la parte del mundo que esté más activa en ese momento. Por ejemplo, el par de divisas USD/JPY estaría activo durante la parte del día en la que Estados Unidos esté activo, y lo estaría de nuevo cuando esté activo Japón. El mercado de divisas se divide en tres segmentos en función de la hora del día en Estados Unidos, Asia y Europa. Esto no es algo que esté estrictamente regulado, ya que el mercado de divisas no está regulado en ningún sentido tradicional, sino que, sencillamente, es más rentable operar con una divisa específica cuando está más activa.

FALTA DE REGULACIÓN TRADICIONAL

Como ya se ha señalado, el mercado de divisas no está regulado de la misma manera que otros mercados y, de hecho, se considera una bolsa no regulada. Esencialmente, esto significa que cuando alguien decide hacer una operación deshonesta, no estará a merced de ningún organismo regulador, por lo que es la comunidad la que debe impartir justicia. Como tal, cada operación en el mercado Forex se basa en lo que se conoce como un acuerdo de crédito, lo que significa básicamente que todo el mundo opera de buena fe. Como cualquiera que rompa el acuerdo no podrá volver a operar en el mercado de divisas, suele funcionar bastante bien en la mayoría de las ocasiones.

Además de este sistema, en EE.UU. existe lo que se conoce como la Asociación Nacional de Futuros (NFA), que es una organización voluntaria a la que pueden unirse los operadores de divisas, y que exige a sus miembros un nivel de calidad superior al del mercado en general. También ofrece opciones de arbitraje si ocurre un conflicto. Esto significa que cuando usted esté tratando con un corredor de Forex o un distribuidor en los EE.UU., entonces querrá asegurarse de que son un miembro de la NFA.

Como no hay nadie que haga cumplir estas cosas, las reglas son más relajadas también en el mercado de divisas. Esto significa que usted es libre de vender en corto toda la moneda a la que tenga acceso, siempre y cuando crea que puede obtener un beneficio de ella. Por otra parte, tampoco hay límite en el número de lotes que puede comprar en una sola operación, lo que significa que podría hacer una operación de mil millones de dólares, si tuviera el dinero.

Por último, el número de corredores tradicionales de Forex son pocos, y distantes entre sí, lo que significa que la mayoría de las operaciones de divisas no requieren una comisión. En cambio, los corredores de divisas ganan su dinero con el diferencial, lo que significa que es probable que este sea un poco más grande de lo que usted puede estar acostumbrado. Además, el mercado de divisas es solo de capital, lo que significa que los negociadores asumen el mismo riesgo que los operadores. Como tal, es imposible comprar en la demanda, o vender en la oferta cuando se negocia en Forex; sin embargo, esta limitación se mitiga por el hecho de que puede ser mucho más fácil obtener un beneficio cuando se negocia en el mercado de divisas, ya que las comisiones y los honorarios no se tienen en cuenta.

DATOS SOBRE EL COMERCIO DE DIVISAS

Cuando se opera en el mercado de divisas, la divisa que se vende es una posición corta y la que se compra es una posición larga. Por ejemplo, si usted hace una operación de EUR/USD, entonces usted va en largo en dólares mientras va en corto en euros, lo que significa que está vendiendo euros y comprando dólares.

Como se ha señalado anteriormente, en realidad sólo es necesario centrarse en un puñado de monedas para obtener una total comprensión de los fundamentos del comercio de divisas. Por lo tanto, cuando dé sus primeros pasos en el mercado, querrá centrarse en USD/CHF, PIB/USD, USD/JPY y EUR/USD. Además de estos pares, querrá estar atento a los pares de mercancías, llamados así porque los países involucrados tienden a mover las mercancías en grandes cantidades. Entre ellos se encuentran NZD/USD, USD/CAD y AUD/USD. Por último, si añadimos EUR/GBP, GBP/JPY y EUR/JPY, tendremos cubierto más del 90% de las operaciones realizadas en un día normal.

LECTURA DE UNA COTIZACIÓN DE DIVISAS

Independientemente de las divisas con las que trabaje, todas se cotizan de una manera específica. La primera mitad del par de divisas se denomina divisa base, mientras que la segunda se denomina divisa contraria o divisa cotizada. Por regla general, el dólar es la moneda base por defecto, y las ganancias tienden a escribirse en dólares/la otra moneda, y cuando se cotizan, incluirán tanto un precio de compra y un precio de venta.

El precio de compra es la cantidad por la que el operador de Forex estará dispuesto a comprar la divisa base, y se escribirá en una cantidad de la moneda secundaria. Por otro lado, el precio de venta es la cantidad por la que un operador puede esperar vender cualquier divisa base, y suele escribirse en la divisa contraria. La diferencia entre el precio de compra y el precio de venta es el origen del diferencial y suele escribirse con el cuarto decimal.

NO SE OLVIDE DEL MARGEN Y LAS PRÓRROGAS

Para operar con éxito en el mercado de divisas a largo plazo, tendrá que tener en cuenta el margen de una manera diferente a como lo haría con otros mercados. Específicamente, en el mercado de divisas, su margen deja de ser un pago inicial sobre el posible capital futuro y, en cambio, es mejor considerarlo como un depósito que puede utilizarse de forma precisa para ayudar a mitigar las pérdidas relacionadas con las operaciones que pueden salir mal. En general, cuanto mayor sea el apalancamiento que permite un operador, mayor será el margen de la operación.

Cuando se trata de completar una operación Forex requerida, la regla general es que usted debe completar su parte de la operación dentro de las 48 horas. Sin embargo, este periodo de tiempo puede extenderse mediante el uso de una prórroga, que retrasa la fecha de vencimiento en 48 horas completas, a cambio de un porcentaje de los intereses pagados por la operación. Una prórroga puede utilizarse varias veces, aunque las comisiones son acumulativas, por lo que es importante hacer un seguimiento minucioso de ellas para obtener los mejores resultados. Las prórrogas también se negocian en el mercado Forex, al igual que las monedas.

Al aprovechar una operación de prórroga, es importante tener en cuenta que la diferencia entre el índice de interés de la moneda base y la moneda de contrapartida puede visualizarse adecuadamente a través de un préstamo de un día. Al utilizar este tipo de préstamo, el operador se aferrará a la posición larga de una divisa basándose en la suposición de que tiene un índice de interés mayor del que obtener una ventaja. La cantidad ganada por la prórroga variará entonces día a día, dependiendo de la variación del índice de interés. Si todo esto suena demasiado complicado, evitar una prórroga es fácil, todo lo que tiene que hacer es evitar mantener cualquier posición durante la noche.

Apalancamiento

Cuando se opera en el mercado Forex, se puede pensar en el apalancamiento como un dinero que se toma prestado específicamente con el fin de aumentar los posibles beneficios, si una operación determinada va de acuerdo con el plan. Aunque no es aconsejable para los que se están iniciando en el mercado de divisas, se pueden encontrar fácilmente tasas de más de 100 a 1, lo que significa que es posible obtener los beneficios de la operación de un lote estándar, mientras sólo se tiene el dinero en efectivo para pagar un micro lote. Es importante recordar, sin embargo, que si las cosas no van de acuerdo con el plan, estará en un apuro por el valor de pérdida del lote, así que opere con cuidado.

Puede resultar efectivo pensar en el apalancamiento como un factor que amplía el movimiento del mercado en su conjunto. Algunas de las pérdidas que podría experimentar al utilizar apalancamiento pueden mitigarse mediante un uso meticuloso de órdenes "stop loss" o mediante el uso de un supervisor de márgenes. Un supervisor de márgenes es un tipo de programa que viene con una variedad de plataformas de comercio en línea, y que permite a los usuarios establecer parámetros para asegurarse de que sus pérdidas nunca sean mayores de lo que deben ser.

Capitúlo 12 Riesgos y gestión de cuentas

Es importante que tenga la mentalidad adecuada cuando se dedique al day trading. Todo depende de su actitud. Esto puede afectar todos los aspectos de sus operaciones diarias. Este capítulo trata de cómo tener la actitud correcta, y cómo cambiar su mentalidad por completo.

PSICOLOGÍA DEL TRADING

1. Sea flexible y no se aferre a una operación. Si la operación no es correcta, déjela y pase a otra.
2. La clave es cambiar su visión del mercado día a día. Lo que piense del mercado hoy puede ser una historia completamente diferente mañana.
3. Si se centra en lo que está haciendo ahora, podrá tomar decisiones rápidas y decisivas. Deje de pensar que puede hacer realidad sus objetivos sólo para demostrar que tiene razón en algo. Escuche al mercado y olvide todo lo que creía que le estaba diciendo.

4. Gane experiencia y ganará intuición. Observando y experimentando el mercado, podrá ganar la intuición que le ayudará a tomar las decisiones correctas. Revise los gráficos, las transmisiones de operaciones en vivo, y mantenga un registro del comportamiento dentro del mercado.

5. Utilice la estrategia adecuada para su idea. Comience con una hipótesis y luego construya su estrategia alrededor de esa idea. A veces la elección de la mejor operación se basa en la compra subyacente. Sin embargo, puede encontrarse con que una divisa o un derivado es una mejor táctica para operar. Buscar la operación menos arriesgada le dará el mayor potencial de ganancias

6. Establezca un límite que no sobrepasará. Antes de comprar una operación, busque un factor que pueda demostrar que no es lo correcto. Decida hacia dónde debe ir su mercado y luego examine en qué nivel basará su idea para invalidar la transacción. Esta es el punto donde debe colocar el límite.

7. Es necesario ser constante. Sea lo más mecánico posible, incluso si está haciendo operaciones manuales. Lo que esto significa es que cuando vea algo que cumpla con mis criterios, entonces me lanzaré sobre ello y compraré. Cuando se negocia, no se debe dejar al criterio del juicio del inversor. Para ganar hay que ceñirse a la línea, y tener confianza para tomar las acciones decisivas cuando sea necesario.

8. Aceptar el riesgo y la incertidumbre del mercado de valores. Debe ser capaz de ver que una operación será una pérdida antes de lanzarse a negociar. Espere y acepte el peor resultado posible. Esto le ayudará con el enfoque, y con el proceso de operación.

9. Creer lo que se puede ver en los números. Siguiendo una estrategia directa y clara, verá que los números le mostrarán la prueba de la efectividad de la estrategia.

10. Los resultados individuales de las operaciones deben ser ignorados. Mire el conjunto de todas las operaciones que ha realizado, no las últimas una o dos que han tenido lugar. Examine esas últimas 20 operaciones y vea dónde ganaron y dónde perdieron. El resultado de una operación individual puede estar oculto, y diluirá la concepción previa que tenía el inversor. Puede impedirle que repita las operaciones del pasado que no fueron beneficiosas. Esto ayudará con las decisiones futuras que serán influenciadas por su concepción preestablecida.

LA MENTALIDAD DEL DAY TRADER

Cómo iniciar una buena operación

Es recomendable comenzar una buena operación con un poco de humildad. No contar los pollos antes de nacer es una buena manera de pensar. Sin embargo, no se puede ser demasiado negativo con respecto a una operación, o de lo contrario, podría lanzarse a la primera señal de aumento, en lugar de hacerlo en el momento oportuno. Es una buena idea tener confianza en sus capacidades de negociación, en lugar de confiar en el propio mercado. Usted es quien toma las decisiones y controla el tiempo que la operación permanece en el mercado. Es bueno tener confianza en uno mismo, para no dudar y perder buenas operaciones.

Mantras para entrar en la zona

No es ningún secreto que es una buena idea entrar en la "zona" antes de comenzar una operación. ¿Qué es la zona? Bueno, la verdad es que varía de una persona a otra, pero básicamente se trata de una mentalidad que le permite concentrarse en la tarea que tiene entre manos. Debe ser capaz de prepararse para mantener ese nivel de concentración. La mejor manera de hacer esto es buscar todos los días algunas afirmaciones en línea sobre el day trading. Las afirmaciones son pequeñas frases que se dice a sí mismo cada día para ayudarle a levantar el ánimo. Elija una y conviértala en su mantra.

Cómo evitar volverse demasiado arrogante

La arrogancia es su peor enemigo. Subirá demasiado su autoestima y empezará a cometer errores porque se siente infalible. No es invencible. Usted es humano, y los humanos cometen errores. Si entra en una operación pensando que no puede cometer un error, se equivoca. Para evitar ser demasiado arrogante, debe recordar siempre que el mercado es volátil y que usted no es un mago. Aunque sea capaz de tomar buenas decisiones, no es perfecto, y el mercado puede fluctuar más allá de su control.

Cómo ganar confianza

Si no tiene confianza en sí mismo, es probable que se equivoque a la hora de hacer un buen negocio. Hay que tener confianza en uno mismo, pero no ser engreído. Debe ser capaz de encontrar ese equilibrio. La forma más fácil de ganar confianza es atenerse a todas las decisiones que tome. No dude de sus decisiones. Debe creer en sí mismo. Debe asegurarse de que confía en sí mismo, para poder atenerse de verdad a las buenas decisiones.

Mentalidades que debe evitar

Al igual que hay algunas mentalidades que debe adoptar, también hay otras que debe evitar. Debe evitar ser demasiado engreído. Tener demasiada confianza puede hacer que se apegue a decisiones que sean principalmente malas. Tampoco debe ser demasiado modesto, porque si no tiene ninguna confianza en sí mismo, probablemente dejará pasar un buen negocio con la esperanza de conseguir uno mejor.

Cómo aprovechar la mentalidad en su favor

Es una buena idea tener una mentalidad fuerte y no desviarse de ella. Debe entrar en cada operación pensando que no se conformará con una mala operación. Debe tener la mentalidad de que va a enfocar y observar cada operación como un halcón. Usted quiere estar concentrado y seguro de sí mismo, teniendo una pizca de visión realista de sus operaciones.

Por qué el ánimo es importante para el éxito

El ánimo es esencial para tener un comercio exitoso. No puede entrar en una operación con una actitud negativa y esperar dar lo mejor de sí mismo en sus operaciones. Tiene que dejar sus problemas fuera del mercado y centrarse realmente en las operaciones de cada día. Tiene que asegurarse de que su mente está despejada todos los días.

Cómo cambiar su mentalidad actual

Si desea cambiar su manera de pensar, tiene que desear de verdad tener la mentalidad correcta. Las afirmaciones, como se mencionó anteriormente, son una gran manera de hacerlo.

Capitúlo 13 Errores de principiante que debe evitar

Hacer jugadas más allá de su alcance: las operaciones hechas con temor nunca ganan. El miedo congela el pensamiento: parálisis por análisis

Mientras realiza sus operaciones de práctica, preste mucha atención a cuánto varían sus operaciones en términos de ganancias/pérdidas durante 5 minutos, cuánto varían en 15 minutos, media hora, una hora, y así sucesivamente. No haga esto sólo un día o una hora, sino durante varios días o incluso un par de semanas. La razón para hacerlo es muy sencilla: usted está, por así decirlo, "probando su tolerancia al riesgo". Es cierto que hay una diferencia entre operar con papel y utilizar dinero real. Aun así, es mejor que tenga esta experiencia a que no la tenga. Si cree que estas variaciones no son aceptables por cualquier motivo, este tipo de trading puede no ser para usted.

Es muy natural que sufra cierta "parálisis por análisis", especialmente en el momento en que pase a operar con dinero real en lugar de practicar. Si su cerebro está abrumado con todo lo que está tratando de aprender, sea paciente consigo mismo. Dese el tiempo suficiente para que su cerebro asimile el proceso. Con la práctica, su pensamiento y sus reacciones serán más rápidos. También notará los momentos en los que empieza a estresarse durante las operaciones de pérdida; tome algunas notas sobre esto, porque necesita saber estos datos para determinar su tolerancia al riesgo, y conocer el punto en el que sus decisiones se precipitan debido a las emociones. Cuando pueda practicar el trading y lograr 25 operaciones "exitosas" consecutivas (sin errores, ya sean ganadoras o perdedoras), podrá hacerse una idea del nivel de riesgo que puede manejar.

Uso de un sistema ciego y uso de técnicas a ciegas

Por "sistema ciego" me refiero a esas estafas para hacerse rico rápidamente que prometen mucho dinero con muy poco trabajo, riesgo o reflexión. Los compradores deben tener cuidado. Nadie que le venda un sistema de este tipo se comprometerá jamás a pagar por sus pérdidas. Comerciar a ciegas con promesas de fuentes no probadas es un asunto arriesgado.

Recuerde que los indicadores técnicos son herramientas, no sistemas de negociación infalibles, y que deben utilizarse en el contexto de los conceptos, las tendencias y las pautas del mercado.

Impaciencia y falta de preparación

Piense en el trading como si tuviera su propio negocio. Usted invierte unos cuantos dólares en información y suministros, luego tiene un período de investigación para probar su factibilidad de la mejor manera posible, y luego arriesga su dinero, que tanto le costó ganar. En un capítulo anterior, le sugerí encarecidamente que practicara el comercio con un libro de contabilidad, tomando notas, hasta que pueda sumar 25 operaciones consecutivas sin errores. Puede llevar un tiempo hacerlo correctamente. Tenga paciencia y tómese su tiempo para aprender practicando, no sólo leyendo sobre el tema. Recuerde que no hay dos operadores idénticos; encuentre lo que funciona para usted.

Ignore los patrones que crea su cerebro

Cuando opere utilizando gráficos técnicos e indicadores, notará que empieza a "ver" muchos patrones potenciales que pueden formarse. Eso es apofenia; su cerebro está trabajando duro para encontrar patrones y proyectar resultados. Eso es normal. Espere y deje que "el mercado le diga" lo que está pasando, y no permita que su atención se desvíe cuando su cerebro le envíe todos los posibles resultados de cosas que aún no están en sus gráficos e indicadores. Hasta que adquiera cierta experiencia, ésta será una de las cosas más difíciles de aprender.

Operar con indicadores técnicos y gráficos no es una ciencia perfecta ni mucho menos. Los indicadores a veces le llevarán por el mal camino, no importa cuánto tiempo los estudie. Es bastante común que los operadores sin experiencia piensen que sólo encontrando los indicadores técnicos adecuados, ganarán la gran mayoría de las operaciones. Este es un mito muy popular. Es algo que casi todo el mundo quiere creer.

Es un error de novato pensar que sólo porque ha dormido bien por la noche, se ha levantado temprano, ha leído las noticias financieras del día o ha visto el canal financiero y ha dedicado horas de práctica, el mercado le enviará una operación con el indicador técnico perfecto en los primeros diez minutos de su negociación. Hay que tener paciencia. A veces, se ve una operación al instante. Otras veces puede pasar más de una hora y no ver ninguna oportunidad. Otros días, verá casi demasiadas señales positivas. Estas cosas no tienen horario. Verá que algunos días son volátiles y rápidos, tal vez demasiado rápidos para su tolerancia al riesgo. Otros días serán tan lentos que se sentirá aburrido, y que ha perdido el tiempo. Con el tiempo, aprenderá a reconocer esos momentos en los será imposible intentar operar, así que no lo haga. Algunos días, como dice el refrán, "te vistes y no hay a dónde ir". La esperanza no es una estrategia. Deje que el mercado le diga lo que está sucediendo, no al revés.

Utilizar en exceso la genialidad de la retrospectiva

Este es otro de los errores "más comunes" que cometen los traders nuevos y veteranos. Ya he escrito extensamente sobre esto. Usted puede aprender de la genialidad de la retrospectiva, pero *nunca debe juzgar su capacidad de operar con información que no tenía durante la operación*. Esto puede parecer contraintuitivo, así que quiero ser perfectamente claro al respecto: usted puede APRENDER de la retrospectiva; puede ser una especie de análisis. Entienda que juzgar sus decisiones en *retrospectiva es siempre una cuestión hipotética, nunca basada en los mismos hechos que tenía* **antes o durante una operación**.

Tratar de adivinar las reversiones

Hay ocasiones en las que usted puede tener una fuerte percepción de lo que el mercado "debería" hacer. Por ejemplo: el mercado puede ha tenido largos períodos de ganancias o pérdidas notables. Usted siente que el mercado debería estar listo para alguna reacción, retroceso o algún ajuste. Situaciones así le proporcionarán una fuerte impresión, y es muy fácil olvidar que podría estar considerando operar según esa impresión, aunque los indicadores técnicos u otras acciones del mercado le digan lo contrario. Con el tiempo, aprenderá a utilizar sus gráficos e indicadores técnicos de la misma manera que un piloto de avión utiliza los instrumentos para orientarse de noche. Es bastante común "sobre leer" sus indicadores, como el MACD. Con esto quiero decir que, naturalmente, usted comenzará a anticipar lo que podría suceder a continuación y operará sobre esta especulación, en lugar de esperar una señal más fiable. Como se discute a menudo en este libro, los humanos tienen una fuerte predilección por encontrar patrones donde realmente no existen. Permitirse seguir esta inclinación es correr el riesgo adicional de ignorar sus gráficos e indicadores. Evitar este error requiere mucha paciencia, y un poco de experiencia.

Permitir que la experiencia reciente distorsione su pensamiento

¿Qué significa realmente "su experiencia reciente"? Para un operador de bolsa, puede significar el año pasado o el mes pasado. Para un day trader, puede significar hace 15 minutos, ayer, hace dos horas o incluso hace cinco minutos. Cuando un day trader tiene una serie de pérdidas consecutivas, puede provocar que sea menos agresivo y demasiado cauto. Esto puede traducirse en una reacción de: a) tomar beneficios demasiado rápido para "compensar" las operaciones perdidas, b) quizás, dejar que las pérdidas se acumulen por estar esperanzado, o c) salir demasiado rápido de una operación con una pequeña caída, para evitar más pérdidas. Cualquiera de estas tres reacciones, como resultado de operaciones con pérdidas recientes, puede clasificarse directamente como permitir que sus emociones influyan en sus decisiones comerciales.

La solución a este problema es aprender a confiar en la experiencia que adquirió utilizando los gráficos de velas y el MACD. Con el tiempo, ganará más confianza en su capacidad para leer las noticias del mercado, para estar al tanto de los informes programados y de los principales acontecimientos que ocurren durante un día de negociación, y entenderá mejor cómo interpretar las

variadas intensidades de las señales de negociación. A
medida que gane experiencia con la lectura de los
gráficos de velas y el uso del indicador MACD,
aprenderá a confiar más en estas cosas, en lugar de
escuchar esa voz en su cabeza, que provoca reacciones
emocionales, o a su capacidad para encontrar patrones
que realmente no están ahí: esas ilusiones ópticas
debidas a la apofenia y la pareidolia. Cada operación
que realice no está más relacionada con la anterior que
el lanzamiento de una moneda después de otra. Son
excluyentes entre sí, aunque su cerebro esté
programado para relacionarlas. El primer paso para
evitar esto es ser consciente de ello.

No evaluar sus operaciones como un plan de
negocios

Debe llevar un registro de operaciones claro y
preciso. Lo utilizará para evaluar sus métodos y sus
resultados. Será el equivalente al libro de contabilidad
de una empresa, que registra los gastos (pérdidas) y
los beneficios, y en el que se detallan sus métodos. Es
fácil pensar en exceso acerca de todo. El registro que
lleve le mostrará resultados verídicos, y le servirá tanto
para identificar errores, como para ayudarle a

encontrar posibles formas de mejorar. Al final del día, usted será su propio gestor empresarial y podrá inspeccionar sus libros para ver cómo va su negocio. El balance de su cuenta no le mentirá, le dirá si está haciendo las cosas bien.

No existe tal cosa como una racha ganadora

Existe una cierta euforia cuando se gana dinero con el trading. Siempre existe la tentación de pensar que se está en una racha, pero esto es sólo una ilusión. Cada una de sus operaciones debe justificar su propia relación riesgo-recompensa.

Conclusión

Gracias por descargar este libro. Sé que lo he dicho antes, pero tengo que volver a insistir en este punto. Con el tiempo, cuando haya explorado un poco en el mercado de valores, tendrá que decidirse por algo que se adapte a su personalidad. Algunas personas tienen un mayor apego al riesgo, y pueden tener mejores resultados con el swing trading, mientras que otras personas lo hacen mucho mejor con el momentum day trading. Su objetivo es encontrar su especialidad lo antes posible, y ceñirse a ella. Puede encontrar su lugar operando con papel y probando sus resultados, o probando el mercado de valores con una pequeña cantidad de dinero real. Para muchos nuevos operadores, suele ser muy tentador lanzarse directamente al mercado con todo su dinero. Mi consejo es que se tome todo con calma y que se concentre en aprender y en absorber información de calidad primero. Hay que recordar que incluso los operadores más exitosos siguen siendo estudiantes del mercado.

Hay una fina línea entre la pasión y la obsesión. Si se encuentra echando más y más ahorros en su cuenta de corretaje sin saber POR QUÉ, significa que está enganchado a este juego, y es mejor que SALGA. Si usted es un gran trader, nunca se obsesionará con el trading, porque usted controla sus propias emociones. Nunca, JAMÁS baje la guardia a su lado emocional durante el trading, porque un pequeño paso en falso puede causar, y causará, una avalancha.

Muchos de los grandes traders que conozco son verdaderos apasionados del trading, están muy concentrados en sus gráficos y rara vez se equivocan en sus operaciones. Pero también, rara vez se alejan de la mesa de operaciones, y todo lo que ven son gráficos y números. Comen y duermen pensando en los gráficos de valores. La vida no es únicamente acerca del trading. Cada vez que hago una buena ganancia durante el día, me alejo de la mesa de operaciones y salgo con algunos amigos o familiares. No hay que ser codicioso, porque las oportunidades de trading se presentan todos los días. Coloque a sus seres queridos en el primer lugar de su lista de prioridades, porque ellos serán los que le apoyen cuando caiga.

Forex Trading

GUÍA SENCILLA DE INVERSIÓN ONLINE PARA PRINCIPIANTES. LAS ESTRATEGIAS, LOS SECRETOS Y LOS FUNDAMENTOS DE LA PSICOLOGÍA COMERCIAL LE AYUDARÁN A GANAR DINERO CON SUS INVERSIONES BURSÁTILES.

por Andrew Rich

Introducción

El mercado Forex, comúnmente conocido como FX, es el mayor mercado financiero que existe en el planeta. Es un mercado que hace circular más de cinco trillones de dólares al día. Involucra a gobiernos, bancos centrales, bancos regulares, fondos de cobertura, grandes granjas de análisis financiero, así como a la persona común, conocida como minorista. Cuenta con contratos de los peces más gordos, y aún tiene espacio para los minoristas que quieren entrar en el negocio y ganar dinero para ellos mismos. Los intercambios de operadores individuales son bienvenidos, sólo que son algo complejos. Por esta razón, la gente termina utilizando corredores.

¿Qué es Forex?

La palabra Forex en sí es una combinación de las primeras letras de dos palabras inglesas, foreign y exchange. Esto se debe a que Forex es el intercambio de una moneda por otra. Hay diferentes nombres para las operaciones del mercado Forex, como Forex trading, trading al contado, o comercio de divisas, y se abrevia como trading FX. En términos de liquidez, no tiene rival entre los demás mercados financieros del mundo, con un volumen medio de operaciones de 5 trillones de dólares diarios, según el Fondo Monetario Internacional. Además, no tiene una ubicación central o física, ya que se encuentra en línea como una plataforma electrónica.

El mercado financiero Forex combina bancos, instituciones financieras, magnates, inversores privados, corredores y comerciantes individuales de Forex que participan en la compra y venta de divisas. El intercambio se realiza en todo el mundo, por cualquier persona que tenga acceso a Internet, en correspondencia con las diferentes aperturas y cierres de los centros financieros de todo el mundo. Estos centros financieros incluyen, pero no se limitan a: el Centro Financiero de Londres, el Centro de Comercio de Frankfurt, el Centro Financiero de Nueva York, el Centro de Comercio Financiero de Tokio, el Centro Financiero de Sydney, etc. Debido a las diferentes zonas horarias en todo el mundo, el Forex trading se realiza las 24 horas de cada día laboral, asegurando así que es el mercado más activo en todo el planeta.

Historia de Forex

Los controles de divisas fueron introducidos hacia el final de la Segunda Guerra Mundial por los países aliados (EE.UU., Gran Bretaña y Francia) que convergieron en la Conferencia Monetaria y Financiera de las Naciones Unidas, celebrada en Bretton Woods, New Hampshire, durante el año 1944. Este sistema cambiario posguerra creó el Fondo Monetario Internacional (FMI), fijó el dólar estadounidense en 35 dólares por onza de oro y estableció la tasa de cambio de las monedas con respecto al dólar. Antes de este acuerdo, los bancos centrales de los distintos países defendían y respaldaban sus monedas basándose en la convertibilidad de la moneda en oro. Los clientes convertían el papel moneda en oro solicitándolo a sus bancos, ya que la probabilidad de que todos los consumidores pidieran cambiar su papel moneda por oro al mismo tiempo era muy poco probable, por lo que los bancos mantenían una cantidad determinada de oro, conocida popularmente como reservas de oro, para hacer frente a las transacciones diarias previstas. Sin embargo, después de la Primera Guerra Mundial, los consumidores se apresuraron a convertir su papel moneda en Oro, dejando a los bancos en una posición precaria. La introducción del Fondo Monetario Internacional fue un intento de controlar estas fuerzas de oferta y demanda con las que lidiaban los bancos durante la crisis, o cuando la confianza en las monedas y los mercados financieros se tambaleaba.

Sin embargo, en 1971, el sistema de control de Bretton Woods fue suspendido por el presidente Nixon, que puso fin al estándar de convertibilidad del oro, que había estado plagado de volatilidades extremas entre las economías de los distintos países, lo que hizo que el dólar perdiera su posición como única moneda internacional, debido a las diferencias en los presupuestos gubernamentales y los déficits comerciales. La comunidad europea, es decir, Alemania Occidental, Francia, Italia, Países Bajos, Bélgica y Luxemburgo, introdujo la Flotación Conjunta Europea, que se impuso oficialmente en 1979.

El sistema de cambio flotante valoraba una moneda en términos de otra. Esto fue impuesto por el acuerdo de Jamaica, que fue firmado en 1976 en Kingston, Jamaica, por un consejo de la junta de gobernadores y el comité del Fondo Monetario Internacional. Este acuerdo permitió que el precio del oro "flotara" frente al dólar estadounidense y otras monedas, pero dentro de una serie de restricciones acordadas. Esto devolvió el poder a los bancos centrales al permitirles elegir la tasa de cambio que prefirieran para intercambiar sus monedas contra otras, y ajustar constantemente estas tasas una vez que sus monedas se alejaran demasiado (es decir, tuvieran un valor alto o bajo) o se salieran de las limitaciones establecidas. De este modo nació el mercado de divisas tal y como lo conocemos hoy en día. Todavía utilizamos estos acuerdos y limitaciones con algunas modificaciones, como la supresión del oro para el comercio de divisas en todo el mundo en este siglo.

Los pares de monedas de curso legal más negociados son:

- El euro europeo y el dólar estadounidense (EUR\USD)

- El dólar estadounidense y el yen japonés (USD/JPY)

- El dólar estadounidense y el franco suizo (USD/CHF)

- La libra esterlina y el dólar estadounidense (GBP/USD)

Las divisas más comunes y activamente negociadas se denominan mayores. Las mayores constituyen la parte más abundante de las operaciones, ya que forman parte de los pares de divisas más negociados. Las mayores en los mercados actualmente son:

- El dólar estadounidense (USD)
- El euro europeo (EUR)
- La libra esterlina (GBP)
- El yen japonés (JPY)
- El dólar canadiense (CAD)
- El dólar australiano (AUD)
- El franco suizo (CHF)

Cuando se cotiza un par de divisas, la primera del par se conoce como la divisa base. La segunda del par se conoce como contradivisa o divisa de cotización. El par de divisas indica qué tanto se necesita de la divisa de cotización para el cambio de la divisa base. En una cotización directa, la divisa cotizada es la extranjera. Por ejemplo, USD/JPY 1,6300 significa que un dólar estadounidense se intercambia por 1,75 yenes japoneses.

Del ejemplo anterior se desprende que la moneda base de cualquier par siempre se equipara a una unidad monetaria de cambio (1). Mi análisis del mercado FX Spot muestra que las monedas base dominantes son el euro, la libra esterlina y el dólar. Siempre que una divisa sea una moneda de contrapartida frente al dólar estadounidense, se denomina tasa directa. Por ejemplo, USD/JPY 106,33. Cualquier par de divisas que no se negocie como contrapartida del dólar estadounidense en un par se conoce como cotización cruzada, por ejemplo, CAD/CHF.

Definiciones básicas de Forex.

1. Moneda base

En un par de divisas USD/CAD, las tres primeras letras denotan lo que se conoce como la moneda base. Por lo tanto, el USD es la moneda base en este par

2. Moneda de cotización/Moneda de contrapartida

Son las segundas tres letras, que denotan la otra moneda en el par. En este caso, el CAD (dólares canadienses) es la moneda cotizada que representa la cantidad que se necesita para cambiar por una unidad monetaria de la moneda base.

3. Monedas mayores y menores.

Las divisas mayores se refieren a las siete divisas más populares y que se intercambian con mayor frecuencia en el mercado de divisas. Son las más líquidas y, por lo tanto, generan un volumen importante del comercio mundial de divisas. Según el Fondo Monetario Internacional, las siete principales son:

- ***USD***
- ***EUR***
- ***GBP***
- ***JPY***
- ***CAD***
- ***AUD***
- ***CHF***

Cuando cualquiera de estas monedas mayores se combina en un par, se conoce como un par mayor. Por ejemplo, USD/AUD, EUR/GBP, etc.

Cualquier otra divisa que no esté en esta lista se denomina moneda menor.

4. Monedas exóticas

Se trata de divisas procedentes, en su mayoría, de países en desarrollo del Pacífico, Asia, Oriente Medio y África. Rara vez se negocian en el mercado de divisas, porque no son comunes; por lo tanto, su liquidez no es tan alta como la de las divisas mayores y menores. Operar con este tipo de divisas es difícil. Algunos ejemplos de esas monedas son: el baht tailandés, el dinar iraquí o el peso uruguayo. El emparejamiento de una divisa mayor y una divisa exótica se conoce como par exótico, por ejemplo: el emparejamiento de una divisa mayor con la divisa de una economía emergente, como el peso mexicano, el dólar de Hong Kong, el chelín tanzano, etc.

5. Pip

En el mercado Forex al contado, las divisas se negocian en fracciones de céntimo. Por lo tanto, un pip es el movimiento más pequeño que puede tener un cambio de divisa. Normalmente, los pares de divisas se componen de 5 cifras significativas con un punto decimal colocado inmediatamente después de la primera cifra significativa, seguido de cuatro puntos decimales. Por ejemplo, EUR/USD es 1,3377. Por lo tanto, un solo pip aquí es igual al cambio más pequeño en el cuarto punto decimal, que en este caso es 0,0001. En consecuencia, cualquier par de monedas que tenga al USD como moneda de cotización tiene un pip que es igual a 1\100 de un centavo, que son cuatro puntos decimales, con la excepción del par JPY/USD, donde un pip es igual a 0,01, que son dos puntos decimales.

El pip determina el cálculo de la ganancia o la pérdida en la operación, como se muestra en los siguientes ejemplos.

Si compra el par EUR/USD a 1,2345 y luego lo revende a 1,2360, su beneficio será la diferencia entre estos precios, que es de +15 pips, o 0,0015.

Si compró el mismo par al mismo precio pero lo vendió a 1,2325, entonces la diferencia, que es de -20 pips, o -0,0020, es lo que registrará como pérdida.

En el caso del USD/JPY, que se cotiza con dos decimales, se hacen los mismos cálculos, pero en el caso de una ganancia, se cotiza como +0,10 o -0,15 de pérdida.

La subida del precio de una cotización muestra que la moneda base se está fortaleciendo, y por lo tanto, necesita más de la moneda cotizada para igualar el valor de una. Por lo tanto, si el precio cae, significa que la moneda base se está debilitando.

6. Precio de compra

Es la cantidad que el comprador (creador de mercado) está dispuesto a pagar por un determinado par de divisas y, en consecuencia, el vendedor (operador) debería estar dispuesto a vender la divisa base al comprador al mismo precio. Suele representarse en la parte izquierda de la cotización. Por ejemplo, en una divisa EUR/USD, que cotiza a 1,3924/27, el precio de compra es 1,3924; esto quiere decir que el operador puede vender un euro europeo por 1,3924 dólares estadounidenses.

7. Precio de venta

Es la cantidad por la que el vendedor (creador de mercado) está dispuesto a vender un determinado par, por lo que también es el precio que un operador (que es el comprador en este caso) puede pagar a cambio de la moneda base del vendedor. Este precio suele representarse en el lado opuesto del precio de oferta, que es el lado derecho de la cotización. En el ejemplo anterior se muestra el precio de oferta que es; EUR/USD 1,3924/27, la demanda, por lo tanto, es 1,3927, lo que significa que el comerciante puede comprar un euro por 1,3927 dólares estadounidenses. El precio de venta es también conocido como precio de oferta.

8. Spread

El spread de negociación es la diferencia entre el precio de compra y el de venta de cualquier par de divisas disponible en el mercado. En otras palabras, se define como el coste de transacción de un par de divisas. El creador de mercado se beneficia con el spread en lugar de cobrar comisiones; así es como la mayoría de los corredores de divisas ganan dinero. Cuanto más pequeño es el spread de negociación, más lucrativo es para los operadores. En condiciones normales de mercado, el spread de negociación sobre la mayoría de los pares de divisas no debería ser más de 3 pips. Usando la cotización de nuestro ejemplo anterior; EUR/USD 1.3924/27 el coste de la transacción es de 3 pips. Es decir, 1,3937-1,3925= 0,0003, que son 3 pips.

9. Divisas cruzadas

Es un par de divisas que no involucra al USD. Por ejemplo, el GBP/AUD, el EUR/CHF. Este tipo de divisa se introdujo para ayudar a los operadores que querían operar directamente con sus propias divisas sin seguir la ley obligatoria de cambiar la divisa al USD antes de operar con ella. Este movimiento ayudó a los diferentes comerciantes a evitar el tedioso proceso y la pérdida de dinero en el cambio de sus monedas al dólar estadounidense antes de cualquier comercio.

10. Cotización cruzada y tasas de cambio cruzadas.

Se trata del tipo de cambio entre dos monedas que no se consideran necesariamente las monedas oficiales del país en el que se da la cotización de la tasa de cambio. Por ejemplo, una cadena de televisión estadounidense cotiza la tasa de cambio entre el yen japonés y el euro europeo. Se trata de una cotización cruzada, ya que ni el yen japonés ni el euro europeo se consideran monedas oficiales de América. Sin embargo, si en la misma emisión se menciona el par libra esterlina/dólar estadounidense, esto no se califica como una cotización cruzada, aunque la libra esterlina no sea una moneda oficial de América. Esta excepción se debe a que en el instrumento de negociación se menciona el dólar estadounidense, que es la moneda nacional oficial del país.

Suponiendo que el GBP/USD es igual a 1,5464, y el USD/JPY es igual a 163,45, entonces las cotizaciones cruzadas son USD/JPY igual a 1,5464*163,45= 252,75. En este caso, 252,75 se considera la tasa de cambio cruzada, ya que una libra esterlina equivale a 252,75 yenes japoneses. En general, los tipos de cambio cruzados no son muy comunes, ya que conllevan un gran diferencial con poca liquidez, lo que a su vez conlleva un elevado coste de transacción, que los hace poco atractivos.

11. Margen

Esta cantidad de dinero es necesaria para abrir y/o mantener una posición. Los corredores exigirán alguna garantía para asegurar que los operadores puedan pagar y cubrir su parte del trato en caso de pérdida.

Ventajas del Forex trading

A medida que avancemos en este libro, en el capítulo cinco, discutiremos estas ventajas en detalle, pero en este momento vamos a repasar los aspectos básicos con el fin de proporcionar una buena base para prepararle para el negocio.

a) Liquidez

Los mercados de divisas son los más líquidos que se hayan visto jamás, lo que los convierte en un refugio seguro para que los especuladores operen en ellos. La liquidez del mercado significa que las diferentes órdenes se llenan rápidamente, haciendo muy fácil que estas órdenes se ejecuten a tiempo. Las órdenes se explicarán en los próximos capítulos de este libro. El estrechamiento de los diferenciales confirma la liquidez de los mercados al contado, ya que la mayoría de los operadores centran ahora su atención en las monedas mayores, que se venden en mayores volúmenes diariamente.

b) Operaciones las 24 horas del día

La ubicación de los centros de comercio en diferentes zonas horarias del mundo abre una ventana de oportunidades para que un operador opere a cualquier hora del día, ya que los mercados están abiertos durante 24 horas. Los horarios de apertura y cierre de los centros financieros de Londres, Nueva York, Sidney, Fráncfort y Tokio ofrecen cinco zonas horarias diferentes que se solapan, lo que da la oportunidad de actuar inmediatamente ante cualquier noticia política, social o económica de última hora en todo el mundo. Aunque entre las 17:00 horas (hora del este) del domingo y las 16:30 horas (hora del este) del viernes hay una ventana de oportunidad y brecha ya que comienza el fin de semana y estos centros están cerrados.

c) Operar con margen\apalancamiento

Operar con margen es cuando uno opera con una cantidad de dinero que no está en su cuenta. Es obtener un préstamo de la plataforma con la que trabaja el corredor para comerciar, con la esperanza de devolvérselo en una fecha posterior, ya sea cuando la venta tenga éxito o no. Mientras que los mercados de valores también proporcionan esta facilidad a sus clientes, el mercado Forex tiene una mayor ventaja, ya que su dólar es más alto que el del mercado de valores y puede comprar más de lo que el mismo dólar podría comprar en el mercado de valores. Sin embargo, aunque esto es una ventaja, también es una empresa muy arriesgada, ya que la más mínima caída puede hacer que uno pierda tanto sus inversiones como el capital actual en sus cuentas.

d) Pocos requisitos

Los requisitos para operar en el mercado al contado son la apertura de una cuenta con un corredor y el depósito de una cantidad mínima; algunos corredores ofrecen tan sólo 10 dólares para abrir una cuenta. Esto hace que cualquier persona con interés en el comercio de Forex, y acceso a Internet, sea elegible para el comercio, a diferencia del largo y tedioso proceso requerido por los corredores de bolsa para el comercio en una bolsa de valores u otros mercados financieros.

e) NADIE puede influir en los mercados

La inmensidad del mercado de efectivo hace que sea muy difícil para cualquier operador en particular influir en el comercio. Esto incluye a los bancos centrales, que intentan aumentar el valor de sus divisas mediante el comercio de sus propias monedas, para hacerlas más relevantes. Las fuerzas del mercado acaban imponiéndose, a diferencia de lo que ocurre en los mercados de valores, donde los especuladores pueden deprimir las acciones de una empresa mediante el short selling.

f) No hay restricciones al short selling/long selling.

La venta en corto (short selling) se produce cuando un operador toma prestadas las divisas y las vende inmediatamente con la esperanza de volver a comprarlas más tarde a un precio inferior al que las vendió, para poder obtener un gran beneficio y devolverlo al prestamista. Mientras que la venta a largo plazo (long selling) se produce cuando un operador acumula una determinada divisa a la espera de venderla en una fecha posterior para obtener un buen beneficio. Estas dos técnicas no se fomentan en el mercado de valores, ya que los operadores pueden influir en el mercado haciendo esto; sin embargo, en Forex esto no está restringido, ya que no puede haber ninguna influencia en el mercado y su liquidez puede convertir muy fácilmente una estrategia de venta en corto en una estrategia de venta en largo en una noche.

g) La falta de comisiones/comisiones bajas

Los corredores de los mercados de efectivo se analizarán en detalle en el próximo capítulo de este libro. Sin embargo, es importante tener en cuenta que no se les paga por comisión, como a sus homólogos en el mercado de valores, sino que se les paga por el diferencial de negociación. Con el rápido aumento de la tecnología, los corredores de divisas ofrecen ahora sistemas de Redes de Comunicación Electrónica (ECN, por sus siglas en inglés) que ofrecen un diferencial mucho mejor, en lugar de los 3 que se ofrecen en condiciones normales de mercado. La mayoría de estos corredores cobran una comisión por el uso de estos sistemas ECN. Por lo tanto, piden el nuevo diferencial más la comisión como pagos. Así, hacen que estos mercados sean más eficientes que los mercados de valores.

h) Actividades y oportunidades de trading constantes.

La liquidez, la accesibilidad, la ventana de horarios superpuestos, junto con el cambio constante en las configuraciones políticas y económicas de los diferentes países, proporciona una serie de actividades constantes que conducen a las fluctuaciones en los diferentes gráficos que abarcan diferentes monedas, y la oportunidad de responder muy rápidamente a cualquier cambio.

Desventajas del Forex trading

I. Hay dos economías diferentes a considerar

En virtud de ello, la negociación de divisas sólo se produce con respecto a dos monedas de países diferentes. Cuando un operador realiza su análisis, los problemas que afectan a un país pueden variar de manera extrema en relación con la otra moneda con la que se negocia. Uno de los países puede tener problemas dominantes que destaquen y eclipsen los problemas de las otras economías, lo que hace muy difícil tomar una decisión bien fundada sobre la mejor operación a realizar, especialmente cuando hay un cambio en la dinámica social, política o económica.

II. La falta de un cambio centralizado

Todos los creadores de mercado en el mercado de divisas tienen la posibilidad de utilizar los sistemas de redes de comunicación electrónica, o de utilizar corredores como mecanismo regulado para respaldar su participación en los mercados. Esto, por tanto, hace que la negociación en este mercado sea más un intercambio privado que un intercambio estandarizado, como los mercados de valores. Esta falta de un punto de datos centralizado significa que el mercado carece de complementos especiales, como la información sobre el volumen de operaciones, que se encuentra fácilmente en los mercados de valores y de futuros.

En el último capítulo de este libro se explicarán con más detalle estas ventajas y desventajas.

Capitúlo 1 ¿Dónde se negocia en el mercado Forex?

HISTORIA DE LAS PLATAFORMAS DEL FOREX TRADING

El comercio de divisas comenzó en los tiempos antiguos de los babilonios. Durante este tiempo, el sistema se componía sólo de productos con el intercambio que ocurre entre los bienes tangibles. Entonces se introdujo el metal y el oro y la plata, y se hicieron populares. Por lo tanto, se convirtió en la herramienta para la transacción; esta idea fue amada por muchos, y de ahí que se popularizara. Después de algún tiempo, empezaron a formarse regímenes políticos y se hizo necesaria la creación de monedas para el comercio. El oro superó a todas las monedas, y se convirtió en una importante herramienta de comercio, y como resultado, se restringió. La restricción creó pánico, ya que más personas querían cambiar su valor por dinero con oro.

En 1931, el oro, que se consideraba una herramienta estándar para el comercio de divisas, fue eliminado, lo que dio lugar a la aparición del mercado Forex. El mercado se introdujo para tener una moneda de cambio más fiable y estable. Sin embargo, el mercado de divisas no era más activo, porque sólo un pequeño número de personas conocía su funcionamiento. Los Estados Unidos introdujeron una nueva moneda mundial en 1944: el dólar estadounidense. El uso de esta moneda fue acordado por el Banco Mundial, el GAAT y el FMI en Bretton Woods. Todavía había un problema sobre el uso del oro estándar, pero se resolvió, ya que todas las monedas en uso en el mercado de divisas se ajustaron al estándar del oro. Bretton Woods se convirtió en el sistema más popular de intercambio de divisas, y funcionaba con tasas de cambio fijas. Este sistema de cambio duró apenas diez años. En la década de 1960, el dólar comenzó a devaluarse, y esto se agravó durante la guerra de Vietnam. El Presidente de EEUU suspendió entonces la conversión del dólar en oro, lo que creó una crisis en el sistema de Bretton Woods, y éste se derrumbó. El colapso de Bretton woods abrió el camino a un mercado libre, en el que las monedas no eran fijas; se les permitía fluctuar, y su comportamiento estaba determinado por la inversión extranjera directa y los flujos comerciales. Más tarde surgió un acuerdo de Smithsonian, que proponía que la fluctuación de las monedas se limitara a un rango determinado del

2,25%. Este acuerdo fue discutido más tarde, ya que naciones como EE.UU. exigían que el valor de la moneda fuera más allá del punto fijado. Esto condujo al cierre del mercado de divisas en 1971. Cuando se reabrió, un año después, el nivel fijo de fluctuación dejó de funcionar y prevaleció el mercado libre controlado por la demanda y la oferta.

Los grandes bancos pasaron a controlar el comercio, negociando las divisas entre ellos, y en ese momento la plataforma se conocía como interbancaria. Los demás bancos que se incorporaron al sistema utilizaron la plataforma minorista, que sólo permitía el acceso a las divisas a través de los grandes bancos. Las divisas se obtenían a los precios determinados por el operador del gran banco implicado; estos precios eran menos favorables. La creación de la plataforma electrónica en 1994 supuso un alivio. Los operadores minoristas y los particulares tenían ahora acceso a más información sobre el comercio de divisas y era posible el acceso directo a las tasas de negociación de divisas. El avance de la tecnología facilitó las cosas, ya que la electrónica se convirtió en una plataforma de comercio en línea, en la que diferentes corredores e instituciones obtienen clientes directos para comprar y vender sus divisas de diferentes mercados de todo el mundo. Las plataformas que existen actualmente son la interbancaria, la minorista y la de comercio en línea.

CUOTA MERCANTIL DE LAS PLATAFORMAS
- ***LA INTERBANCARIA***

El mercado interbancario es el que tiene el segundo mayor volumen de divisas negociadas por día. En el interbancario, los mayores bancos negocian entre sí directamente utilizando corredores interbancarios. También utilizan sistemas de intermediación electrónica como Reuters o Electronic Brokering Services (EBS). Esta plataforma es un sistema autorizado, en el que los bancos negocian entre sí por su relación crediticia establecida a lo largo del tiempo. Aparte de las operaciones entre bancos, otras que utilizan el interbancario son las instituciones como empresas, mercados de divisas en línea y fondos de cobertura. Los bancos pequeños en los mercados emergentes, los inversores institucionales, y las empresas, no tienen acceso a las tasas de la plataforma interbancaria porque no tienen líneas de crédito bien establecidas que los conecten con los grandes bancos.

Por lo tanto, para las necesidades de intercambio de divisas, tratan con un banco, pero a tasas menos competitivas. Las tasas son aún menos competitivas para los participantes que utilizan bancos pequeños y agencias de cambio para negociar; hay que recordar que los bancos también necesitan obtener beneficios. La mayor cuota de mercado entre los bancos es la de JPMorgan, seguida de UBS, Deutsche Bank, Bank of America Merril Lynch, Citi, Goldman Sachs, Standard Chartered, HSBC, XTX Markets y Barclays.

- **OPERADORES MINORISTAS**

Los operadores minoristas incluyen a la comunidad de pequeños bancos, inversores institucionales, bancos de mercados emergentes y empresas. Como se ha explicado anteriormente, estas plataformas no suelen tener un control directo de las tarifas porque están vinculadas a los grandes bancos. Por lo tanto, los grandes respaldos ofrecen un precio ligeramente diferente al que ofrecen cuando compran o venden a los otros grandes bancos. Por lo tanto, el volumen de divisas negociado a través de esta plataforma es ligeramente inferior al negociado a través de la plataforma interbancaria.

LA PLATAFORMA DE COMERCIO EN LÍNEA

La introducción del sistema de comercio electrónico se produjo en 1992. La evolución de la negociación en línea dio la oportunidad a los operadores minoristas de conectarse con los creadores de mercado y aumentó el número de participantes gracias a sus bajos costes y su gran eficacia. Esta plataforma ofrece a los particulares la posibilidad de acceder a las mismas tarifas que utilizan los grandes bancos. Esta plataforma de negociación ha crecido de forma constante gracias a la accesibilidad y al continuo desarrollo de la tecnología que la sustenta. Tiene la mayor cuota de mercado, de más del 50% con los operadores, incluidos los grandes bancos, la pequeña comunidad bancaria, empresas y particulares.

LA PLATAFORMA CON LA MAYORÍA DE LOS OPERADORES

La parte más importante de Forex es el acceso al comprador o al vendedor. El comercio en línea ha roto la barrera que solía limitar el intercambio de divisas.

Cualquiera que desee unirse al comercio de Forex puede conectarse rápidamente y elegir un operador. Además, esta plataforma no sólo la utilizan los particulares, sino también los grandes bancos. Todos los que están en esta industria buscan constantemente clientes, y han facilitado el acceso a ellos en todas las partes del mundo. Esto ha hecho que todos los operadores converjan en línea para buscar los mejores socios comerciales y las mejores ofertas; esto hace que la plataforma en línea sea la más popular y la que tiene la mayor cantidad de operadores.

LAS PLATAFORMAS DE NEGOCIACIÓN MÁS POPULARES

Las plataformas más populares son las de comercio en línea, siendo Ninja Trader la más popular del mundo. La plataforma ofrece el entorno necesario para probar muchas estrategias de trading, y proporciona datos históricos sobre el rendimiento de las divisas. También ofrece gráficos de análisis diarios y horarios. Es muy estable y ofrece un alto rendimiento. Además, cuenta con altos indicadores personalizados y modificación de órdenes. Esta plataforma de negociación está personalizada de forma que permite al operador organizar los datos proporcionados y los gráficos en la pantalla, de forma autoajustable, para permitir el análisis. El análisis también es más fácil porque tiene un analizador de estrategias incorporado que permite el análisis en términos de factor de beneficio, relación de Sharpe y otros parámetros medibles cruciales. Aunque es la plataforma de negociación más popular, no es la mejor para ser utilizada por los operadores sin experiencia, y no es compatible con los dispositivos que funcionan con IOS y Android.

CÓMO REACCIONA LA GENTE A LAS NUEVAS PLATAFORMAS

La gente está entusiasmada con las nuevas plataformas de trading, y quiere maximizar sus operaciones utilizando la nueva tecnología. Se ha producido un aumento de la participación de instituciones no financieras, instituciones financieras no distribuidoras y particulares. El trading del mercado domina ahora el mercado, con una cuota de más del 50% de los clientes de todos los ámbitos del mercado. No hay que preocuparse por los individuos con pocos conocimientos sobre el trading, porque hay conocimientos disponibles en línea sobre cómo operar;

algunos operadores ofrecen dar demostraciones a los clientes utilizando dinero virtual, que luego les permiten operar utilizando divisas reales. Algunos operadores individuales aficionados pagan por sesiones de formación sobre el trading en línea, mientras que otros aprenden a través de la experiencia. Son muchos los que quieren formar parte del sistema de comercio que dominaban los grandes bancos del mundo.

La gente también está aprovechando el avance de la tecnología para acceder al trading en todo momento. El uso de teléfonos inteligentes y tabletas, entre otros dispositivos electrónicos, ha permitido a muchos seguir el mercado y colocar su orden en el momento y lugar que más les convenga. Algunos han renunciado a su trabajo a tiempo completo sólo para dedicarse al comercio de divisas, mientras que otros lo hacen como un trabajo a tiempo parcial. En algunos casos, algunas personas han contratado a otras para que hagan por ellas operaciones de Forex en línea, mientras que otras buscan servicios de consultoría.

- **COMPETENCIA ENTRE PLATAFORMAS**

Hoy en día, la competencia entre las plataformas es muy alta debido a la facilidad de acceso a la información en línea sobre las divisas, y a la reducción del coste de mantenimiento y de las transacciones. Esto es gracias al avance de la tecnología. Los que utilizan diferentes plataformas siempre operan dentro de un rango determinado en términos de costes y tarifas, porque saben que cualquier diferencia grande provocaría un cambio de clientes a otras plataformas. La competencia ha facilitado que los clientes obtengan mejores precios con un menor coste de operación. Hay competencia también en la mejora de la interfaz de usuario, lo que da a los clientes una mejor experiencia y flexibilidad en el uso.

¿QUÉ HACE QUE UNA PLATAFORMA SEA MEJOR?

- **SIMPLICIDAD**

Hoy en día, la mayoría de las personas se inclinan por las plataformas de Forex trading en línea, y estas personas pueden ser experimentadas o no. La plataforma debe ser sencilla para que los nuevos usuarios puedan adaptarse y utilizarla correctamente. Debe haber herramientas que sean fáciles de interpretar, para navegar y ejecutar acciones importantes fácilmente. Las herramientas también deben ser visibles y estar correctamente situadas para poder reaccionar a tiempo. También debe ser fácil de usar y cómoda; debe ser de fácil acceso desde muchos dispositivos.

- **FLEXIBILIDAD**

El nivel de flexibilidad del sistema de trading también debe ser alto para alcanzar la máxima eficiencia. El orden de gestión de la ejecución de acciones debe estar claramente establecido, las herramientas para la elaboración de gráficos, o para contactar con el cliente, deben proporcionarse en la misma pantalla o página, para proporcionar una reacción oportuna, evitando así procedimientos que cuestan tiempo. El tiempo es dinero, y cuando se trata de operar en Forex, un retraso puede significar una pérdida de dinero.

- **INFORMACIÓN EN TIEMPO REAL**

El mercado de divisas es extremadamente volátil e impredecible; esto significa que a veces puede experimentar cambios en muy poco tiempo. Por lo tanto, una buena plataforma de negociación debe tener una función que permita al operador ver información precisa en tiempo real, y los cambios en los precios de la divisa. Para tomar decisiones acertadas e inmediatas, los operadores necesitan esta información. La información debe proporcionarse en forma de informes diarios, semanales, mensuales y anuales. También deben incluirse en la plataforma nuevas noticias sobre la evolución del mercado y los titulares que afectan a la divisa.

- **FÁCIL DE PERSONALIZAR**

Cada cliente tiene requisitos personales y necesidades específicas, y por lo tanto, una plataforma de trading debe tener opciones que permitan personalizarla. Por ejemplo, un trader que quiera que su orden se haga automáticamente debería poder hacer eso y otros aspectos importantes de los operadores.

- **SEGURA**

Las transacciones en línea deben ser seguras, porque la mayoría de las veces implican el suministro de información personal, como nombres, contraseñas e identificaciones. Los inicios de sesión deben ser seguros cuando se utiliza la plataforma o se cambia a otras plataformas. Esto significa que el uso de la tecnología debe ser de vanguardia y estar al día.

PLATAFORMAS QUE CERRARON, Y LOS MOTIVOS DE SU CIERRE

El sistema de comercio de Forex de Bretton Woods existía antes en la historia del comercio de Forex, pero se derrumbó porque no era favorable para los clientes que comerciaban con él. En el momento de su existencia, a todas las monedas se les dio un valor fijo basado en el valor estándar del oro. Esto llevó a la devaluación de algunas divisas hasta un nivel insostenible, entre ellas el dólar estadounidense. El cierre de esta plataforma llevó a la revolución del comercio de Forex, de manera que el valor de la divisa pasó a ser controlado por la oferta y la demanda. Y así se ha mantenido hasta hoy.

Capitúlo 2 Cómo escoger un corredor

Un corredor es una empresa o un individuo que cobra una tarifa o una comisión por realizar el proceso de compra y venta. En otras palabras, cumplen la función de poner en contacto al cliente y al vendedor del producto. Así, generalmente se les paga por actuar como enlace entre las dos partes. Por ejemplo, un cliente puede estar dispuesto a comprar acciones de una determinada organización. Sin embargo, puede carecer de información suficiente sobre los lugares en los que puede comprar esas acciones. Por ello, se verá obligado a buscar a una persona que conozca bien los mercados bursátiles. El corredor, entonces, educará al cliente y lo pondrá en contacto con los vendedores adecuados. Así, el corredor gana ofreciendo esa conexión. Otros corredores venden pólizas de seguro a particulares. En la mayoría de los casos, los particulares ganan una comisión una vez que los clientes que han traído a la organización compran o renuevan el sistema. Algunas compañías de seguros han utilizado este aspecto como una forma de aumentar sus ventas.

LISTA DE LOS CORREDORES MÁS COMUNES

IG

Está calificado como uno de los mejores corredores de Forex del mundo. Fue uno de los pioneros en ofrecer contratos por diferencia así como apuestas a margen (spread beating). La organización fue fundada en el año 1974 y ha ido creciendo como líder en el comercio en línea, así como la industria de la comercialización. Uno de los aspectos que han impulsado su crecimiento es el hecho de que ha vinculado a una gran cantidad de clientes, ganando así más confianza. En otras palabras, gracias a su gran base de usuarios, muchos clientes prefieren vender y comprar sus servicios. El otro aspecto que vale la pena señalar es que esta organización tiene su sede en Londres, y se encuentra entre una de las empresas que cotizan en el mercado de la Bolsa de Londres por más de 250 veces. Este aspecto se debe a que ofrece más de 15.000 productos en varias clases de activos. Entre ellas, se incluyen CFD sobre acciones, divisas, materias primas, bonos, criptomonedas, así como índices. Otro aspecto que merece la pena destacar es que, según el informe de mayo de 2019, la empresa atiende a más de 120.000 clientes activos en todo el mundo. Además, hay más de

350.000 clientes que son atendidos diariamente. Este aspecto ha sido fundamental para impulsar su expansión, ya que este grupo de individuos tiene más publicidad.

Algunos de los beneficios que se obtienen al trabajar en esta industria son el hecho de que permite un comercio integral y la utilización de herramientas que mejoran el intercambio real de datos. El otro aspecto que vale la pena destacar es que tiene una licencia de comercio público, que permite una jurisdicción regular en todo el mundo. En otras palabras, uno puede adquirir los servicios de esta organización en todo el mundo con facilidad, sin el temor de actuar en contra de las leyes de la nación. Además, los locales ofrecen comisiones basadas en la competencia que mejoran tanto la fijación de precios como la difusión de la divisa. También hay una amplia gama de mercados que se asocian con ellos, hay varias monedas y activos múltiples CFD que son ofrecidos por la organización. El aspecto ha sido crítico en el sentido de que permite la perfecta utilización de todos los servicios, así como los recursos disponibles en todo el mundo. Algunos de los servicios que ofrece la organización están permitidos a nivel mundial, de manera que incluso después de viajar de una nación a otra, se puede acceder a sus servicios. Desde el año 1974, la organización ha unido a más de 195.000 operadores en todo el mundo. Esto ha permitido la venta de sus acciones, así como de sus servicios, de ahí su fama.

SAXO BANK

Estos corredores de Forex se establecieron en 1992 y desde entonces han sido una de las organizaciones líderes en la oferta de servicios de divisas, así como de corredores de activos múltiples en más de 15 países. Algunas de estas naciones son el Reino Unido, Dinamarca y Singapur, entre otras. Uno de los aspectos de la organización es que ofrece servicios tanto a minoristas como a clientes institucionales en todo el mundo. Esto les ha permitido proporcionar más de un millón de transacciones cada día. Así, cuenta con más de 16.000 millones de dólares en gestión de activos. Saxo Bank también ofrece más servicios a todos sus clientes. Dichos servicios incluyen las divisas al contado, los contratos directos a plazos no entregables (NDF), la diferencia de contratos, así como todas las opciones de intercambios bursátiles. Este aspecto ha sido fundamental para aumentar su base de clientes en todo el mundo. Algunos de los servicios, como los servicios de criptomonedas y bonos que ofrecen, han permitido su expansión, en el sentido de que son sensibles y esenciales.

Algunos de los beneficios que se obtienen al evaluar los servicios de esta empresa son que mejora la selección de la calidad, aumenta las comisiones competitivas y la propagación de divisas, así como una función de jurisdicción financiera múltiple mejorada, que está permitida en todo el mundo. En otras palabras, ofrecen servicios que están permitidos en todo el mundo, y que consideran las normas y políticas establecidas en cada nación. Este aspecto ha potenciado su continuo desarrollo, a pesar del aumento de la competencia. Se requiere el pago de un depósito mínimo de unos 2.000 dólares y una solución de trading automatizada para todos los operadores. Hay ocasiones en que la empresa ofrece bonos de 182 pares de Forex a todos sus clientes. Esto también ha sido una razón clave detrás de su enorme expansión. En otras palabras, ofrecen varios servicios a un precio relativamente bajo, de ahí la ampliación de su base de clientes.

CMC MARKETS

La empresa se fundó en 1989 y, desde entonces, ha crecido hasta convertirse en uno de los principales corredores de minoristas de Forex y de CFD. Por lo tanto, la empresa ofrece más de 10.000 instrumentos del trading CFD, que abarcan todas las clases, como divisas, materias primas y mercados de valores. Esto les ha permitido ofrecer sus servicios a más de 60.000 clientes en todo el mundo. El local cuenta con más de 15 oficinas bien distribuidas en la nación en las que ofrece sus servicios. La mayoría de sus acciones están relacionadas con el Reino Unido, Australia y Canadá. El motivo es que la empresa tiene sus bases de clientes en algunas de estas naciones. En otras palabras, sus servicios son bastante conocidos en Canadá y el Reino Unido.

Hay varios beneficios que uno gana al unirse a esta empresa. Uno, la empresa ofrece algunos de los mejores spreads competitivos a todos sus clientes. En otras palabras, hay una variedad de servicios que uno puede elegir. Además, ofrece una de las mayores selecciones de pares de divisas de toda la industria. Hay más de ciento ochenta divisas a las que uno puede acceder uniéndose a esta empresa. El otro aspecto que vale la pena destacar es que esta empresa ofrece algunos de los agentes financieros mejor regulados de todo el mundo. En otras palabras, existen políticas y normas que gobiernan la prestación de servicios en el mundo. Además, es fácil identificar esta empresa, ya que existen potentes gráficos y patrones que se utilizan como herramientas de reconocimiento.

CITY INDEX

Este corredor de divisas fue fundado en 1983 en el Reino Unido. Desde entonces, esta empresa ha ganado popularidad, y se ha convertido en uno de los principales corredores de Londres. Cabe destacar que en 2015, esta empresa adquirió GAIN Capital Holding Company, lo que aumentó su base de clientes. Desde 2015, ha estado proporcionando a los operadores servicios tales como el CFD, y otros parecidos, de propagación de apuestas. Han seguido ampliando los servicios de divisas con la adquisición de mercados y soluciones de divisas, antes de adquirir el mercado de capitales. En la actualidad, City Index ha estado operando como una marca independiente bajo GAIN Capital, tanto en Asia como en el Reino Unido. Esto ha permitido una solución multiactiva que ofrece a los operadores acceso a más de 12.000 productos en los mercados mundiales.

Algunos de los beneficios que se obtienen, aparte de la tenencia de capital, son una gran selección de CFDs, así como regulaciones en varias jurisdicciones. La organización tiene spreads ajustados, así como márgenes bajos y una ejecución rápida. Además, esta empresa ha ofrecido, en ocasiones, rangos de precios medios a todos sus clientes, de ahí que haya aumentado su base de clientes.

XTB REVIEW

Esta organización fue fundada en Polonia en el año 2002. Desde entonces, es conocida por su corretaje de divisas y CFD. A partir de ese momento, la organización ha mantenido sus oficinas en varias naciones en las que ofrece sus servicios. Esta empresa ha estado trabajando como un corredor de activos múltiples, regulada en varios centros, incrementando así su ventaja competitiva. Han desempeñado funciones como centros financieros múltiples que ofrecen una gran cantidad de servicios a todos sus comerciantes. Con una amplia gama de más de 2.000 funciones, esta empresa ha estado operando en casi todas las naciones, de ahí el aumento de su base de clientes. También ofrece excelentes servicios, que han sido la razón principal de su expansión. Esa ha sido la principal razón de que estos corredores de divisas hayan prosperado en un ambiente tan competitivo.

INDICIOS DE CORREDORES ILEGALES

Aunque numerosos corredores han estado trabajando en la industria Forex, el tema de la legitimidad ha sido un problema que ha afectado el progreso de algunas de estas empresas. Uno de los elementos que se consideran es la vulnerabilidad de los clientes. En la mayoría de los casos, los corredores ilegales tienden a robar a sus clientes. La mayoría de ellos son independientes y optimistas. En su mayoría, operan por encima de sus conocimientos financieros, por lo que cometen numerosos errores. La mayoría de estas organizaciones registran grandes pérdidas ya que son relativamente débiles en términos de gestión. La organización ofrece una gran cantidad de transacciones que tienden a ser engorrosas en términos de administración. Cabe destacar que la mayoría de sus operaciones no son legítimas, y nunca son aprobadas por las autoridades competentes. Por lo tanto, a la hora de decidir el tipo de empresa de divisas a la que solicitar sus servicios, es esencial tener en cuenta algunos factores. Evite empresas que sean exageradas en cuanto a ofrecer servicios que están por encima de sus conocimientos. Este aspecto es perjudicial en el sentido de que ofrecen servicios que no están bien planificados, por lo que registran una serie de pérdidas que afectan a muchos clientes a largo plazo. En otras palabras, las caídas registradas en la organización

INDICIOS DE CORREDORES LEGALES

Aunque existen numerosos corredores ilegales en el mercado, hay corredores legítimos que ofrecen excelentes servicios. La mayoría de ellos ofrecen algunas funciones únicas. En otras palabras, no realizan muchas transacciones. Por lo tanto, son capaces de gestionar sus operaciones y de obtener beneficios en sus premisas. El otro aspecto que vale la pena destacar es que la mayoría de los servicios son aprobados tanto por los clientes como por los cuerpos directivos de la organización. Otra característica importante es que la mayoría de estas empresas han empleado excelentes conocimientos en el rango de progreso de los clientes.

En otras palabras, todos sus servicios se centran en el avance de los clientes.

En pocas palabras, al seleccionar un corredor de divisas, es bueno considerar varios factores. Es fundamental saber si esta empresa está aprobada tanto por los gobiernos como por los clientes. Es bueno ver el número de servicios, así como las transacciones que son ofrecidos por la empresa. Esto se debe a que la mayoría de las malas empresas suelen ofrecer numerosos servicios mal gestionados. Las reseñas ofrecidas por los clientes de cada una de estas empresas deben ser consideradas, ya que reflejan si los corredores son legítimos o no. Los clientes de las empresas de corredores consistentes tienden a ofrecer buenas reseñas, ya que los servicios que reciben son excelentes. Los informes financieros de estas organizaciones tienden a ser considerados. Esto está relacionado con el hecho de que tienden a reflejar si los corredores están obteniendo pérdidas o beneficios. Es fundamental encontrar empresas que registren sus ganancias, ya que los beneficios tienden a ser altos.

Capitúlo 3 La estrategia del scalping en el trading de Forex

Ahora que tiene en su haber dos tipos distintos de estrategias de trading, con teorías económicas reales detrás de ellas, ahora vamos a desviar nuestra atención de la teoría económica y centrarnos sólo en lo que las estrategias pueden ofrecerle. Es obvio que la teoría económica es importante, especialmente cuando se opera en el mercado de divisas, porque las teorías económicas son la forma en que los inversores avanzados de Forex ven el mercado operando a nivel macro. Estos inversores adaptan sus estrategias personales de negociación al mercado, basándose en estos respaldos teóricos. Por supuesto, también hay inversores que realizan operaciones con divisas que tienen éxito, pero que no dedican su tiempo a pensar en la teoría económica. Este libro aspira a presentarle una amplia variedad de información, para que pueda elegir por sí mismo qué estrategia es la mejor para su estilo de inversión personal. La primera de ellas es el scalping.

¿Qué es el scalping en el mercado de valores?

En el mercado de divisas, el scalping puede definirse mejor como un tipo particular de operador a corto plazo. Normalmente, este tipo de operador compra y vende acciones docenas de veces a lo largo del día, y en algunos casos, incluso cientos de veces. El objetivo general de un scalper del mercado de valores es obtener pequeños beneficios a lo largo del día en cada operación, de modo que haya una gran suma de dinero para que el inversor pueda cosechar los beneficios al terminar el día. Esto difiere en gran medida de un inversor que tiene aspiraciones a largo plazo con su dinero, porque este tipo de inversores espera ser lucrativo durante un periodo de tiempo más largo. En general, se considera que invertir a largo plazo es más seguro que invertir a corto plazo.

¿Cuánto cuesta convertirse en un scalper?

Al igual que cualquier tipo de estrategia de inversión, le va a costar algo de dinero por adelantado, si quiere operar en las Grandes Ligas. El primer aspecto relacionado con el coste es el concepto de tiempo. Cuesta mucho tiempo hacer scalping, porque si se quiere ser bueno en ello, hay que estar dispuesto a dedicar tiempo a vigilar muchas acciones simultáneamente. Por ejemplo, no es raro que un inversor apenas se aleje de su monitor a lo largo del día si está haciendo scalping, porque si se le escapa una operación, podría ser muy perjudicial para su estrategia de trading a lo largo del día. ¡Esto apenas da tiempo al inversor para ir al baño! Dejando de lado la idea de los costes de tiempo, otro coste asociado al scalping son los altos costes de transacción. Esto tiene sentido. Si un inversor necesita comprar y vender acciones en un momento dado, tendrá que asegurarse de que dispone de los fondos adecuados para realizar cualquier operación. Por último, uno de los mayores costes que puede sufrir el scalper no es el de los costes de transacción, sino el de las comisiones. Un scalper en el mercado Forex tiene que lidiar con los honorarios de corretaje promedio, que están asociados con cualquier tipo de comercio en el mercado de valores, sin embargo, él o ella también tiene que lidiar con la tasa de cambio. Esto hace que este tipo de operaciones sean extremadamente costosas, y si usted no tiene los fondos para cubrir este tipo de tarifas de transacción, es posible que desee mantenerse alejado del scalping por completo, y centrar su atención en las estrategias a largo plazo.

Herramientas y técnicas utilizadas en el scalping

Ahora que sabe en qué se está metiendo cuando decide invertir en scalping, y es consciente de los costes asociados a este tipo de operaciones, vamos a ver las herramientas, los términos y las técnicas que necesitará conocer cuando empiece a profundizar en el scalping a mayor escala. Veamos ahora algunos de estos términos.

Término de scalping número 1: cotizaciones de nivel II

En pocas palabras, una cotización de nivel II intenta organizar las diferentes cotizaciones en un orden lógico. Una cotización de nivel II proporcionará a un inversor una lista de las transacciones de acciones que se han completado en un día en particular. Además de proporcionar al inversor una lista detallada, una cotización de nivel II también ordenará estas transacciones de una manera que va desde los mejores hasta los peores precios de compra y venta. Debería ser obvio el por qué una cotización de nivel II es útil para un scalper que negocia muchas acciones a lo largo del día. Cuando se dispone de una lista que registra las transacciones a lo largo del día, es más rápido para el scalper acceder a la información que le *es útil*.

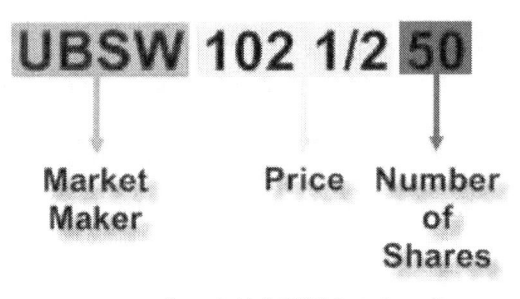

UBSW 102 1/2 50

Market Maker | Price | Number of Shares

Copyright © 2006 Investopedia.com

Si está interesado en utilizar una cotización de nivel II para sus estrategias de inversión, entender la foto de arriba le será útil. En el ejemplo anterior, comenzando por el lado izquierdo, puede ver que el primer indicador es el nombre de la acción en cuestión. UBS son las siglas del Union Bank of Switzerland. Es importante tener en cuenta que se trata de una fotografía bastante anticuada, ya que el Union Bank of Switzerland dejó de llamarse UBSW tras la fusión del banco con la Swiss Bank Corporation en 1998. De todos modos, después del nombre de la acción, el siguiente indicador que existe en una cotización de nivel II es el precio de una acción del valor. En este caso, una acción de UBS costará 102,50 dólares. En lugar de mostrar los centavos del precio de una acción en términos de la moneda, como lo conocemos hoy, los centavos de una acción se mostrarán en forma fraccionaria. La última sección de la cotización de nivel II que veremos es el número de partes que fueron compradas por el mejor postor, y se encuentra a la derecha. En este ejemplo, el número cincuenta no significa simplemente cincuenta partes de la acción, sino que el mejor postor compró quinientas partes. Esto significa que si un individuo comprara sólo cincuenta partes de la acción, entonces la cotización de nivel II diría 0,5 partes de la acción.

Término de scalping número 2: sesión de negociación

Por lo general, una sesión de negociación, o sesión de trading, se conoce simplemente como el comienzo y el final de la jornada bursátil. Desde el punto de vista del scalping, es importante saber cuándo se cierra y se abre el mercado, para poder maximizar la cantidad de tiempo que se va a negociar, dentro de un periodo de tiempo determinado. Es importante entender que, mientras que en el pasado la sesión de trading se conocía generalmente como el período de tiempo entre las horas de negociación diarias, las horas a las que los inversores están acostumbrados hoy en día son bastante más largas que eso, debido a la noción de "trading fuera de horario". Es importante que usted entienda, como scalper, que necesita averiguar en qué horas se va a centrar como operador. Es en gran medida una estrategia perdedora pensar que se puede estar observando y operando en el mercado durante todas las horas del día. El mejor consejo para un scalper que acaba de empezar, es rotar las horas en las que está vigilando y observando el mercado, de manera que pueda elegir las horas del día que mejor le funcionen. Por ejemplo, tal vez usted decida que va a operar durante ocho horas del día, pero va a dividir su día para que esté operando entre las nueve de la mañana y el mediodía todos los días, y luego regresa y termina su día de operaciones entre las cuatro de la tarde y las ocho de la noche. Por supuesto, todo el mundo desearía, como inversor, poder descuidar el sueño y seguir operando bien, pero éste es uno de los mayores errores que puede cometer un scalper principiante.

Término de scalping número 3: decimalización

Aunque ya hemos visto las cotizaciones de nivel II, otra forma de ver las ofertas y los precios de la bolsa es a través de la decimalización. En la decimalización, las acciones se representan en forma de decimales en lugar de fracciones. Como trader, es beneficioso pensar en todas las acciones en forma de decimales, debido al hecho de que la Comisión de Valores de los Estados Unidos ordenó que todos los mercados bursátiles estadounidenses utilizaran solo el sistema decimal a partir de 2001. Por supuesto, en el mercado Forex también habrán sistemas que sigan utilizando un sistema basado en fracciones, debido a la clasificación extranjera de este tipo de trading. Por eso, como operador de Forex, usted debe saber cómo operar, utilizando tanto el sistema decimal como el basado en fracciones. Por último, otra gran razón por la que los Estados Unidos decidió que el sistema basado en fracciones debería ser reemplazado por el sistema basado en decimales, es porque los decimales pueden dividirse en incrementos mucho más pequeños que las fracciones. Por ejemplo, antes del uso del sistema basado en decimales, la cantidad más pequeña que podía expresarse mediante una fracción era un dieciseisavo (1/16). Esto significa que un dólar no podía dividirse en menos de seis céntimos. Con la decimalización, por supuesto, es posible llegar hasta 0,01 centavos. Esto proporciona a todos los inversores dentro del mercado de Estados Unidos más precisión, y un mejor sentido del detalle con todas sus transacciones. Una vez más, es importante reiterar que, como trader de Forex, lo ideal es saber cómo operar, utilizando tanto el sistema basado en fracciones, como el basado en decimales. Si sólo conoce uno pero no el otro, estará en desventaja desde una perspectiva de inversión global.

Término de scalping número 4: creación de mercados (market making)

La creación de mercados es un tipo específico de estrategia de scalping, que se centra en la compra y venta de acciones en grandes volúmenes. Un inversor hará una oferta y publicará una puja sobre la misma acción, en un intento de capitalizar el diferencial que se observa entre el precio de compra y el de venta de una acción específica. Es importante entender que este tipo de estrategia requiere mucha práctica, y es más que probable que pierda dinero en este tipo de transacciones. La razón de esto es que cuando usted opera en el mercado de divisas de esta manera, está compitiendo con los "creadores de mercado". Los creadores de mercado suelen ser empresas lucrativas (o en algunos casos son individuos), que compran y venden una acción financiera con la esperanza de obtener beneficios de una u otra forma. Estos creadores de mercado suelen ser muy influyentes en el mercado general de operaciones. No son simples individuos que compran y venden, son entidades mucho más grandes.

Término de scalping número 5: trading "paraguas"

La última manera en la que veremos cómo el scalping puede ser beneficioso para su portafolio de trading en Forex, es a través del concepto de paraguas. Hemos hablado principalmente del scalping desde la perspectiva del corto plazo, pero la noción del paraguas permite a un inversor diversificar su portafolio desde una perspectiva de largo plazo. El proceso del paraguas es bastante sencillo. Lo que sucede es que usted, como inversor, comenzará el proceso de iniciar una operación a largo plazo en el mercado, con la intención de operar dentro de este amplio "paraguas", en el espectro a largo plazo. Por ejemplo, esto significaría que una vez que tenga una pelota de operaciones a largo plazo rodando para esta acción en particular, entonces se involucraría en operaciones más pequeñas dentro de ella. Estas operaciones pequeñas se realizarían más rápidamente que la operación a largo plazo más grande, en la que está interesado. La mayor ventaja de utilizar la estrategia del paraguas para el comercio es que tiene el potencial de encontrar mayores beneficios que si simplemente se ciñe a la estrategia de comercio de divisas a largo plazo.

Una última reflexión sobre el scalping

En términos generales, muchos inversores consideran que la mayor ventaja del scalping es que puede proporcionar una forma de gestionar el riesgo de una manera comprensible y fácil de seguir. El uso de las cotizaciones de nivel II, por ejemplo, es una buena manera de saber en qué valores debería invertir su tiempo y su dinero, sin la molestia añadida de tener que buscar por su cuenta los valores que tienen éxito. La naturaleza a corto plazo del scalping es una de las razones por las que se considera una forma de gestionar el riesgo, y combinar la inversión a corto plazo con sus apuestas a largo plazo es una gran forma de mantener su portafolio de manera honesta y emocionante. Es importante tener esto en cuenta a medida que crezca su portafolio, y tratar de hacerlo lo más diverso posible, sin exponerse a un riesgo excesivo.

Algunos tipos de trading en Forex

Mientras que en el capítulo anterior se habló de las opciones a corto plazo que el scalping puede proporcionarle, este capítulo se va a centrar en los diferentes tipos de trading en Forex, que varían en duración. Estos diferentes tipos de comercio de divisas incluyen el day trading, el swing trading y el comercio posicional. Es importante entender que los tres tipos de comercio de divisas difieren, y deben ser considerados en base a nuestro propio tipo de personalidad. Por ejemplo, tal vez usted es una persona que vive más en el lado conservador de la vida, en lugar de una persona que toma riesgos sin reparos. Los diferentes tipos de trading en Forex complementan tanto al inversor conservador como al que le gusta gastar a lo loco. Por eso es importante que conozca estos tipos de parámetros del trading. Echemos un vistazo a lo que estos tipos de trading pueden ofrecerle.

Tipo de trading número 1: el day trading

El primer tipo de trader de Forex del que vamos a hablar es del day trader, u operador intradiario. Estos inversores se esfuerzan al máximo por evitar retener las acciones durante más de un día. Además de retener sus acciones durante un solo día, un day trader también suele decidirse por negociar acciones en gran cantidad, esperando ganar la mayor cantidad de dinero cuando termine el día. El objetivo principal de un day trader es encontrar la mayor cantidad de beneficios a partir de las pequeñas oscilaciones que experimentan los precios a lo largo del día. De hecho, los intervalos de tiempo más frecuentes que utilizan los day traders para mantener las acciones cuando realizan operaciones, es de cinco, diez, o quince minutos. Otra táctica que los day traders suelen utilizar es la de negociar las acciones inmediatamente después de ver incluso una pequeña oportunidad de beneficio. Esto hace que el day trading sea normalmente un negocio de ritmo rápido. Si hay algo que se debe tomar de la estrategia del day trading, desde la perspectiva de Forex, es que este tipo de inversores buscan enérgicamente obtener beneficios a corto plazo, en lugar de a largo plazo.

Desde una perspectiva emocional, el tipo de inversor que va a sobresalir en el day trading no es uno que esté dispuesto a ser muy prudente. Por el contrario, es el tipo que siente que su dinero se va a ganar y a perder en el mercado de valores, y no tiene miedo de cometer algunos errores en el camino. Además, cuando usted participa en el day trading, es importante asegurarse de que no esté emocionalmente involucrado en las acciones que está negociando. Si usted sabe que es alguien que normalmente se siente comprometido con las acciones que compra y vende, entonces es probable que no vaya a hacer un buen trabajo como day trader. Piense en ello. Digamos que usted adquiere ciertas acciones a lo largo del día, y que se siente bastante indeciso a la hora de venderlas, porque realmente le gusta la empresa de la que ha comprado las acciones. Cuando llega el momento y ve una pequeña ganancia, sus avaricia y la simpatía por la empresa pueden entrar en juego. Acaba por acobardarse en el momento en que se supone que debe negociar la acción, y al final del día pierde dinero en lugar de ganarlo. Por último, debe asegurarse de que también tiene tiempo para invertir en el day trading. No siempre se trata de tener sólo los fondos adecuados disponibles. Si usted es una persona ocupada que no puede sentarse frente al ordenador durante la mayor parte del día, entonces esto del day trading probablemente no sea algo de lo que se beneficie. Por otro lado, si tiene mucho tiempo en sus manos, o puede acceder a la bolsa mientras está en otro trabajo de oficina a lo largo del día, entonces esto es probablemente una aventura de negocios que se convertirá en algo bastante lucrativo para usted, si aprende a operar con divisas a diario.

Una breve nota sobre el day trading para los operadores de Forex en particular

Como ya se ha dicho, los operadores intradiarios están interesados en inversiones a corto plazo. Un tipo de par de divisas que suelen utilizar muchos day traders en el mercado de divisas, en particular, es el yen japonés y la libra esterlina. La mayor razón por la que los day traders suelen utilizar este par de divisas en el mercado de divisas, es por el hecho de que es extremadamente volátil en calidad. Por ejemplo, en promedio, este tipo de par se negocia a menudo a la impresionante cantidad de cien pips por día. Para poner esto en perspectiva, el par de divisas del dólar estadounidense y el euro europeo suelen negociarse a un ritmo de entre diez y veinte pips al día. Como debería ser obvio, cien pips por día es una cantidad relativamente alta, y si usted está interesado en el comercio intradiario en el mercado Forex, entonces el par de divisas del yen japonés y la libra esterlina probablemente debería ser su punto de partida.

Tipo de trading número 2: swing trading

El siguiente tipo de trading que veremos es el conocido como swing trading. El swing trading es una operación que se realiza durante un periodo de tiempo más largo que el day trading; sin embargo, esto no significa que el inversor se quede con una acción durante más de un día. Esto significa que un swing trader puede negociar una acción en el transcurso de una hora, o al final del día de negociación. Como su nombre indica, un swing trader busca beneficiarse de una situación en la que el mercado va a cambiar de dirección, en un periodo de tiempo determinado. En este caso, la sincronización es quizás más importante para un operador de swing trading que para uno de day trading. Un day trader tiene que preocuparse menos por el tiempo que un swing trader, ya que suele operar con un volumen mucho mayor, y a un ritmo mucho más rápido que un swing trader. Un swing trader busca más patrones en el mercado de divisas que un day trader, especialmente si la estrategia de un day trader es vender una acción tan pronto como el precio de la acción suba, aunque sea un poco.

Análisis fundamental y swing trading

El análisis fundamental es un tipo de herramienta de investigación que utilizan muchos inversores. Su aplicación va más allá del mercado de divisas; sin embargo, para los swing traders, en particular, el análisis fundamental se considera de gran importancia. El análisis fundamental es un tipo de metodología de investigación que va más allá de los números que existen en los gráficos, tablas y similares. En su lugar, el análisis fundamental trata de responder a algunas de las siguientes preguntas sobre la empresa cuyas acciones se están vendiendo:

Pregunta 1: ¿Ha podido la empresa pagar siempre sus deudas?

Pregunta 2: ¿Tiene la empresa beneficios en la actualidad? ¿O está luchando por conseguir algo más que lo justo?

Pregunta 3: ¿Parece que los ingresos de la empresa están creciendo? ¿O ya ha alcanzado su límite?

Pregunta 4: Mirando hacia el futuro, ¿parece que haya mucha competencia que pueda poner en apuros a la empresa? ¿O va a verse la empresa potencialmente amenazada por otra compañía en algún momento del futuro?

Pregunta 5: ¿Parece evidente que el personal directivo de la empresa está tratando de ocultar cierto nivel de actividad fraudulenta? Esto puede parecer descabellado, pero en realidad es algo común que las empresas que participan en el mercado de valores publiquen cifras ilegítimas en sus publicaciones contables.

Por ejemplo, ésta es sólo una lista bastante corta de preguntas que un inversor se hará cuando utilice el análisis fundamental. Hay otros cientos de preguntas que un inversor puede hacerse cuando trata de averiguar si una empresa tiene o no buena reputación; sin embargo, las preguntas que se presentaron anteriormente son un gran punto de partida. Aunque se trata de una lista bastante corta, las preguntas en sí mismas siguen siendo de naturaleza bastante compleja.

Análisis fundamental cualitativo vs análisis fundamental cuantitativo

Es importante entender que el análisis fundamental es más cualitativo que cuantitativo por naturaleza. Lo que esto significa básicamente es que el análisis cualitativo se centra en las características de una empresa, más que en los factores logísticos que la rodean, como el tamaño o su rentabilidad durante un periodo de tiempo determinado. Una de las formas más accesibles y fáciles de entender del análisis fundamental cuantitativo son los estados financieros. En estos estados financieros hay números que se pueden medir, y beneficios que tienen sentido. Por otro lado, el análisis fundamental cualitativo incluye la tecnología que es exclusiva de la propia empresa, por ser quien la descubrió originalmente, las patentes que tiene la empresa y el reconocimiento de marketing que tiene la empresa por "quien es" ante el público.

También es importante entender que ni el análisis cuantitativo ni el cualitativo son mejores que el otro. Ambos tienen sus propias ventajas, que pueden proporcionarle información única y, por supuesto, útil. Por ejemplo, si tuviera que hacer un análisis fundamental de una empresa como McDonald's, podría decidir en un momento dado comparar con otras empresas de comida rápida en el mundo cuántas hamburguesas con queso ha vendido. Para hacer esta comparación correctamente, es obvio que habría que comparar los beneficios de las hamburguesas con queso que existen entre cada empresa; sin embargo, su análisis fundamental no sería lo suficientemente comprensible si no tuviera en cuenta el reconocimiento de la marca McDonald's. La historia mundialmente conocida de McDonald's es un factor que indica a un inversor que es probable que esta empresa permanezca en el negocio y supere a su competencia durante años. No se necesitan números para demostrarlo porque la prueba en sí está en la popularidad de la marca en conjunto.

Las dos premisas que hace el análisis fundamental

El análisis fundamental parte de dos supuestos generales sobre el mercado de valores. El primer supuesto es que los precios que valoran cada acción de una empresa en el mercado bursátil no son un reflejo del todo correcto de lo que vale la empresa. Este supuesto se conoce como el principio del valor intrínseco. Veamos un ejemplo para aclarar este punto. Supongamos que usted quiere averiguar el verdadero precio de una acción de McDonald's. El mercado de valores fija el precio de esta acción en 123,14 dólares. Después de investigar por su cuenta (investigación que incluye la realización de un análisis fundamental), llega a descubrir que el verdadero valor de la empresa conocida como McDonald's vale en realidad unos 150 dólares por acción. Esta es una información importante, porque se puede argumentar que cualquier inversor busca comprar partes de una acción a un precio inferior al valor real de la empresa. De este modo, cuando se averigua el valor intrínseco del precio de una acción de una empresa, se puede saber si se está haciendo un negocio o si se está invirtiendo en algo que no merece la pena.

El segundo supuesto en el que se basa el análisis fundamental es que los fundamentos siempre se van a cumplir, a la larga, a través del mercado de valores. Esto significa que, aunque la acción de McDonald's de nuestro ejemplo anterior tenga un precio inferior a lo que realmente vale la empresa, el precio de la acción en el mercado de valores va a reflejar el valor intrínseco de la empresa en algún momento futuro. Lo interesante de esta suposición sobre el análisis fundamental es que nadie sabe realmente cuándo es el "futuro". Este futuro imaginario podría ser de meses, o podría ser de un día. Esta suposición contiene dos de las mayores incógnitas sobre el análisis fundamental. No hay una forma real de saber si su valor intrínseco estimado es correcto o no, y nunca se puede estar seguro de cuánto tiempo va a tardar el valor intrínseco de la empresa en actualizarse. Por último, es importante señalar que hay muchos críticos que se muestran escépticos sobre la validez del análisis fundamental. El análisis técnico es un tipo de investigación en el que sólo se tiene en cuenta el movimiento de las acciones y el precio de las mismas cuando un inversor toma decisiones. El inversor cree que los números que rodean a una empresa ofrecen suficiente información para saber si hay que comprar o evitar un tipo de acción en particular.

Capitúlo 4 Estrategias para principiantes

Hay muchas formas distintas de gestionar los negocios, desde los medios tradicionales hasta los más sofisticados.

Sin embargo, el aspecto más importante en todo negocio exitoso, y más especialmente en el trading de Forex, es la selección de las estrategias más diversas, para ser aplicadas en diferentes condiciones.

Aquellos que han seguido enteramente un sistema de comercio, han descubierto que no ofrecerá soluciones a la tecnología siempre cambiante y a la complejidad de las demandas del mercado para el comercio de Forex.

Es importante para cada operador tener el conocimiento y las habilidades de desafiar las circunstancias del mercado, lo que no es muy fácil. Exige un conocimiento profundo y la comprensión de la economía.

En este capítulo vamos a proporcionarle las estrategias necesarias pero simples que, si se aplican, pueden conducir a un negocio exitoso en Forex. Recuerde: estas estrategias son adecuadas para los operadores principiantes que desean aumentar sus conocimientos y habilidades.

Hay varias formas de clasificar estas estrategias de trading. Vamos a considerar las clasificaciones básicas.

Estrategias de trading basadas en el análisis

i. Análisis técnico

Como su nombre indica: "análisis", este método se centra principalmente en la evaluación de las tendencias del mercado a través de los gráficos como medio para predecir las tendencias de los precios.

En este método, la evaluación de los activos se realiza basándose en las estadísticas y en el análisis del pasado de las acciones del mercado, como los volúmenes y los precios anteriores.

El análisis técnico no se realiza con el objetivo principal de ponderar el valor subyacente de los activos, sino que se utilizan gráficos con otras herramientas de medición para definir los patrones que son útiles en la predicción futura de las acciones del mercado.

Se cree que el rendimiento futuro del mercado se determina fácilmente por las tendencias pasadas del mismo.

ii. Trading de tendencias

En el análisis técnico, la tendencia es un aspecto muy importante. Las herramientas utilizadas en este tipo de análisis tienen un motivo común, que es simplemente determinar las tendencias del mercado. Por lo tanto, tendencia es movimiento; en este contexto significa la forma en que el mercado se está moviendo.

El mercado Forex, como lo conocemos, se mueve de forma ondulada y en zigzag, lo que representa los sucesivos recorridos que definen claramente los valles y los picos, que a veces llaman "mínimos y máximos".

En función de las tendencias disponibles de los mínimos y los máximos, un operador puede definir la naturaleza del tipo de mercado.

Además de la noción popular de los máximos y mínimos, existe otro formato de las tendencias en el trading de Forex llamado: tendencia alcista/bajista y tendencia lateral.

iii. Soporte y resistencia

Es imprescindible conocer el significado del nivel horizontal antes de definir la estrategia de soporte y resistencia. Este es el nivel en el precio que indica el soporte o la resistencia del mercado. En el análisis técnico, la resistencia y el soporte utilizados se refieren a los mínimos o máximos de los precios, en ese orden.

El soporte en este caso se refiere a un área en un gráfico que muestra que el interés de compra es más fuerte que la fuerza de venta.

Esto se pone de manifiesto cuando hay valles sucesivos. Por otro lado, el nivel de resistencia, tal y como se representa en el gráfico, se refiere a una zona en la que la fuerza compradora es superada por el interés de vender.

iv. Trading en rango

También se denomina trading de canal. Significa la ausencia de dirección del mercado, que puede estar asociada a la falta de tendencias. Se utiliza para identificar el movimiento de los precios de las divisas dentro de los canales de los que se encarga, para establecer el rango en los movimientos.

Se puede lograr vinculando grupos de mínimos y máximos a la línea de tendencia horizontal. Es decir, el operador tiene la tarea de establecer los niveles de resistencia y soporte con el área en el medio, a la que nos referimos como rango de negociación.

v. Indicadores técnicos

Cuando hablamos de los indicadores técnicos en referencia al comercio de Forex, simplemente nos referimos a los cálculos que se encuentran inclinados al volumen y al precio de un determinado valor.

Cuando se utilizan, están destinados a corroborar la calidad y la tendencia en los patrones de los gráficos, así como a permitir a los operadores identificar las señales de venta y compra en conjunto. Estos indicadores en el análisis técnico pueden crear señales de venta y compra a través de divergencias y cruces.

Sin embargo, la divergencia sólo se produce si el indicador y las tendencias de los precios se mueven en direcciones diferentes y opuestas, lo que implica que hay un debilitamiento en la tendencia de los precios.

vi. Gráficos de Forex

En el análisis técnico, nos referimos a un gráfico como una representación de los cambios en los precios dentro de un marco de tiempo determinado. Revela el movimiento en el precio del valor durante un período de tiempo.

Se pueden aplicar diferentes gráficos en función de la información disponible y de las habilidades y conocimientos del investigador. Hay varios tipos de gráficos disponibles para su estudio, tales como: el punto y figura, los de velas, gráficos de líneas, y gráficos de barras.

vii. Volumen Forex

El volumen de Forex indica el total de valores por número, negociados en un determinado intervalo de tiempo. Cuanto mayor sea el volumen, mayor será el nivel de presión; así lo indican los especialistas en gráficos.

Ellos pueden definir fácilmente los desplazamientos del volumen hacia abajo o hacia arriba observando las barras de volumen en la parte inferior de los gráficos. Cuando un movimiento de precios va acompañado de un volumen elevado, adquiere más valor que si va acompañado de volúmenes bajos.

viii. Análisis de marcos temporales múltiples

El precio de los valores debe seguirse durante un periodo y en un marco temporal único. Esto es así porque el precio de un valor acostumbra a pasar por una serie de marcos temporales y, por lo tanto, los analistas necesitan revisar varios marcos temporales para poder establecer el ciclo comercial del valor.

Estrategias basadas en el estilo de trading

Esta es otra técnica que ofrece una forma diferente de clasificar los estilos de trading. A través de los estilos de trading, se pueden crear estrategias que pueden incluir, entre otras, la estrategia de comprar y mantener, el trading de portafolio, el algoritmo de trading, las operaciones de orden y la "bicicleta financiera".

Todo depende de su nivel de comprensión, su poder y sus debilidades para determinar las estrategias que aplicará. Todo el mundo necesita una estrategia de negociación que se adapte mejor a sus deseos, de acuerdo con su capacidad para aplicarla.

No existe un estilo de trading único que uno deba aplicar siempre que quiere operar, porque lo que le conviene a una persona puede no convenirle a usted, y a sus necesidades.

i. Day Trading

Este es el acto de mantener una posición, así como de deshacerse de ella, el mismo día. Esto quiere decir que este tipo de personas no mantienen una acción durante más de un día. Hay varias estrategias que se aplican en el day trading: el desvanecimiento (fading), el momentum, el scalping, así como el comercio de pivotes.

Usted puede hacerlo, solo si tiene la capacidad de llevar a cabo más de un tipo de operación en un solo día, siempre y cuando no mantenga una posición por más de un día. Esto significa que antes del cierre del mercado, debe haber liquidado todas sus posiciones abiertas.

Este tipo de trading tiene un reto, ya que si se aferra a una posición durante mucho tiempo, las posibilidades de perderla son altas. Según el estilo que utilice, los objetivos en el precio pueden variar.

a. Estrategia de scalping

Se caracteriza por la realización de operaciones cortas y rápidas y se aplica principalmente para conseguir grandes beneficios en pequeñas variaciones de precios. Los scalpers son capaces de iniciar más de 200 operaciones por día con la intención de obtener buenas ganancias gracias a los pequeños cambios en los precios.

b. Estrategia de desvanecimiento (fading)

En este caso, el desvanecimiento se refiere a una operación que se inicia en contra de la tendencia. Cuando la tendencia se desplaza hacia arriba, los faders venden con la esperanza de que se produzca una caída de los precios; del mismo modo, pueden comprar cuando los precios suben.

Compran cuando el precio está subiendo y venden cuando los precios están bajando, una noción llamada fading. Es muy contrario a otras tendencias y también a la naturaleza del comercio.

El trading suele ir en contra de las tendencias habituales por razones como: los compradores de turno pueden estar arriesgando, los valores suelen estar sobrecomprados, así como que los anteriores pueden estar fijados para obtener beneficios.

c. Trading de pivote diario

Las divisas son muy volátiles y, como tal, los operadores pueden querer sacar provecho de ello para obtener beneficios. Este es exactamente el caso de la estrategia de pivote.

Un punto de inflexión, como el punto pivote, es un indicador crítico y único, que se obtiene a través del cálculo de la media estadística de los precios bajos, altos y de cierre, de los pares de divisas.

El secreto de esta estrategia radica en el hecho de comprar activos a sus precios más bajos y venderlos a sus precios más altos a lo largo del día.

Matemáticamente podría representarse de la siguiente manera: [punto pivote= (cierre anterior + mínimo anterior + máximo anterior)/3]

d. Estrategia del momentum

Se caracteriza por definir la posición más fuerte, que acabará cotizando más alto. En este caso, el operador puede abandonar la divisa con signos de caída en el precio, e ir a por aquella divisa que tenga signos positivos de subir a lo largo del día.

Un operador de momentum tiene varios indicadores que le ayudan a detectar las tendencias de los valores antes de tomar sus decisiones, llamados osciladores de impulso (o de momentum). Un operador de este tipo tiende a investigar a fondo las noticias, de las que depende por completo para la predeterminación de los precios y la toma de decisiones.

e. Estrategia de comprar y mantener

En este caso, se compra una posición y se mantiene durante bastante tiempo antes de venderla para que los precios suban, aunque se tarde mucho. Quien hace esto no tiene nada que ver con los cambios de precios a corto plazo, así como con los indicadores. Sin embargo, este tipo de estrategia se adapta mejor a los operadores de bolsa.

En este caso, el análisis técnico no es válido, porque el operador es un inversor pasivo que no tiene prisa por determinar las tendencias del mercado de acciones y valores.

Estrategias de trading por tipos de órdenes

Operar con orden ayudará al operador a entrar o salir de una posición en el momento adecuado, mediante el uso de varias órdenes que incluyen, pero no se limitan a: órdenes de mercado, de límite pendiente, stop-loss y stop, entre otras.

En este momento, la mayoría de las plataformas avanzadas están equipadas con diferentes tipos de órdenes para el trading, que no son los comunes botones de compra/venta. Cada tipo de orden significa una estrategia determinada. Usted debe tener el conocimiento de cómo y tal vez de cuando manejar las órdenes, antes de que pueda utilizarlas eficazmente.

Las siguientes son órdenes de trading que pueden ser aplicadas por los operadores:

Orden de mercado: se aplica para que el operador pueda comprar/vender al precio adecuado.

Orden pendiente: permite al operador comprar/vender a los precios previamente establecidos.

Orden de límite: guía al operador para comprar/vender activos a niveles de precios específicos.

Orden de stop-loss: se aplica para reducir el riesgo de una operación.

Estrategia basada en algoritmos

Esto también se conoce como comercio Forex "automatizado". Hay un software diseñado para ayudar en la predeterminación de los tiempos de compra y venta de los valores. Este software funciona con indicaciones procedentes del análisis técnico.

Para operar con esta estrategia, es necesario dar instrucciones sobre el tipo de señales que se desea buscar, y su posterior interpretación. Este es un ejemplo de una plataforma de trading de alto nivel que viene con otras plataformas de apoyo para el comercio.

Ejemplos de este tipo de plataformas de negociación son: meta-Trade 4 y Net-TradeX, de las que hablaremos en detalle en los próximos capítulos. Sin embargo, Net-TradeX es una plataforma de trading que, además de sus funcionalidades normales, presenta trading automatizado a través de sus asesores.

Esto se conoce como una plataforma secundaria, que ofrece un trading automático y perfecciona sus procesos a través de un lenguaje llamado "lenguaje Net-TradeX".

Además, proporciona espacio para algunas operaciones de comercio tradicionales, por ejemplo, abrir y cerrar una posición para colocar órdenes, así como para el uso de las herramientas técnicas para fines de análisis.

Meta-Trader 4 también es una plataforma comercial que permite la ejecución de operaciones algorítmicas a través de un lenguaje de programación incorporado: "MQL4". Es en este tipo de plataforma donde los comerciantes pueden encontrarse con los llamados "asesores", robots de comercio con indicadores propios. Los asesores tienen funcionalidades que incluyen: depurar, probar, optimizar y compilar el programa, que se cumplen a través del editor de meta-Trader 4.

Los robots se crean, en este caso, para quitar el elemento emocional de los operadores que, en la mayoría de los casos, obstaculiza el compromiso libre y competente en el comercio a través de las plataformas. Las emociones tienen, y suministran, una actitud negativa a los operadores, especialmente cuando existe la posibilidad de una pérdida.

Capitúlo 5 Análisis fundamental y técnico

Análisis fundamental

El análisis fundamental es un método de análisis del mercado financiero utilizado para conocer los movimientos de los precios y predecir el comportamiento futuro de los precios de los activos en el mercado. El análisis fundamental en el Forex trading se centra sobre todo en la economía.

El análisis también investiga una variedad de factores que afectan al comercio de divisas, así como la forma en que los elementos afectan al valor de la moneda nacional. Hay varios factores que influyen en la economía, como las tasas de interés, el empleo, el desempleo, el PIB, el comercio internacional y las industrias manufactureras.

En el análisis fundamental de Forex, el precio del activo puede diferir del valor del mismo activo en el mercado. Los precios pueden variar debido a diversos factores, y a causa de la diferencia entre el precio y el valor del activo, los distintos mercados infravaloran o sobrevaloran las demandas durante un breve periodo.

Sin embargo, los analistas fundamentales creen que a pesar de que el valor de los activos esté subvalorado, mal valorado, o sobrevalorado en el período corto, siempre vuelve a su precio correcto inicial, después de algún tiempo. El objetivo principal de cualquier analista fundamental de Forex es obtener el precio correcto y el valor del activo, comparar los dos, y finalmente llegar a una oferta de comercio.

El análisis fundamental es muy diferente del análisis técnico. El análisis fundamental no presta mucha atención al precio actual, como lo hace el análisis técnico. El hecho es que el análisis fundamental no es una excelente herramienta de análisis para los day traders en el trading de Forex. El análisis fundamental de Forex tiene muchas teorías diferentes que intentan explicarlo y convertirlo en una herramienta de análisis adecuada para el comercio de Forex. El enfoque más común es la teoría económica. Esta teoría trata de explicar que las condiciones de los precios deben intercambiarse cuando se ajustan. Se resume en que este intercambio debe hacerse en función de los factores económicos locales.

Principales indicadores económicos

Los datos económicos del mercado muestran el movimiento de la economía de los distintos países. Un operador que quiera invertir debe estar muy atento a los cambios comerciales. Los principales indicadores económicos muestran los movimientos de los precios, comparándolos con sus valores, lo que da a los operadores la oportunidad de encontrar nuevas posibilidades de invertir y obtener beneficios.

Inflación

La inflación es el equilibrio entre la circulación del dinero en el crecimiento económico y la distribución. Cada país o mercado tiene un nivel determinado al que puede llegar. Hay un nivel de inflación saludable y un nivel de inflación no saludable. Si el crecimiento económico y la circulación de dinero en el mercado no se mantienen, el país, o cualquier mercado, puede sufrir una inflación agobiante. El equilibrio entre ambos produce una inflación saludable. Todas las economías trabajan muy duro en sus sistemas económicos para poder mantenerse en un nivel saludable.

Cuando la inflación es alta en cualquier economía, la oferta y la demanda se ven alteradas. La oferta obtiene una ventaja porque hay más productos de los que se demandan. Esta alta inflación afecta negativamente a la moneda. La moneda cae. Por el contrario, cuando la inflación es baja, hay más demanda que oferta. Durante este periodo de deflación, el valor del dinero sube, y el coste de los bienes baja en el mercado. Es una estrategia que la mayoría de las economías emplean, pero a corto plazo. Si la estrategia de deflación se utiliza a largo plazo, tendrá efectos adversos en la economía. Al responsable le costará estabilizar su economía de nuevo.

Producto Interno Bruto (PIB)

El Producto Interno Bruto de un país es la suma del valor monetario de todos los bienes y servicios de ese país en un periodo de tiempo concreto. Este valor monetario de los bienes y servicios debe producirse dentro de las fronteras de ese mismo país. El Producto Interno Bruto de un país se calcula anualmente, aunque existe la posibilidad de calcularlo trimestralmente, dependiendo de la política de los países respecto al cálculo del PIB.

El Producto Interno Bruto es el mejor indicador económico, entre muchos otros. La mayoría de la gente piensa que el PIB no puede ser un indicador, porque sólo mide el valor de mercado de los bienes y servicios, pero se equivocan. Desde el punto de vista del análisis fundamental de Forex, cuando hay un aumento del producto interno bruto sin un aumento de la demanda de los productos, esto constituye una economía débil.

Tasas de interés

Hay diferentes tipos de tasas de interés, pero el enfoque principal del análisis fundamental de Forex recae en las tasas de interés nominales y de base. Los bancos centrales de los diferentes estados fijan estas tasas de interés. El banco central tiene que prestar dinero a los bancos privados después de crear dinero. Por lo tanto, el importe de los intereses que pagan los bancos privados por los préstamos que han adquirido del banco central se denomina interés nominal. La tasa de interés nominal también se conoce como la tasa de interés base.

Las tasas de interés equilibran cualquier economía del mundo. Es probablemente el indicador de factores económicos más fiable que cualquier trader de Forex debe mirar antes de entrar en las operaciones. Las tasas de interés nominales tienen una influencia significativa en los valores de los activos, en este caso, en las divisas. También influyen en otros factores, como el desempleo, la manufactura, la inversión y la inflación.

Dado que el deber del banco central es controlar e impulsar la economía del país, se asegura de que la inflación alcance el nivel establecido por el país, y no lo supere. Si quiere impulsar la economía de un país, baja las tasas de interés. Cuando el interés nominal baja, más bancos privados acudirán al banco central para pedir dinero prestado, mientras que los particulares acudirán a los bancos privados para pedir dinero prestado. En consecuencia, habrá una mayor producción y un mayor consumo. Este movimiento del banco central mejorará la economía de un país, pero a corto plazo y no a largo plazo.

Por mucho que las tasas de interés sean buenas para mejorar la economía del país, es una mala estrategia. Las tasas de interés bajas en los mercados, después de mucho tiempo, causarán una inflación excesiva de efectivo en la economía y causarán un desequilibrio en ella. El desequilibrio causado por estos tipos de interés bajos puede afectar al país durante mucho tiempo antes de que la economía vuelva a la normalidad. A veces paraliza la economía del país por completo.

Sin embargo, la mayoría de los bancos centrales tienen un remedio para esta inflación. Cuando la economía empieza a tambalearse, o tras un breve periodo de reducción de las tasas de interés, los bancos centrales vuelven a aumentar las escalas. Cuando suben las tasas de interés, el dinero que circula en el mercado disminuye. Los bancos privados no aceptarán préstamos, y los particulares no acudirán a los bancos privados para pedir préstamos. Por lo tanto, cuando las tasas de interés comienzan a cambiar, el operador de Forex debe encontrar su oportunidad, y hacer una entrada o salida en el comercio.

Debe tener en cuenta que la información publicada sobre los datos económicos es fundamental. Debe considerarla cuidadosamente, con el análisis fundamental de Forex, si quiere tener éxito en el Forex trading.

Ventajas del análisis fundamental

Muestra la tendencia del precio del mercado.

Puede ser un indicador excelente y fiable, especialmente cuando se combina con el análisis técnico. Puede funcionar para operaciones a largo plazo.

Análisis técnico del trading de Forex

Cuando los patrones de precios cambian de uno a otro, provocando un cambio de precios en el mercado, lo hacen de una manera específica. Cuando los cambios en los patrones de precios en los mercados son estudiados y dominados para ayudar en la predicción de los patrones futuros, se le llama análisis técnico. La mayoría de los operadores prefieren utilizar el análisis técnico sobre el análisis fundamental. Sin embargo, algunos operadores utilizan ambas técnicas. Los analistas técnicos utilizan un método diferente para analizar los patrones de precios en los mercados. Las técnicas utilizadas incluyen:

Gráficas de patrones

Se trata de patrones en los que los precios se dibujan gráficamente. Cuando los datos se dibujan en el gráfico, siempre hay un patrón repetitivo. Este patrón muestra el movimiento de los precios en los mercados de Forex. Muestra la fuerza y la debilidad del comercio. Algunos traders de Forex utilizan los gráficos de patrones como señales de continuación o de retroceso.

Las señales de continuación contienen: triángulos, banderas y banderines, canales y copas con asa, mientras que las señales de retroceso incluyen: el doble retroceso superior, el doble retroceso inferior, el triple retroceso superior, la cabeza y hombros, y muchos otros. Hay tres grupos de patrones gráficos que utilizan los operadores: los patrones de velas, los patrones armónicos y los patrones tradicionales.

Los analistas técnicos que usan estos gráficos utilizan líneas horizontales, líneas de tendencia, y el nivel de retroceso de Fibonacci para encontrar las señales de los patrones. Los patrones gráficos muestran la fuerza y la debilidad del mercado de divisas.

Líneas horizontales

Estas líneas también se denominan tendencias laterales. Estas líneas conectan los mínimos y los máximos de las variables. En este caso, los precios en los gráficos. Estas líneas muestran el precio que está por debajo del nivel de soporte y por encima del nivel de resistencia.

Líneas de tendencia

Las líneas de tendencia son líneas dibujadas en el gráfico para indicar el soporte o la resistencia. Estas líneas de tendencia dependen de la dirección en la que van los precios en el comercio de divisas. También se conocen como soporte y resistencia horizontales. Cuando los analistas utilizan las líneas de tendencia en los gráficos, pueden ver el aumento o la disminución de la oferta y la demanda.

Los operadores deciden si invertir o no cuando se produce este aumento o disminución. Cuando los precios suben, se denomina tendencia alcista, y los operadores de Forex pueden vender. Cuando los precios están bajando, se llama una tendencia a la baja, o bajista, y los compradores pueden hacer su entrada en el comercio.

Niveles de Fibonacci

Estos niveles en los patrones de los gráficos revelan el soporte y la resistencia ocultos. El soporte y la resistencia pueden estar ocultos debido a los ratios dorados. El origen de Fibonacci viene de la proporción matemática, pero actúa como soporte y la resistencia que vimos en los patrones de los gráficos cuando se establecen los niveles de los precios. Las proporciones matemáticas utilizadas en este método son muy diferentes a los máximos y mínimos de los gráficos de precios.

Patrones de velas

Los analistas técnicos de Forex utilizan los niveles de los precios de apertura, altos y bajos en los mercados (OHL) para encontrar estos patrones. Los precios buscados deben ser de un período específico en la sesión de trading, para que se haga una comparación del comportamiento del operador durante la operación, con respecto a los precios en ese momento particular.

Este análisis ayudará a predecir el movimiento futuro de los precios en el mercado Forex.

Indicadores de análisis técnico

Los analistas técnicos de Forex utilizan los indicadores de acción del precio. Estos indicadores incluyen;

La media móvil

El indicador de la media móvil muestra las medias de los precios en un periodo determinado. Las medias móviles muestran la dirección del mercado. Ayuda a equilibrar los precios en el mercado, eliminando los precios no deseados. Esta eliminación ayuda al operador a centrarse en la tendencia de los precios en el mercado. Hay cuatro tipos de medias móviles, a saber, las medias móviles exponenciales (EMA), las medias móviles simples (SMA), la media ponderada lineal (LWA) y las medias suavizadas.

Bandas de Bollinger

Este indicador es una herramienta utilizada en el análisis técnico, que consta de tres líneas. Estas líneas se trazan de forma positiva y negativa, pero alejadas de la media móvil simple del precio de la divisa. Estas líneas son ajustables a la preferencia del operador. Las bandas de Bollinger ayudan a medir el grado de variación de los precios durante la operación. En términos más sencillos, mide la volatilidad del mercado en un periodo determinado.

Entre las tres líneas de Bollinger, la línea central muestra la dirección de la tendencia de los precios, mientras que las líneas superior e inferior son las líneas de volatilidad, también llamadas bandas de volatilidad. Las bandas superior e inferior se mueven por encima y por debajo de la banda central en dos desviaciones estándares. Este movimiento de las bandas superior e inferior sitúa el precio entre las dos líneas exteriores. Este precio no permanece aquí durante mucho tiempo, porque está siempre moviéndose alrededor de la línea media.

La convergencia/divergencia de medias móviles (MACD)

Este indicador de precios muestra el impulso del mercado. Muestra cuando el mercado va bien o no, y la fuerza que hay detrás de esta acción. Al utilizar este indicador, siempre habrá una señal evidente si el mercado se mueve en una dirección. El indicador de convergencia/divergencia de medias móviles pertenece a una clase de indicadores osciladores. Los osciladores también son indicadores técnicos y se muestran por separado, debajo de los precios en los gráficos.

El análisis técnico tiene principios que deben seguirse durante la evaluación.

Principios del análisis técnico

Los precios se mueven según las tendencias

Los análisis técnicos asumen que los precios en la tendencia se mueven de acuerdo con los patrones de tendencia. Los precios se mueven según la tendencia alcista, bajista y lateral.

Todos los movimientos de los precios se repiten

La teoría de este principio, denominada Teoría de Dow, parte de la base de que el precio de una mercancía representa su valor real y no tiene que tener en cuenta otros factores. El principio afirma que los precios en los patrones son repetitivos y cualquier precio futuro es probable que sea el mismo que el precio actual.

Ventajas del análisis técnico

Muestra la tendencia del mercado

El análisis técnico muestra a los operadores la dirección del mercado. Pueden saber el momento en el que se produce el movimiento de subida o de bajada de los precios, lo que les permite vender o comprar en el momento adecuado.

Muestra al operador los puntos de entrada y salida

La sincronización es esencial para una persona que opera en el mercado Forex. Una mala sincronización causará pérdidas significativas, lo que hará que la operación fracase. El análisis técnico predice el momento de la inversión para los comerciantes. Da a los operadores la ventaja de saber cuándo entrar en la operación o salir de ella.

Los diferentes indicadores del análisis técnico ayudan a los operadores a obtener la ventaja de conocer el momento de la inversión con antelación. Las velas, las medias móviles, los patrones de los gráficos, las líneas de tendencia, y otros indicadores, ayudan a calcular el momento de entrada y de salida en la operación.

El análisis técnico es rápido

El análisis técnico es rápido a la hora de dar información sobre una operación concreta. Esto lo hace rápido y fiable para los operadores a corto plazo, como los day traders, que operan entre uno y treinta minutos. En este tipo de operaciones se utilizan patrones de velas.

El análisis técnico proporciona información adecuada

Los operadores de corto plazo utilizan el análisis técnico, los swing traders y los traders de largo plazo. En los patrones de los gráficos se encuentra suficiente información, y los operadores de Forex pueden utilizarla en su favor. Pueden monitorear sus operaciones utilizando esta información, y obtener rendimientos satisfactorios. Otros detalles, como la psicología del comercio, el impulso del mercado, la volatilidad, el apoyo, y la resistencia, son una parte de la información vital que proporciona el análisis técnico .

El análisis técnico es barato

El análisis técnico de los softwares es barato. Algunos softwares son ofertas gratuitas de diferentes empresas de programas de gráficos, e incluso se pueden descargar en aplicaciones móviles.

Da una señal anticipada

El análisis técnico da una señal anticipada a los operadores e inversores cuando es el momento adecuado para invertir. Es como una llamada de atención para entrar o salir de la operación. El momento correcto de entrada o salida para los operadores les ayudará a obtener buenas ganancias en sus operaciones.

Capítulo 6 Estrategias operativas para el Forex

Bien, yo diría que ya hemos tenido suficiente de la teoría. Es el momento de entrar en la parte práctica, ¡por fin!

Para operar en los mercados, se necesitan estrategias operativas: no se puede abrir un gráfico, lanzar una moneda al aire o quitar los pétalos de las margaritas, y decidir si se compra o se vende.

Hay que tener estrategias claras y precisas, estudiadas con detalle. Tenemos que saber principalmente cuándo y cómo entrar en el mercado, gestionar la posición abierta y cerrar la operación.

Existen diferentes tipos de estrategias operativas. He aquí las principales:

- Estrategia de reversión (contratendencia o reversión de la media)
- Estrategia de seguimiento de la tendencia
- Estrategia de ruptura
- Estrategia de ruptura de la volatilidad

- Estrategia BIAS

Hay muchas más, pero las principales y más utilizadas son estas cinco.

Preámbulo: antes de seguir con la explicación de cada estrategia, quiero subrayar el hecho de que el análisis y los procedimientos en sí son aconsejables a partir del marco temporal de 15 min.

Analizar gráficos y aplicar estrategias en marcos temporales inferiores es mucho más difícil y peligroso: hay mucho "ruido" del mercado, las tablas no están limpias, hay noticias, HFT, y otros factores externos que afectan mucho a este aspecto.

Lo ilustraré todo con un ejemplo, distinguiendo entre un gráfico de 1 minuto y un gráfico diario.

Gráfico 1M:

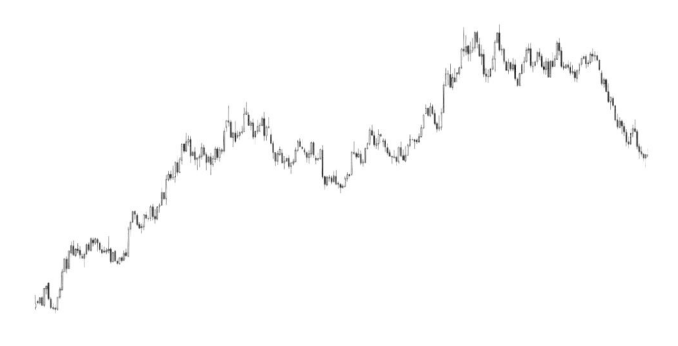

Gráfico de 1 día:

Como se puede ver, el marco temporal de 1 minuto es mucho más sucio, y con mucho ruido de fondo, a diferencia del gráfico diario, que es mucho más limpio y lineal: este aspecto permite un análisis más explícito y más preciso.

En conclusión, para implementar cualquier estrategia a nuestro alcance es mejor utilizar marcos de tiempo más largos para el análisis general de fondo, y luego, si se quiere tener más precisión en las entradas/salidas, se pueden utilizar marcos de tiempo más cortos. No obstante, repito de nuevo que es bueno realizar el análisis de fondo en marcos temporales más largos.

La elección del periodo de tiempo también depende del tipo de operación que se quiera realizar. Los que prefieren el trading de posición, como hemos visto al principio, examinarán los marcos temporales que van desde el diario hasta el mensual. Los que prefieren una operativa multidiaria analizan desde el momento en que el gráfico aparece, hasta el gráfico semanal. Por último, los que utilizan una estrategia intradiaria pueden basar sus análisis en marcos temporales que van desde los 15 minutos, hasta el gráfico diario. Esto no es una regla definitiva, sino un promedios de los marcos temporales a analizar según las diferentes operaciones.

Personalmente, con mis sistemas automatizados, utilizo el análisis en M15 (15 minutos), porque tengo una operativa predominantemente intradiaria.

Otro aspecto esencial a destacar es que no existe una estrategia que sirva para todos los mercados, y que dure para siempre. Las estrategias que tienen éxito son las que se diseñan específicamente para cada activo de referencia. Por poner un ejemplo: una estrategia de reversión podría ser mejor para el Eur/Usd, mientras que no funcionaría para el Aud/Jpy; por el contrario, una estrategia de ruptura sería aplicable al Aud/Jpy.

Todas las estrategias "mueren": habrá un punto de ruptura en el que será necesario realizar cambios y mejoras. ¿Por qué? Naturalmente, porque el mercado cambia y evoluciona continuamente.

ESTRATEGIA DE REVERSIÓN

Una estrategia de reversión, que también puede llamarse de contratendencia o de reversión de la media (existen variaciones, pero cambian poco), es una estrategia que busca la configuración de entrada al mercado en los retrocesos del precio, ya sean cortos o amplios. Normalmente, se buscan momentos de sobrecompra o sobreventa, en los que el precio está muy por encima o por debajo de su valor medio.

Por lo tanto, las estrategias de reversión buscan los retrocesos de los precios y los puntos de rebote.

Normalmente, las estrategias de reversión buscan estos cambios y cierran las operaciones después de unos pocos pips (siempre en torno al marco temporal utilizado), cuando el precio se acerca a su valor medio. Es un reto pillar la reversión de las megatendencias, en las que el precio se invierte y hace, por ejemplo, 1.000 pips una vez, y otra no. A menudo estas estrategias tienen órdenes de pérdida máxima bastante significativas, y órdenes de límite para el beneficio bastante cercanas.

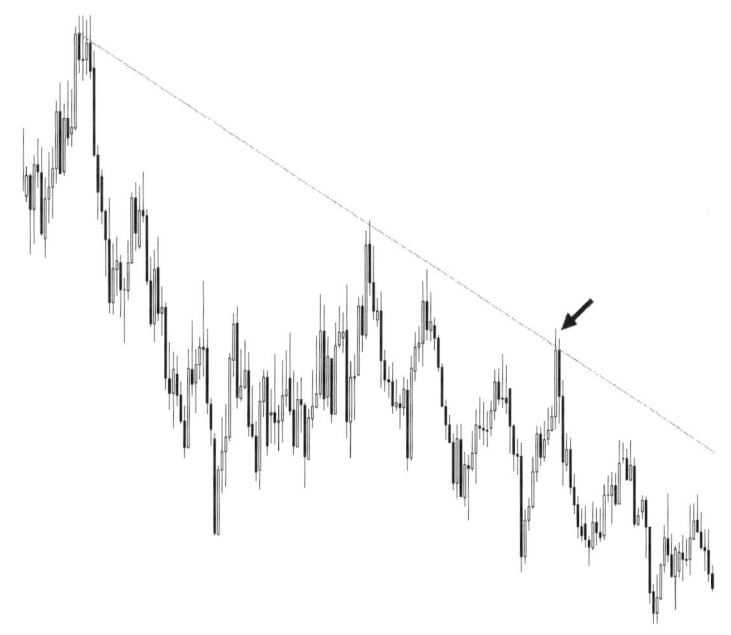

Una estrategia de reversión suele caracterizarse por pequeñas ganancias constantes y pérdidas eventuales, pero significativas: esto se debe al riesgo de retorno.

En el análisis técnico, los soportes y las resistencias se utilizan principalmente para entender cuándo y dónde entrar. Se espera que el precio se acerque a la línea que se ha dibujado. Entonces, cuando se toca, se abre una orden de compra si el precio alcanza el soporte de arriba a abajo; se abre una orden de venta si el precio toca una resistencia de abajo a arriba.

Ejemplo: Entrada de venta al tocar una línea de tendencia de resistencia.

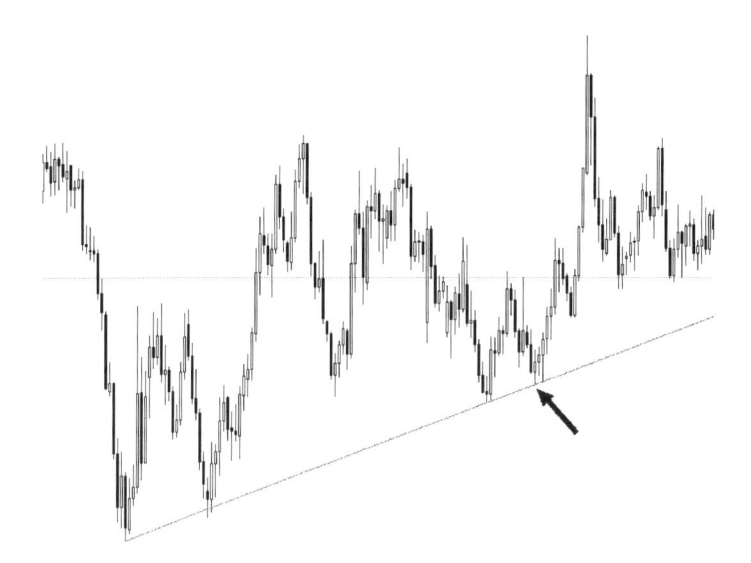

Ejemplo: entrada en largo, al toque de una línea de tendencia de soporte.

Como se puede ver en los gráficos, hay una línea de tendencia trazada en los puntos máximos, que forma la línea de tendencia de resistencia, mientras que la línea de tendencia de soporte se obtiene, en cambio, uniendo los puntos mínimos más importantes. Una estrategia básica, por tanto, es entrar en estos niveles y abrir operaciones de reversión que busquen precisamente estos puntos de rebote.

La gestión y el cierre se pueden ajustar fijando un nivel de beneficio, con el Take Profit, y un nivel de pérdida máxima, fijando el Stop Loss.

No voy a hablar específicamente de estas estrategias, porque no soy analista técnico, y suelo utilizar indicadores o niveles de precios mucho más esenciales.

En las estrategias de reversión, además del análisis de líneas de tendencia y patrones, se pueden utilizar osciladores (como RSI, Stocastico, etc.) o bandas de precio, como por ejemplo, las Bandas de Bollinger, o las envolventes.

Analicemos una estrategia más a fondo con nuestras herramientas de análisis cuantitativo.

ESTRATEGIAS USANDO LAS BANDAS DE BOLLINGER

Las bandas son un instrumento que me gusta particularmente, tanto por su adaptabilidad como por las múltiples situaciones en las que se puede utilizar.

En este ejemplo, utilizaremos las bandas para buscar entradas de reversión en el Eur/Usd, de manera que pueda empezar a practicar y abrir y cerrar operaciones según unas condiciones preestablecidas.

He realizado un análisis cuantitativo para encontrar las mejores condiciones de apertura y cierre de operaciones. Estamos utilizando las Bandas de Bollinger, que a partir de ahora llamaremos BB.

Estrategia de capital:

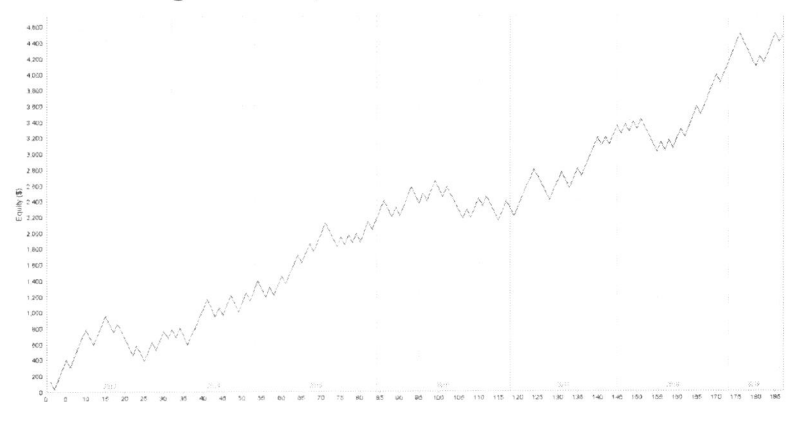

Este es el capital de esta estrategia desde 2013 hasta agosto de 2019. Se ha estudiado de acuerdo con una lógica precisa, pruebas y contrapruebas.

Informe de la estrategia:

TOTAL PROFIT	# OF TRADES	SHARPE RATIO	PROFIT FACTOR	RETURN / DD RATIO	WINNING PERCENTAGE
$ 4474.57	187	0.22	1.54	7.94	56.15 %
PROFIT IN PIPS 4668.3 PIPS	DRAWDOWN	% DRAWDOWN	DAILY AVG PROFIT	MONTHLY AVG PROFIT	AVERAGE TRADE
YEARLY AVG PROFIT $ 680.52	$ 563.44	5.15 %	$ 3.98	$ 56.64	$ 112.82
YEARLY AVG % RETURN 6.81 %	ANNUAL % / MAX DD %	R EXPECTANCY	R ESPECTANCY SCORE	STR QUALITY NUMBER	SQN SCORE
CAGR 5.43 %	1.05	0.24 R	6.71 R	2.95	0.56

STATS

Strategy

Wins / Losses Ratio	1.28	Payout Ratio (Avg Win/Loss)	1.2	Average # of Bars in Trade	0
AHPR	0.2	Z-Score	1.4	Z-Probability	8.08 %
Expectancy	23.93	Deviation	$ 142.19	Exposure	0 %
Stagnation in Days	379	Stagnation in %	15.68 %		

Trades

		# of Wins	105	# of Losses	82	# of Cancelled/Expired	0
Gross Profit	$ 12786	Gross Loss	$ -8311.43	Average Win	$ 121.77	Average Loss	$ -101.36
Largest Win	$ 132.45	Largest Loss	$ -116.72	Max Consec Wins	5	Max Consec Losses	4
Avg Consec Wins	2.02	Avg Consec Loss	1.61	Avg # of Bars in Wins	0	Avg # of Bars in Losses	0

MONTHLY PERFORMANCE ($)

Year	Jan	Feb	Mar	Apr	May	Jun	Jul	Aug	Sep	Oct	Nov	Dec	YTD
2019	360.84	-107.55	-205.31	34.7	-62.6	242.07	130.5	-32.75	0	0	0	0	339.7
2018	55.09	-79.33	-57.35	-215.1	143.06	44.62	254.5	27.55	117.45	257.1	154.6	124.85	797.04
2017	264.43	97.6	127.25	-188.35	-89.55	103.04	-81.97	247.96	152.2	130.81	10.52	242.06	1036.02
2016	12.52	21.69	9.9	252.54	-132.89	157.4	-73.5	-308.27	120.07	135.84	-260.68	157.4	21.92
2015	-64.19	128.55	141.1	117.45	40.76	364.79	-100.41	143.68	17.08	-104.93	255.8	150.87	890.55
2014	-106.24	22.31	-115.41	216.54	131.15	99.11	129.2	-228.2	0	174.54	32.9	250.59	606.49
2013	150.89	150.9	479.57	-196.8	363.48	-209.22	-81.95	-81.32	-190.95	135.18	148.24	114.83	782.85

Este es el informe completo de la estrategia desde 2013 hasta 2019, utilizando un mini lote para cada operación (0,1). Podemos ver meses consecutivos de pérdida y meses de ganancia: el incremento medio es de unos 22$.

En total, hay unas 190 operaciones, unas dos operaciones al mes: esta estrategia tendrá que integrarse con otras.

La examinaremos con más detalle más adelante, mientras tanto, vamos a ver cuáles son las lógicas de entrada y salida que usted puede ensayar ahora mismo.

Configuración del indicador:

En primer lugar, debemos configurar el indicador con estos parámetros; luego abrimos la MT4 de Ic Markets (u otro corredor, si ya lo tiene, si aún no lo ha hecho, le invito a ir a este enlace. →

https://www.icmarkets.com/?camp=19600

Proceda a registrarse de manera gratuita, y descargue el Mt4).

Una vez abierto el Mt4, abrimos el gráfico Eur/Usd en marco temporal H4.

Ahora, entre los indicadores disponibles, seleccionamos las BB y las configuramos de esta manera:

Período: 5

Desviaciones: 1.5

Desviación: 0

Seleccione aplicar para cerrar.

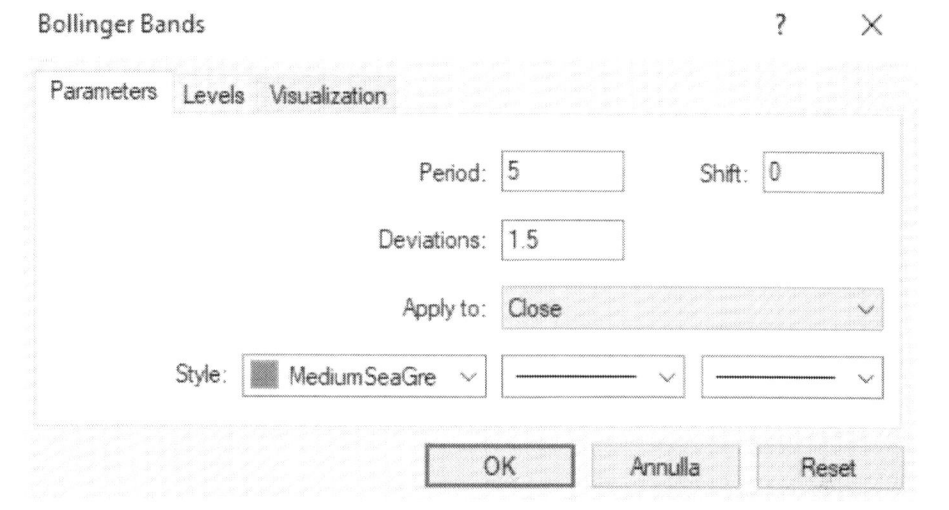

En este punto, deberá ver los precios rodeados de bandas, más o menos como en esta imagen:

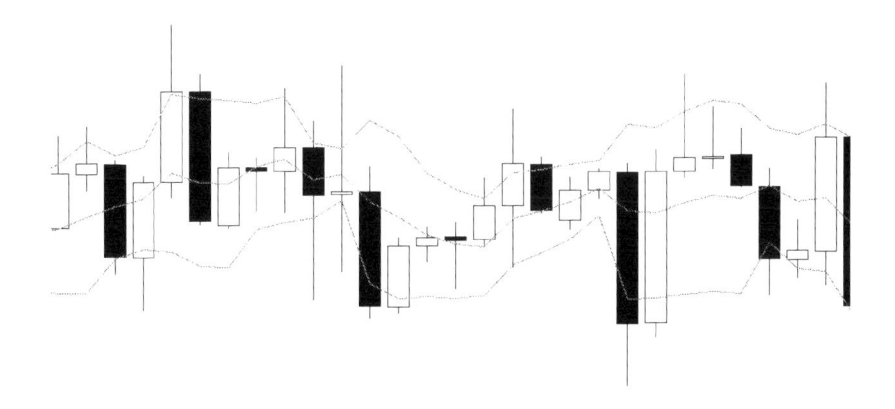

Ahora que hemos preparado el indicador con los parámetros adecuados, y el gráfico Eur/Usd en el marco temporal H4, veamos cuáles son las condiciones de entrada y salida.

Configuración de entrada

Par de divisas: EURUSD

Marco de tiempo: H4

Horas de operación:

El horario de operación indicará las horas en las que se puede aplicar esta estrategia. En este caso, sólo podemos abrir la operación desde las 4:00 hasta las

12:00 (hora del corredor, que en el caso de los mercados IC es GMT+3). A partir de ahora, me referiré a la hora del corredor, ¡tenga cuidado con no confundirse!)

Operación de venta/corta:

¿Cómo abro una operación en corto?

Vamos a abrir una operación de venta cuando el precio de cierre de la vela de las 0:00 (que cierra hacia las 3:59 GMT+3) o de las 4:00 (que cierra a las 7:59 GMT+3) se sitúe por encima de la BB superior. El cierre de UNA de estas dos velas nos da la "luz verde". Entonces tenemos tiempo hasta las 12:00 p.m. para abrir una operación. Esto se debe a que la vela de las 00:00 en el marco temporal H4 termina a las 3:39:59, mientras que la vela de las 4:00 termina a las 7:59:59.

En el gráfico anterior, la barra de las 00:00 no cierra por encima de la banda superior, por lo que no se dan las condiciones para abrir la operación. Por el contrario, la siguiente vela (la de las 4:00) cierra justo por encima de la banda superior: en este caso, se dan las condiciones para abrir la operación. La operación puede abrirse desde este momento hasta las 12:00 (hora del corredor).

El nivel de precios con el que se entra debe ser igual o mayor que el nivel de cierre de la vela de "señal", en este caso, la vela de las 4:00 a.m.

Si se pierde la entrada y más tarde se da cuenta de que hay condiciones de apertura, evite abrir una operación si ésta ya ha caído por debajo del precio de cierre de la barra de "señal".

Operación de Compra/Larga:

Esta es la situación opuesta. Abriremos una operación de compra cuando el precio de cierre de la vela de las 0:00 (que cierra alrededor de las 3:59 GMT+3, hora del corredor) o la vela de las 4:00 (que cierra alrededor de las 7:59 GMT+3, hora del corredor) cierre por debajo de la BB inferior. El cierre de una de estas dos velas nos da la "luz verde".

Entonces tenemos hasta el mediodía para abrir una operación.

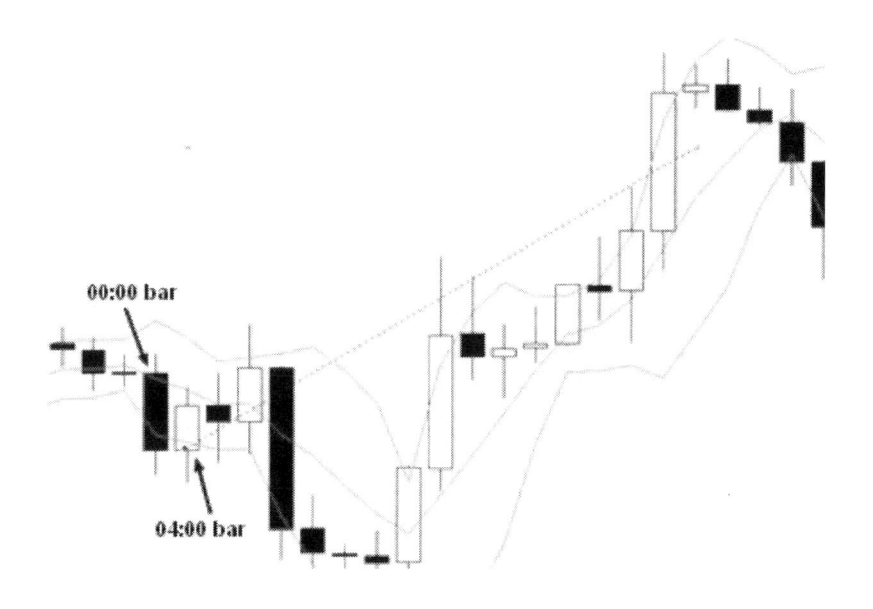

En el gráfico anterior, la barra de las 00:00 cierra por debajo de la banda inferior: las condiciones son correctas, así que abrimos una operación. La operación puede abrirse desde este momento hasta las 12:00.

El nivel de precios en el que se entra la operación debe ser igual o menor que el nivel de cierre de la vela de "señal", en este caso, la vela de las 00:00 horas.

Si se le escapa la entrada y se da cuenta muy tarde, evite abrir una operación si ésta ya ha subido por encima del precio de cierre de la barra de señal.

El volumen que utilizaremos para cada operación será de 0,01 (un microlote) en caso de que esté operando con una cuenta real. En el caso de una cuenta demo, como consejo inicial, podemos abrir a 0,1 (un mini lote). Tenga en cuenta que, sobre todo al principio, es fundamental familiarizarse con estos conceptos y actividades.

Stop Loss:

Para limitar cualquier pérdida durante nuestra operación, colocaremos un Stop Loss a una distancia de 100 pips del precio de apertura. Para la operación de compra, el Stop Loss debe colocarse por debajo del precio de apertura, es decir, 100 pips por debajo del precio de apertura de la operación. En cambio, para la operación de venta, el Stop Loss debe colocarse por encima del precio de apertura, es decir, 100 pips por encima del precio de apertura.

(Tenga en cuenta que, en Meta Trader: 1000 puntos mt4 son iguales a 100 pips).

Take Profit:

Para establecer un beneficio máximo, fijaremos un Take Profit a una distancia de 125 pips del precio de apertura. Para la operación de compra, el Take Profit se colocará por encima del precio de apertura, es decir, 100 pips por encima del precio de apertura de la operación. Para la operación de venta, sin embargo, el Take Profit se colocará por debajo del precio de apertura, es decir, 125 pips por debajo del precio de apertura.

Si la operación es rentable, pero aún no ha afectado al Take Profit, puede decidir mover el Stop Loss a Break Even manualmente, con una ligera ventaja: de esta manera, si la operación retrocede, la operación se cerrará en break-even, o con un pequeño beneficio.

Ejemplo de operación de compra:

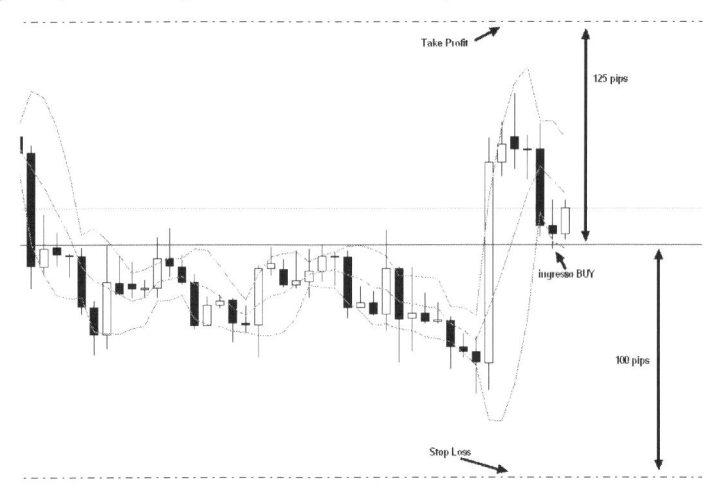

En resumen, abrimos el mt4 y el gráfico Eur/Usd seleccionando el marco temporal a 4 horas (H4).

Introducimos el conjunto de BBs como se ha explicado anteriormente en el gráfico.

A continuación, debemos fijarnos en el cierre de la vela de las 00:00 (que cierra en torno a las 3:59 gmt+3, nos situaremos frente al gráfico en este momento) o en el cierre de la vela de las 4:00 (en torno a las 7:59 gmt+3, nos situaremos frente al gráfico en este momento, si no hay condiciones de entrada en el primer caso).

Si hay condiciones en la primera vela, abrimos la operación inmediatamente; de lo contrario, esperamos al cierre de la vela de las 4:00. Si hay condiciones en este segundo caso, abrimos la operación. Si no hay condiciones ni en la primera vela, ni en la de las 4:00, no abrimos ninguna operación.

En caso de condiciones de apertura, observando el cierre de la vela de las 4:00, tenemos hasta las 12:00 para abrir la operación, y entraremos sólo si el precio está por encima de la vela indicadora, para entradas de venta, o por debajo de la vela indicadora, para entradas de Compra.

Última nota importante: sólo podemos abrir una operación por día, ya sea de venta o de compra. NO comenzaremos más de una operación por día con esta estrategia.

Entiendo que esto es difícil al principio, especialmente si usted nunca lo ha hecho, pero le aseguro que con un poco de "práctica", y leyendo cuidadosa y repetidamente las instrucciones proporcionadas, eventualmente, ¡usted será capaz de abrir su primera operación de inversión!

Esta estrategia es súper sencilla en cuanto a la lógica, la entrada y la gestión de las posiciones, pero también es comprensible que no todo el mundo puede estar delante del gráfico desde las 3 de la mañana, o las 7 de la mañana, hasta el cierre. Por eso, otra gran ventaja de los sistemas automáticos es su autonomía: pueden abrir, gestionar y cerrar las operaciones con total independencia las 24 horas del día, incluso mientras usted duerme cómodamente en su cama o sale a divertirse.

Esta es una de las ventajas más importantes del trading automático. Si decide unirse a nuestros cursos de formación o utilizar nuestros sistemas automáticos, podrá comprobar por sí mismo cómo funcionan, su eficacia y todas las ventajas que conllevan, tanto en términos de tiempo como de dinero.

Tenemos un grupo de Facebook y Telegram donde estamos en contacto con cientos de personas, ya sean apasionados del trading, inversores o estudiantes activos.

Si lo desea, puede echar un vistazo a www.alessioaloisi.com para empezar a recibir sus primeras lecciones y obtener la información.

ESTRATEGIA DE SEGUIMIENTO DE TENDENCIAS

Una estrategia de seguimiento de la tendencia es una estrategia que trata de aprovechar la tendencia subyacente. En este caso, no tratamos de anticipar una inversión, como en el caso de la reversión, sino que tomamos nota de que hay una tendencia en marcha y la seguimos, entrando al mejor precio posible: este es el principio básico de esta estrategia.

Normalmente, las estrategias de seguimiento de tendencia buscan tendencias amplias, y cierran las operaciones después de muchos pips (siempre en el marco temporal utilizado). Comúnmente estas estrategias no tienen Stop Losses a gran escala, ni Take Profits a larga distancia.

Una estrategia de seguimiento de tendencia suele caracterizarse por pequeñas pérdidas constantes, seguidas de raras pero muy sustanciales ganancias, debido al riesgo de retorno.

Las estrategias de seguimiento de tendencias son muy utilizadas por aquellos que operan con posiciones a largo plazo, o durante varios días: lógicamente, porque es un reto seguir grandes tendencias con una operación intradiaria.

El indicador de excelencia para estas estrategias es sin duda la media móvil.

Se puede entrar en largo si el precio cruza la media móvil hacia arriba; por el contrario, se puede entrar en corto si el precio cruza la media móvil hacia abajo.

El cierre puede ser dictado por el Take Profit y el Stop loss, o por el cruce inverso de los precios con la media.

Otra estrategia puede consistir en introducir distintas medias móviles con valores diferentes: si las medias se cruzan al alza, se puede abrir una operación de compra. Por el contrario, si las medias se cruzan a la baja, se puede abrir una operación de venta.

ESTRATEGIA CON MEDIAS MÓVILES

Las medias móviles también son una herramienta que aprecio mucho, por su sencillez, eficacia, y por las múltiples situaciones en las que se puede utilizar.

En este ejemplo, la utilizaremos para buscar entradas de Usd/Jpy, para que usted también pueda empezar a practicar en el gráfico de arriba y a abrir y cerrar operaciones según las condiciones preestablecidas.

He realizado un análisis cuantitativo para encontrar las mejores condiciones de apertura y cierre de las operaciones utilizando simplemente dos medias móviles: una más rápida, calculada sobre menos periodos, y otra más lenta, calculada sobre más velas.

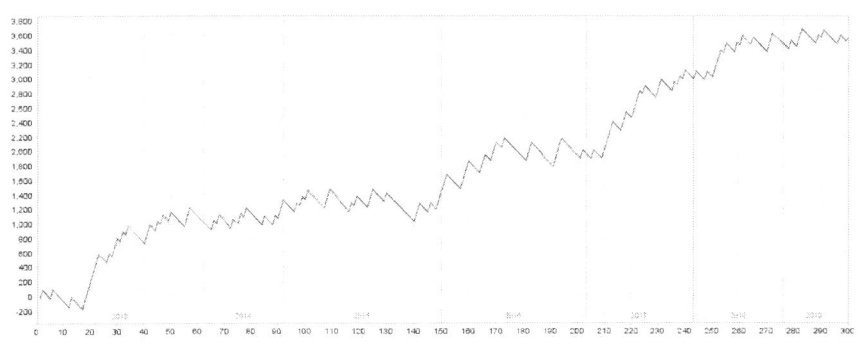

Estrategia de renta variable:

Este es el capital de esta estrategia desde 2013 hasta agosto de 2019. Se ha estudiado de acuerdo a una lógica precisa, pruebas y contrapruebas.

Vamos a ver cuál es la lógica de entrada y salida. Puede probarlo ahora mismo.

Configuración del indicador:

Primero debemos configurar el indicador con estos parámetros; luego abrimos el MT4 de Ic Markets (u otro corredor si ya lo tiene, si aún no lo tiene, le invito a seguir este enlace:

https://www.icmarkets.com/?camp=19600

proceda al registro gratuito, y descargar el MT4).

Una vez abierto el MT4, abrimos el gráfico del USD/JPY en el marco temporal H1 (gráfico de tiempo).

Ahora, entre los indicadores disponibles, seleccionamos dos medias móviles, una a la vez, y las configuramos así:

Media Rápida

Período: 50

Método MA: simple

Desplazamiento: 0

Seleccione aplicar para cerrar

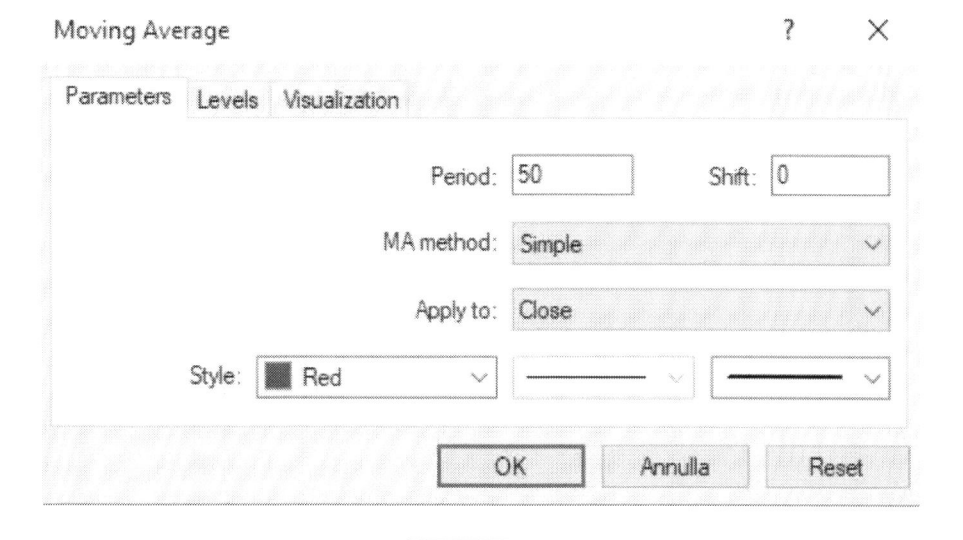

Moving Average		?	×

Parameters | Levels | Visualization

Period: 50   Shift: 0

MA method: Simple

Apply to: Close

Style: Red

OK   Annulla   Reset

Media Rápida

Período: 90

Método MA: simple

Desplazamiento: 0

Seleccione aplicar para cerrar

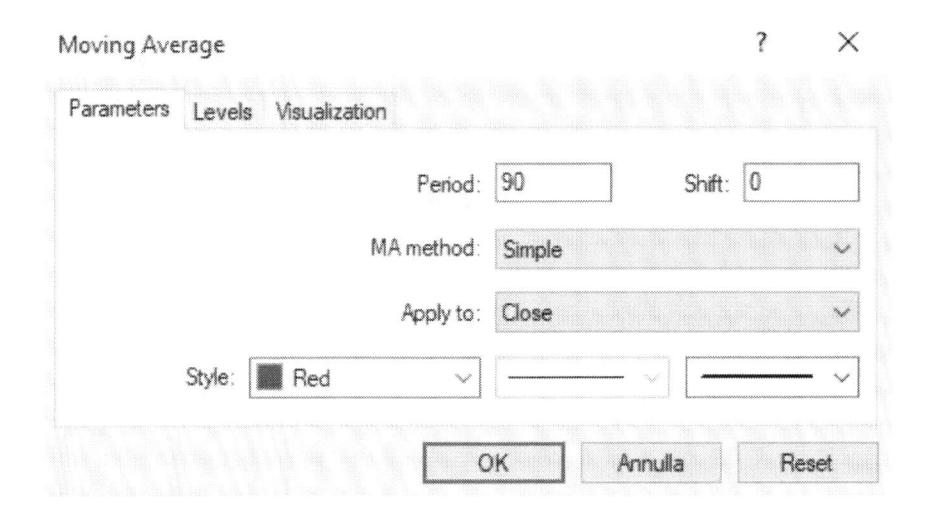

Le sugiero que elija dos colores diferentes para distinguir la media rápida de la lenta.

En este punto se debe ver el gráfico de precios con las dos medias móviles, más o menos como en este:

Ahora que hemos preparado el indicador con los parámetros adecuados, y el gráfico Usd/Jpy en el marco temporal H1, veamos cuáles son las condiciones de entrada y salida.

Configuración de entrada

Par de divisas: USDJPY

Marco de tiempo: H1

Horas de operación:

El horario de operación indica las horas en las que es posible aplicar esta estrategia: en este caso podemos abrir la operación desde la 1:00 hasta las 22:00 (que en el caso de los mercados IC va una hora por delante, GMT +3, hora del corredor).

Nota: a partir de ahora me referiré a la hora del corredor, por lo que hay que tener cuidado de no confundirse.

Operación de venta/corta:

¿Cómo abro una operación de Venta?

Abra una operación de venta sólo cuando la media rápida cierre por debajo de la media lenta.

Como en este gráfico de arriba, la media rápida acaba de cerrar por debajo de la media lenta: en este momento, se ha abierto una operación de venta.

Operación de compra/larga:

Esta es la situación opuesta. Abriremos una operación de compra sólo cuando la media rápida cierra por encima de la media lenta.

Como en el gráfico anterior, la media rápida acaba de cerrar por encima de la media lenta: en esta intersección, se ha abierto una operación de compra.

Stop Loss:

Para limitar cualquier pérdida de nuestra operación, colocaremos un Stop Loss a una distancia de 45 pips del precio de apertura. Para la operación de compra, el Stop Loss se colocará por debajo del precio de apertura, 45 pips por debajo. En cambio, para la operación de venta, el Stop Loss se colocará por encima del precio de apertura, 45 pips.

(En el Meta Trader: 450 puntos MT4 equivalen a 45 pips).

Take Profit:

Para establecer una ganancia máxima, estableceremos un Take Profit a una distancia de 150 pips del precio de apertura. Para la operación de compra, el Take Profit se colocará por encima del precio de apertura, 150 pips por encima. Para la operación de venta, sin embargo, el Take Profit se colocará por debajo del precio de apertura, 150 pips.

Si la operación es rentable, pero aún no ha afectado el límite de ganancias, puede decidir mover manualmente el Stop Loss a Break Even, o con una ligera ventaja. De esta manera, si la operación retrocede, se cerrará en el punto de equilibrio, o con una pequeña ganancia.

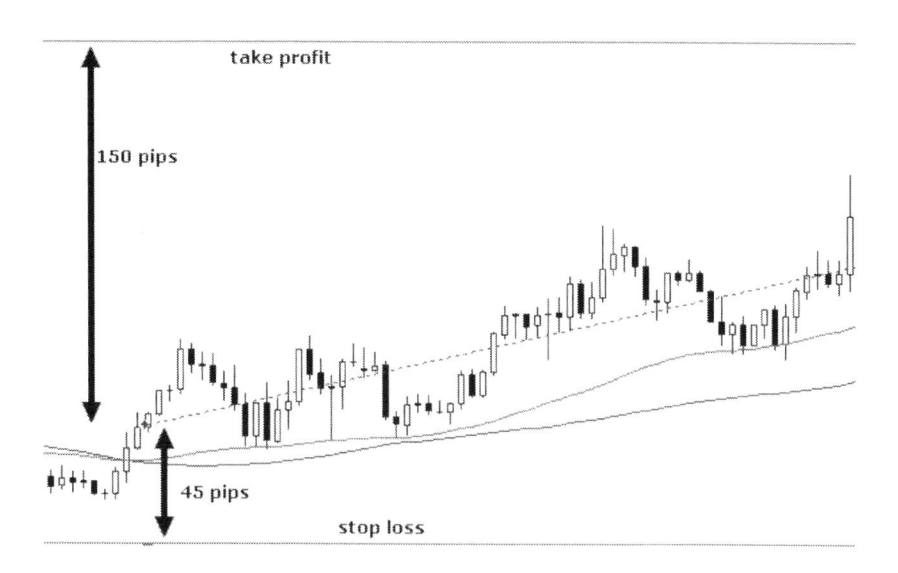

Ejemplo: operación de compra

Resumiendo, abrimos el MT4 y el gráfico Usd/Jpy seleccionando el marco de tiempo (H1).

Insertamos en el gráfico las medias móviles establecidas como se ha explicado anteriormente.

Luego esperamos el cierre del cruce entre la media móvil rápida y la media móvil lenta: si la rápida cruza a la lenta, de abajo a arriba, abrimos una operación de compra; por el contrario, si la rápida cruza a la lenta, de arriba a abajo, abrimos una operación de venta.

Recuerde que el rango horario para aplicar esta estrategia va desde la 1:00 hasta las 22:00, hora del corredor.

Esta estrategia es mucho más sencilla que la reversión con bandas de Bollinger, así que se acostumbrará a ella en poco tiempo.

Esta estrategia es súper simple, incluso en términos de lógica, entrada y gestión de la posición. Pero es comprensible que no es muy agradable estar frente al gráfico durante horas, esperando que las dos medias se crucen. También, con esta estrategia, hay pocas operaciones al mes.

Además, en este caso, el trading automático es la mejor solución, porque puede abrir, gestionar y cerrar operaciones con total autonomía las 24 horas del día.

Si aún no lo ha hecho, únase a nuestros grupos de Facebook y Telegram, y póngase en contacto conmigo en:

www.alessioaloisi.com, o en mi página de Facebook, y empiece a dar sus primeros pasos.

ESTRATEGIA DE RUPTURA

Una estrategia de ruptura es la que trata de aprovechar no tanto la tendencia subyacente, sino la fuerza direccional explosiva del precio.

En este caso, la estrategia no trata de anticipar una inversión, como en el caso de la reversión, ni trata de identificar una tendencia de fondo y seguirla. Simplemente, usted entra en el mercado cuando se produce una ruptura de un nivel esencial con una acción decisiva del precio: al alza para la compra, a la baja para la venta.

Normalmente, las estrategias de ruptura buscan estas interrupciones sustanciales, y cierran las operaciones una vez que se agota la fuerza explosiva (siempre dentro del marco temporal utilizado). Comúnmente, estas estrategias tienen Stop Losses ajustados y Take Profits bastante grandes, también basados en la volatilidad.

Una estrategia de ruptura suele caracterizarse por pequeñas pérdidas constantes, seguidas de ganancias eventuales, pero muy sustanciales, debido al riesgo de devolución.

Las estrategias de ruptura son muy utilizadas, especialmente por aquellos que operan de forma intradiaria o multidiaria.

Este tipo de estrategias se suele utilizar en los soportes o resistencias de las líneas de tendencia, que dan cuenta de los niveles esenciales del precio, especialmente en plazos largos de más de 4 horas.

Comúnmente, los niveles esenciales se dibujan en el gráfico; ya sean soportes, resistencias, líneas horizontales o líneas de tendencia (como sabemos, es necesario combinar máximos y mínimos), y al romper estos niveles, se entra a favor de la ruptura: si el precio rompe a la baja, se entra en corto. Si el precio rompe al alza, se entra en largo.

Example: short input at breakage of the trendline

Como puede ver en el gráfico anterior, existe esta ruptura a la baja en la línea de tendencia trazada anteriormente, que señala una posible entrada en corto. Para aprovechar esta tendencia, la operación debe abrirse inmediatamente.

El cierre puede ser dictado por el Take Profit y el Stop Loss, o por alcanzar otro nivel de precios esencial.

No me detendré aquí en el análisis de estas estrategias en detalle utilizando herramientas cuantitativas, pero en caso de que esté interesado en profundizar en este tema, he preparado un valioso curso de formación, donde podrá estudiar todos los tipos de estrategias explicadas en este libro. Y es posible hacerlo sin saber programar, porque he construido un sistema de trading adaptable, y utilizable por quienes nunca han hecho trading, o por quienes no saben programar.

ESTRATEGIA DE RUPTURA DE LA VOLATILIDAD

La estrategia de ruptura de la volatilidad es un subconjunto de la estrategia de ruptura: en este caso, sin embargo, además de buscar la fuerza direccional explosiva del precio, también busca la velocidad de esta fuerza y va a aprovecharse de la decisión y la velocidad del precio.

Normalmente, las estrategias de ruptura de la volatilidad buscan estas rupturas activas con rapidez, y cierran las operaciones una vez agotada la fuerza explosiva (siempre dentro del marco temporal utilizado). Comúnmente, estas estrategias tienen Stop Losses y Take Profits bastante ajustados, que pueden ser ajustados para adaptarse a la volatilidad.

Una estrategia de ruptura de volatilidad suele caracterizarse por pequeñas pérdidas constantes, seguidas de ganancias que pueden variar en función de la volatilidad.

Las estrategias de ruptura de la volatilidad son muy utilizadas, principalmente por aquellos que utilizan un trading intradía o multidía.

Las estrategias que se conocen como "estrategias de noticias", es decir, aquellas que sólo se utilizan en presencia de noticias macroeconómicas, no son más que estrategias de ruptura de la volatilidad. Esto se debe a que, en presencia de noticias macroeconómicas, se generan velas bastante direccionales en poco tiempo.

Si bien se pueden obtener muchos beneficios, y además de forma rápida, se puede perder mucho y también muy rápido. Por tanto, hay que tener cuidado, porque es un arma de doble filo cuando no se analizan en base a cientos (si no miles) de operaciones.

Este tipo de estrategias se suelen utilizar con líneas de tendencia de soporte o resistencia, que suponen niveles de precios esenciales, sobre todo para plazos largos, desde el gráfico horario (H1).

Como hemos visto antes, en el gráfico se dibujan niveles significativos, ya sean soportes o resistencias, líneas horizontales, o líneas de tendencia, que combinan grandes máximos y mínimos. Cuando estos niveles se rompen, se entra a favor de la ruptura: si el precio rompe a la baja, se entra en corto. Si el precio rompe al alza, se entra en largo.

Ejemplo: entrada en largo para romper la línea de tendencia, en presencia de noticias macroeconómicas

Como puede ver en el gráfico anterior, hay una ruptura al alza de la resistencia trazada anteriormente. Para aprovechar esta fuerza, la operación debe abrirse en seguida.

El cierre puede venir dado por el Take Profit y el Stop Loss, o por alcanzar otro nivel crítico.

En este caso, la vela alcista que se rompe es la vela creada durante la emisión de una noticia económica esencial, el "NFP" (nonfarm payrolls) que tiene lugar cada primer viernes de mes a nuestras 14:30 horas.

Capitúlo 7 Trading de rupturas (breakout)

- **RUPTURAS A LA BAJA**

La ruptura a la baja, también conocida como caída y parada (drop and stop), es un medio de trading de ruptura de canal que resulta especialmente útil cuando se utiliza al inicio de una sesión concreta. Es una estrategia sobre todo útil si está decidido a operar en la ruptura, y no puede hacer nada más en ese momento. Esto significa que lo primero que va a querer ver es un patrón de velas de estrella vespertina, que muestra dónde se produce el pivote semanal.

Un patrón de velas de estrella vespertina es un tipo de patrón bajista compuesto por tres velas distintas. La primera es una vela blanca grande, que se encuentra dentro de la tendencia alcista. La segunda será roja o blanca, con un pequeño cuerpo, que cierra por encima de la primera vela. Finalmente, la tercera vela será grande, roja y se abrirá por debajo de la segunda. También cerrará cerca del centro del cuerpo de la primera vela. Si ve este patrón, entonces puede estar seguro de que la tendencia alcista actual va a llegar a su fin más pronto que tarde.

Después de que el precio haya superado la ruptura alcista, y luego haya caído en la ruptura bajista que estaba esperando, entonces caerá a un punto que es más bajo aún que el punto de pivote semanal. Esto a menudo conduce a una serie de rechazos del precio, antes de generar una vela de barra de rechazo bajista, lo que es una confirmación de que la caída y parada están a punto de producirse, lo que significa que usted puede contar con que el precio se dispare hacia abajo de manera significativa.

Aunque entrar cuando la confirmación ya ha sucedido aún generará un beneficio, es una situación que está lejos de ser ideal, ya que el precio ya se dirige hacia el punto en el que se agotará. Esto significa que tendrá un fuerte movimiento alcista inicial, seguido de un descenso igual de pronunciado. La mayoría de los rangos medios diarios se habrán agotado en este punto, algo que ya sabrán los operadores que utilicen esta técnica. Esto significa que si quiere utilizar esta estrategia de forma eficaz, no debe temer un poco de microgestión, y también debe mantener sus expectativas bajo control.

Además, es posible que no siempre haya una barra de rechazo visible que permita determinar fácilmente si es el momento adecuado. En estos casos, usted querrá utilizar un indicador de polaridad para proporcionarle una mejor señal de cuando el mercado se está moviendo en esta dirección. Está en un apuro, si un número de velas bajistas en una fila que está creciendo cada vez más, a medida que se mueven hacia abajo del intervalo actual. Cuando se produce cualquiera de estos indicadores, debe determinar rápidamente el mejor punto de entrada, y hacerlo utilizando la siguiente vela bajista, saltando unos pocos pips por debajo del punto de pivote mensual.

- **RUPTURAS AL ALZA**

Si se encuentra en una situación en la que observa cómo el precio de una de sus divisas elegidas se mueve en un rango estrecho, mientras que, al mismo tiempo, espera por lo que cree que es una tendencia seria para comenzar, entonces hay altas probabilidades de que, para el momento en que el precio comience a moverse en serio, ya habrá comenzado a perder los beneficios que deberían ser suyos por derecho. Esperar a negociar una ruptura sin prepararse adecuadamente de antemano, a menudo sólo conduce a un escenario en el que, en lugar de estar listo para la ruptura desde antes, se termina persiguiendo el precio, lo que es un método garantizado para minimizar los beneficios, en el mejor de los casos, o ver cómo una operación ganadora se convierte en una perdedora, en el peor.

Vela de barra de rechazo: muchos operadores profesionales son aficionados a la velas de barra de rechazo, y con razón, ya que es una de las formaciones de análisis técnico más útiles que se pueden encontrar. Es una formación de una barra, que se conoce como el martillo, o a veces como el martillo invertido, y se forma cuando la moneda ya ha rechazado los precios más altos o más bajos. Esto se observa cuando un precio abre antes de moverse en una dirección determinada, y luego revierte en la misma sesión, para cerrar alrededor o posiblemente justo después de la apertura inicial. El mejor escenario entonces, es aquel en el que tanto el cierre como la apertura de la barra de rechazo se produzcan cerca el uno del otro, cuanto más cerca mejor.

Mientras tanto, la cola de la barra debe tener como mínimo la misma longitud que el cuerpo. Una cola más larga suele indicar una barra más fuerte, ya que significa que un mínimo o un máximo fue rechazado previamente. La cabeza de la barra será el punto más alto del precio alcanzado, si la barra es alcista, o el más bajo, si es bajista. Por muy fuerte que parezca la barra, nunca debe utilizarse como única justificación para una determinada operación. Como siempre, cuantas más señales complementarias tenga, mejor.

Específicamente, si los rechazos del precio pueden ser rastreados desde un nivel significativo, digamos la banda de Bollinger de nivel medio, entonces los niveles significativos de resistencia o soporte, o incluso un pivote semanal, pueden indicarle cuando está sobre una señal fuerte y confiable. En general, si ve una formación de velas que comienza a generarse por sí misma, lo mejor que puede hacer es buscar razones adicionales para entrar en la operación, ya que serán fácilmente visibles, si la operación vale la pena.

Pop and stop: una operación de "pop and stop" se produce cuando el precio de la divisa que está siguiendo sale repentinamente del rango en el que ha estado viajando antes, se detiene temporalmente y luego reanuda su movimiento anterior. A partir de este momento, notará que se forman múltiples barras de rechazo por encima y luego se produce un rechazo más cercano. Si esto da lugar a una vela más grande que la media, puede esperar de forma razonable un cierto retroceso, posiblemente suficiente para que vuelva al rango anterior. Esto se debe al hecho de que el movimiento rápido cubrió una zona de órdenes escasa, que puede verse a través de los huecos en el mercado. Estos huecos son rellenados de manera natural por el mercado, lo que significa que si usted va a entrar, debe hacerlo lo más rápido posible.

Las razones viables para entrar en este tipo de operaciones incluyen factores como la hora del día en que se produjo el estallido, especialmente si el precio ha estado relativamente tranquilo hasta el comienzo de la sesión, cuando es más probable que aumente la volatilidad y la liquidez. En ese caso, el precio suele operar en un rango ajustado. Por otro lado, el precio podría moverse previamente en un movimiento de pop y stop, sólo para formar barras de rechazo en niveles anteriormente relevantes. Si esto ocurre, tendrá que colocar una orden de límite que esté unos pocos pips por debajo o por encima de las barras de rechazo. El Stop Loss deberá colocarse justo por encima o por debajo de la cola de las barras, si es un operador agresivo, o por debajo o por encima de los máximos o mínimos del rango, si es más conservador.

Cuando usted está busque un "pop and stop", debe ser consciente del hecho de que es una estrategia relativamente arriesgada. Esto se debe a que usted se ve obligado a confiar en que la brecha creada por el movimiento no se llene tan rápidamente como suele ocurrir. La presencia de barras de rechazo también confirmará el movimiento en cierta medida, pero no mitiga completamente el potencial de riesgo en ese momento. El momento menos arriesgado para utilizar esta estrategia es cuando alguna noticia acabe de convulsionar el mercado. Una vez que esto ocurra, tendrá más suerte operando en la dirección en que se mueve el ánimo del mercado.

Esto resultará especialmente útil si, antes de la noticia, el precio ya estaba cotizando en un rango particularmente estrecho. Es importante estar atento a este tipo de anuncios, ya que tienen el potencial de invertir la tendencia y rellenar el hueco. Deberá tener en cuenta que esta estrategia requiere una tendencia que esté bien justificada para alcanzar todo su potencial. Esto significa que es muy importante que investigue de antemano, para determinar con precisión si es posible que la sesión contenga el nivel de liquidez que está buscando, con el fin de convertir esta estrategia en una propuesta rentable. La mayoría de las veces encontrará el tipo de ruptura que está buscando en las sesiones abiertas del mercado de Forex, siendo Londres y Nueva York los principales candidatos en la mayoría de los casos.

Además, es importante mantenerse tranquilo cuando se utiliza esta estrategia, y nunca ser codicioso, ya que el movimiento de los precios después de despegar puede ser considerable, pero rara vez es duradero. Al fin y al cabo, se trata de una estrategia que se basa en el scalping, lo que significa que los beneficios en el rango de 1: 5: 1 o 2: 1 son suficientes para arriesgarse.

- ***ESTRATEGIA DE RUPTURA DE LA NYSE***

Aunque esta estrategia sólo tiene un uso muy específico, vale la pena tenerla en cuenta, ya que puede ser bastante rentable cuando se ejecuta correctamente. Utilizando esta estrategia, querrá estar atento a una ruptura con un nivel de resistencia específico para comprar, antes de esperar por un nivel de soporte específico para luego vender. Esta estrategia funciona mejor con los pares de divisas EUR/USD, USD/CHF, USD/JPY y GDP/USD trabajando desde un marco de tiempo de 15 minutos.

Para utilizar de forma óptima esta estrategia, tendrá que crear una línea vertical en el gráfico de 15 minutos para el par de divisas que haya elegido a partir de las 7 am EST, y una segunda línea a las 9 am EST. A partir de ahí, tendrá que crear dos líneas horizontales en los máximos de las diferentes velas que aparecieron entre el par de líneas verticales. Luego, tendrá que establecer una orden de compra pendiente que esté entre dos y cinco pips por encima del punto máximo actual, y una orden de venta pendiente que esté unos puntos por debajo del mínimo. Por último, tendrá que colocar un Stop Loss en el extremo opuesto de cada orden.

Una vez hecho esto, podrá sentarse y esperar a que se produzca la ruptura, que según su investigación, no tardará mucho en producirse. Una vez que se produzca la ruptura, puede cancelar la orden pendiente que colocó y que ahora es inútil, ya que claramente no tendrá que preocuparse de que se active. Cuando todo esté hecho, puede esperar ganar a menudo entre 50 y 60 pips de beneficio de esta estrategia, antes de que la mayoría de las tendencias se desvanezcan.

No olvide que, al configurar esta estrategia, sólo tiene nueve velas para trabajar entre las 7 am y las 9 am EST. Por lo tanto, si el precio no parece tener una tendencia a la baja o a la alta, esto se debe a que el mercado está probablemente oscilando. Como tal, lo más probable es que sea mejor cancelar sus órdenes, ya que esta estrategia sólo va a ser eficaz si el movimiento correcto se presenta durante este preciso período de tiempo.

Esto también se conoce como un momento frecuente para varios tipos de comunicados de prensa que se publican, lo que significa que usted debe permanecer atento mientras su operación está en juego, para evitar que suceda cualquier cosa inesperada sin su conocimiento. También es importante tener en cuenta que si comienza una operación basada en la GBP, en la sesión del Reino Unido, es probable que continúe en la sesión de Estados Unidos, en la mayoría de los casos.

La mayor ventaja de esta estrategia se basa en el hecho de que la forma en que se estructura prácticamente garantiza que no se puede operar en exceso, porque sólo se observa una única operación. Por lo tanto, es ideal para aquellos que no tienen mucho tiempo, o para aquellos que no están especialmente comprometidos con el trading, y sólo están buscando probar algo. En general, si encuentra un escenario en el que la diferencia entre los máximos y los mínimos es inferior a 60 pips, prepárese para duplicar la cantidad de su operación diaria, ya que esto es un fuerte indicador de que el próximo movimiento será extremadamente rentable.

Sin embargo, la desventaja de esta estrategia es que si la diferencia entre los máximos y los mínimos es mucho mayor que 60 pips, entonces es difícil que resulte en una operación rentable. Esto se debe al hecho de que es poco probable que el precio reciba el impulso necesario para llegar a donde tendría que estar para generar un beneficio para usted. Si las cosas parecen estar desarrollándose en ese sentido, entonces usted querrá buscar obtener ganancias de entre 20 y 30 pips cada día en su lugar.

Capitúlo 8 Gestión del riesgo y autodisciplina

En este capítulo, hablaremos de cómo ahorrar dinero al practicar el trading de Forex. Más exactamente, le ayudaremos a entender cómo administrar su dinero al comerciar en Forex. Mucha gente no se da cuenta, pero la comprensión de cómo presupuestar su dinero es muy importante, sobre todo cuando opera en Forex. De eso es de lo que vamos a hablar en este capítulo, y le daremos una gran idea sobre un par de cosas que le ayudarán a tener más éxito en este campo, en términos de ahorrar y mantener el dinero.

¿CUÁNDO DECIR QUE NO?

Una de las principales preguntas que se hace la gente es cuándo decir que no. La verdad es que debe decir que no cuando sienta que ha estado perdiendo dinero durante un par de días. Ahora no nos pondremos muy técnicos sobre el número exacto y la fecha exacta en la que debe cortar la operación. Sin embargo, se trata más de la mentalidad que le ayudará a ahorrar dinero al participar en el trading de Forex, y tener la mentalidad correcta quiere decir saber cuando decir no. La primera cosa que usted necesita entender para operar en Forex es que necesita decir que no cada vez que empiece a perder dinero. Si usted quiere practicar el Forex trading con seguridad, entonces debe asegurarse de que es capaz de decir que no tan pronto como ve la pérdida de dinero. Otro momento en el que debe decir que no sería cuando sienta que su tendencia está cayendo. Por ejemplo, si usted está perdiendo gradualmente su operación, entonces no espere por ella, y salga de la operación tan pronto como sea posible.

AHORRE SU DINERO.

Antes de empezar a ahorrar dinero, tenemos que darnos cuenta de que el ahorro de dinero requiere que se establezcan objetivos. Y eso es exactamente de lo que vamos a hablar en este capítulo, le mostraremos cómo establecer metas en consecuencia, y de una manera de moda, que le ayudará a ahorrar la mayor cantidad de dinero en el largo plazo. La verdad es que sus mismas metas pueden ayudarle a alcanzar sus sueños financieros, ya sea comprar una nueva casa o pagar sus deudas, hemos estado hablando de esto todo el tiempo en este libro. Cuanto antes comience a generar una mejor riqueza, más posibilidades tendrá de vivir una mejor vida, financieramente libre. No hay manera de que logre sus objetivos sin una meta establecida en su mente, por lo que es esencial que establezca objetivos financieros, con el fin de alcanzarlos más pronto que tarde. El primer paso para establecer objetivos es hacerlo de la manera más fácil posible.

Si le dijéramos que tiene un año para convertirse en un atleta olímpico, y nunca ha hecho ejercicio en su vida, ¿sería capaz de hacerlo? Probablemente no. Es importante que establezca objetivos tangibles, esto hará que se mantenga en el camino y motivado cuando las cosas se pongan difíciles. Si establece un objetivo que no es alcanzable de forma realista, las posibilidades de que se rinda serán muy altas. Por eso es necesario que fije objetivos que sean alcanzables para usted, y para ello debe analizar sus ingresos financieros. Siéntese y calcule cuánto gana mensualmente, y al año. Y luego, en base a sus ingresos, descubra cuánto necesita ahorrar para alcanzar una determinada meta, en un determinado marco de tiempo. Tener un marco de tiempo es bastante importante, ya que le ayudará a esforzarse más para lograr sus objetivos de libertad financiera.

Por ejemplo, si usted se dice a sí mismo que necesita ahorrar 30.000 dólares, en comparación con ahorrar 30.000 dólares en 24 meses, esto le dará una visión más ventajosa para lograr ese objetivo más pronto que tarde, y si lo hace de forma razonable, no debería tener ningún problema para lograr esos objetivos. Una vez que se siente y averigüe cuáles son sus ingresos, y cuál es su meta desde el punto de vista financiero, entonces podrá empezar a establecer poco a poco plazos para lograr una determinada meta. Si su objetivo es pagar 1.000 dólares de la tarjeta de crédito, entonces puede establecer una meta de ahorrar 250 dólares cada mes, hasta que haya alcanzado su marca de mil dólares. En 4 meses, usted será capaz de pagar su tarjeta de crédito.

Ahora ya ve cómo el marco de tiempo puede ayudarle a ahorrar más dinero. Antes de empezar cualquier meta de ahorro, siéntese y calcule en qué necesita ahorrar, y cuánto tiempo se dará para ahorrar esa determinada cantidad de dinero. Una vez que tenga un presupuesto sólido, y el motivo por el que quiere ahorrar su dinero, sería el momento de establecer categorías específicas para sus objetivos de ahorro. Tiene que dar prioridad a sus ahorros y descubrir en qué necesita gastar dinero y en qué no debería hacerlo tanto. Simplemente, priorice la cantidad que necesita ahorrar, el tiempo que necesita para alcanzar ciertos objetivos de ahorro, y dónde puede hacer recortes para ahorrar y no afectar tan drásticamente a su vida.

Por ejemplo, si realmente tiene que comprar esa casa en 24 meses y necesita 30.000 dólares de entrada, pero tiene 4.000 dólares ahorrados para fondos de emergencia, entonces no necesita poner dinero extra para sus fondos de emergencia, y en cambio, debería poner más dinero para su casa. Simplemente categorice sus ahorros y priorícelos en consecuencia. Una vez que empiece a priorizar sus ahorros, estará en mejores condiciones para ahorrar más dinero y alcanzar sus objetivos financieros. Una vez hecho esto, sería el momento de recortar ciertos gastos que no son de vital importancia para usted. Si decide vivir un estilo de vida minimalista, como hemos hablado antes, este paso no será tan importante para usted, ya que ya lo estará haciendo.

Pero si no está siguiendo un estilo de vida minimalista, entonces preste atención a este capítulo, ya que puede ayudarle a ahorrar mucho más dinero. Si usted siente que está gastando demasiado dinero en sus alimentos, y puede reducirlo poco a poco, hágalo. Cuando crea que puede reducir el dinero y destinarlo a sus ahorros, hágalo. No hace falta gastar mucho dinero, así que averigüe en qué está usando el dinero de más, y empiece a reducirlo gradualmente, hasta que llegue a un determinado número de dólares al mes. Una vez que tenga sus fondos de emergencia en un nivel decente, ahora puede decidir contratar a un asesor financiero. Como hemos mencionado anteriormente, un asesor financiero puede ser de gran utilidad, ya que le ayudará a ahorrar más dinero a nivel general.

El asesor financiero no solo le ayudará a ahorrar más dinero, sino que le mostrará dónde puede invertir sus ahorros para generar aún más beneficios. Lo cual es algo bueno, si quiere ser una persona con libertad financiera. No tenga miedo de preguntar a los asesores financieros. Si usted tiene dudas, pero su asesor financiero permanece calmado, entonces consiga uno nuevo. Muchos asesores financieros son realmente buenos en su trabajo. Una de las mejores cosas que hacen los asesores financieros es que le ayudan a a establecer objetivos y a hacer que se responsabilice por ellos. Como ya le hemos mencionado antes, es imprescindible tener un sistema de apoyo que le ayude a ahorrar más dinero a largo plazo. Los asesores financieros le ayudarán a ahorrar dinero y, al mismo tiempo, serán su columna vertebral y le ayudarán a mantenerse en la cima de su estrategia de ahorro.

Ahora que tiene una cierta idea acerca de ahorrar dinero, vamos a ser un poco más específicos sobre cómo debe hacerlo. Como usted sabe, tener objetivos específicos de ahorro le ayudará a ahorrar dinero mucho más rápido y de manera mucho más eficiente. Es por eso que necesita establecer metas de ahorro. Cuando sólo deposita dinero regularmente en su cuenta de ahorros, sin saber para que está ahorrando en realidad, se sentirá decepcionado al final. Comenzará a sentir que no ha ahorrado suficiente dinero, o que el dinero que ha ahorrado no tiene sentido en absoluto.

Ahora que sabe cómo establecer metas y objetivos específicos para ahorrar dinero, eso no debería ser un problema. Teniendo esto en cuenta, hablemos específicamente de cómo establecer objetivos específicos para el ahorro. Lo primero y más obvio sería establecer las razones por las que está ahorrando dinero. Necesita llegar a un acuerdo consigo mismo acerca de las razones por las que está ahorrando. Establezca un objetivo que necesita para lograr su meta financiera, una vez que lo tenga, actúe en consecuencia. Como hemos dicho antes, si su objetivo es ahorrar para comprar una casa, tiene que establecer una cantidad específica de dinero que destinará a sus ahorros. Sin embargo, debe indagar profundamente en su alma, y darse cuenta de por qué quiere ahorrar ese dinero.

¿Es la casa realmente importante para usted? ¿Puede esperar un poco más? Averigüe por qué necesita la casa, y si es realmente importante para usted. Una vez que determine eso, puede empezar a ahorrar en consecuencia. Tenga muy claro por qué está ahorrando su dinero, por qué razones, y priorice de acuerdo con ello. Como hemos hablado antes, cree un marco de tiempo para su objetivo. Establezca un plazo en el que quiere que ese dinero esté en su cuenta bancaria. Una vez que haya calculado un plazo realista de acuerdo a sus ingresos y su estilo de vida, podrá empezar a guardar más dinero y destinarlo a su ahorro.

Pero no se olvide de sus fondos de emergencia. Asegúrese de que sus fondos de emergencia cuenten con una cantidad suficiente de dinero, pues son muy importantes. Una vez que determine el plazo en el que desea ahorrar su dinero, y la cantidad de dinero que necesita poner cada mes para lograr ese objetivo de ahorro, será el momento de buscar dinero extra en su presupuesto mensual. Piense en las cosas que no necesita y en las que puede reducir, por ejemplo, las compras de alimentos, y empiece a reducirlas hasta que consiga ahorrar ese dinero y devolverlo a su cuenta bancaria. Esta es una de las herramientas más poderosas que puedes usar, para tener más dinero a fin de mes.

No se gaste el dinero en cosas que sabe que no necesita. Por último, debe encontrar las herramientas de ahorro adecuadas. Hoy en día los bancos tienen una de las mejores cuentas de ahorro que puede utilizar para guardar su dinero, contacte con uno de los asesores del banco y averigüe qué cuenta será la mejor tanto para sus fondos de emergencia como para sus objetivos financieros. Obtenga esas dos cuentas de ahorro y comience a ahorrar, créame que lo peor que podría pasar es que utilice una cuenta de cheques, usted no quiere hacer eso, ya que el banco comenzará a sacar dinero de su cuenta y por lo tanto, causará que usted se retrase en sus metas de ahorro, y eso es algo que no queremos. Una vez que tenga todo en su lugar, y haya comenzado a ahorrar más dinero, tendrá que empezar a hacer un seguimiento cada día, y cada mes, para ver si va por el buen camino o no. Si se sigue recordando a sí mismo que está ahorrando dinero y que lo está haciendo bien, estará más inclinado a ahorrar aún más dinero en el futuro. El seguimiento es una de las cosas más importantes que puede hacer, si su objetivo es el ahorro a largo plazo. Cuando haga el seguimiento, si nota que está retrocediendo en sus finanzas y en sus objetivos financieros, no se preocupe. Levántese y vuelva a empezar. Por eso el seguimiento es una de las cosas más importantes que hay que hacer cuando se trata de presupuestar y ahorrar dinero.

Recuerde siempre que tiene que pagar sus deudas, si las tiene. Una de las principales razones por las que muchas personas viven una vida financieramente libre es porque saben que tienen que pagar sus deudas, o que ya las han pagado. Antes de establecer cualquier meta de logro financiero, necesita determinar sus compromisos y liquidarlos tan pronto como sea posible.

Como siempre, puede ahorrar dinero aparte para sus deudas, y puede ahorrar más dinero para la compra de una nueva casa, o cualquier otra cosa para la que usted quiera. Solo recuerde que necesita pagar sus deudas lo antes posible si quiere vivir una vida financieramente libre, y también para construir crédito. Construir crédito es una de las cosas más importantes que puede hacer con su vida económicamente independiente, ya que la construcción de un crédito le ayudará a obtener ese préstamo para la casa, y a conseguir préstamos inteligentes que pueda necesitar en el futuro.

Piense en sus deudas antes de empezar a ahorrar dinero, no querrá estar endeudado durante mucho tiempo. Si le es posible, comience a ahorrar tanto como pueda y luego pague las deudas que tenga pendiente tan pronto como sea posible. Es comprensible que si tiene una deuda de 100.000 dólares en préstamos estudiantiles, es algo que puede pagar a la larga, pero si se trata de una deuda pequeña, como una tarjeta de crédito o cualquier otra cosa, intente pagarla lo antes posible.

Ahora que sabe cómo ahorrar dinero, hablemos de la mentalidad de ahorro y de cómo ésta puede frenarle.

Lo más probable es que su objetivo para el nuevo año sea ahorrar un poco más de dinero, y eso es mucho más fácil de decir que de hacer, porque a menudo nos convertimos en nuestro peor enemigo y terminamos arruinando totalmente nuestros ahorros. La actitud número uno que se interpone en el camino del ahorro es la de "me merezco algo este mes, he trabajado mucho durante toda la semana", estás cansado, estás agotado, eres un gran trabajador y te mereces un capricho, así que vete a derrochar en un nuevo aparato o en unos zapatos nuevos, sea lo que sea en lo que gastes el dinero.

Está bien, usted sabe, eso es el dinero para los niños, para que lo gasten. Excepto que tal vez se salga de su presupuesto, no alcance su objetivo de ahorro, o peor aún, tal vez se endeude porque no podía permitirte esos caprichos en primer lugar. Así que mis consejos para evitar esta mentalidad son los que me funcionan a mí, y tal vez le funcionen a usted también. Recuérdese a sí mismo que sí se merece eso, pero también piense en lo que está dejando de hacer para comprar este capricho, porque así como se merece ese premio (porque trabaja duro), también se merece los beneficios que vienen al tener dinero en su cuenta bancaria, no estar en deuda, no tener que preocuparse por el seguro financiero, etc. Esas son las cosas que se merece. Si su tienda favorita está de rebajas, o si realmente quiere ese aparato, que podría no ser tan útil, usted dirá "sí, sé que me lo merezco", y eso le ayuda a encontrar formas baratas o incluso gratuitas de darse un capricho. Cuando estoy en el modo de "me lo merezco", una de mis cosas favoritas para hacer es tomar un baño relajante de burbujas, sé que es un cliché, pero me encanta, es lo más relajante, me doy un capricho cuando he tenido una semana particularmente estresante.

Al hacer una lista de estas recompensas de antemano, si se siente particularmente estresado, o si ha tenido una semana realmente difícil, puede ir a esa lista y elegir algo de ella sin desbaratar totalmente sus objetivos de ahorro. La segunda mentalidad que se interpone en el camino del ahorro es la mentalidad "YOLO, es sólo dinero, así que voy a gastarlo, porque, ¿a quién le importa el dinero? Y el dinero es sólo una herramienta, está destinado a ser gastado". Por eso creo que ayuda el entender por qué quiere ahorrar en primer lugar, y cuál es su objetivo. Para empezar, ¿está tratando de ser un adulto responsable? Porque eso es casi el objetivo más aburrido que jamás podría soñar.

Nadie quiere ser un aburrido adulto responsable, así que, ¿por qué quiere ahorrar dinero? Podría ser para unas vacaciones, podría ser que usted quiere ahorrar para ese concierto dentro de un par de meses, o tal vez es algo más simple, tal vez sólo quiere salir de una deuda, porque no quiere que los cobradores le estén molestando todo el tiempo, y quiere sentir que se ha quitado ese peso de encima. Sea cual sea el objetivo, siempre ayuda tenerlo claro cuando esté ahorrando, para que sepa por qué lo hace. Tener un objetivo muy grande para sus ahorros nunca va a funcionar, porque siempre encontrará algo más emocionante.

También conozco a muchas personas que anotan los gastos que van a sus tarjetas de crédito cuando la usan para comprar en la tienda. Se enfrentan a su objetivo de ahorro, se lo recuerdan y se aferran a el. La tercera mentalidad que se interpone en el camino del ahorro es la de "al diablo, ya me he pasado de mi presupuesto, mejor voy por lo grande". Siente esto justo cuando ya ha arruinado su presupuesto para el mes, así que piensa que ya no va a llevar la cuenta de nada, sino que va a gastar su dinero, porque ya lo ha estropeado. Es fácil ver cómo esto es problemático, puede endeudarse de forma masiva, acabar gastando su dinero, y quedándose sin nada para pagar sus deudas.

Es muy problemático si sucede continuamente. Probablemente es una señal segura de que algo está mal con su presupuesto, en primer lugar. Hay que volver atrás y recalibrarlo. El Dr. Brad Clontz, un psicólogo financiero, de hecho odia la idea de hacer un presupuesto, porque piensa que es problemático. Cuando se hace un presupuesto, es como hacer una lista de cosas que no puedes tener, y quien quiere seguir esa lista se vuelve muy restrictivo. Él recomienda, en cambio, pensar en ello como un plan de gastos, esto lo ayuda a volver de nuevo a su objetivo.

¿Por qué quiere ahorrar su dinero? Haga que tenga sentido para usted, tenga claro cuál es ese objetivo y entonces su presupuesto se convertirá en un plan de gastos para alcanzarlo. El cambio de mentalidad es sencillo, pero cuando se trata de finanzas personales, sentir que tiene el control de su situación ayuda más que nada. El plan de gastos le ayuda a sentirse más en control, porque le está apoyando, en lugar de solo hacerle seguir un presupuesto de compras, que le dice lo que no puede tener.

En la práctica, es probable que tenga que ir a su presupuesto y averiguar qué es lo que está fallando, si está gastando más de la cuenta. Si no puede dejar de derrochar, puede que quiera centrarse en una cosa al mes, para recortar un área de su presupuesto mensualmente, o simplemente no se está dando suficiente espacio para gastos en su presupuesto. A veces, cuando se aburre, pero se es demasiado restrictivo, termina siendo un tiro por la culata, lo gasta, y entonces dice "al demonio, voy a gastarlo todo todo y me divertiré". Esta actitud se interpone en el camino del ahorro. Si la mayoría de ustedes han experimentado esto, entonces asegúrense de arreglarlo tan pronto como sea posible.

Como puede ver, hemos hablado mucho sobre las finanzas personales, y con razón, pues es muy importante que usted entienda cómo manejar sus finanzas de la manera adecuada antes de entrar en el trading de Forex. Sé que este capítulo puede haber sido aburrido para algunos, pero es importante que entienda este concepto básico.

Capitúlo 9 Los mejores consejos para los operadores de Forex

Descubrir cómo cambiar en Forex de manera efectiva puede ser complicado para los que están aprendiendo. Mucha gente necesita hacerse rica a medio plazo, a pesar de lo descabellado que pueda sonar. El universo del Forex trading puede ser un poco abrumador, especialmente en el caso de que sea nuevo en el juego, y no tenga ni idea de las normas aún. Hay que sumergir los dedos de los pies antes de profundizar. Afortunadamente, ite cubrimos las espaldas! Hemos reunido una lista de 20 consejos acerca de Forex para aprendices, que te ayudarán a lo largo de tu aventura comercial en el 2019. En el caso de que vaya a participar a partir de ahora en el trading de Forex, es una buena oportunidad para recordar los detalles y las bases prácticas.

1. Elija bien a su corredor de bolsa

Escoger el agente correcto es una parte importante de la tarea. Tómese todo el tiempo que sea necesario para comprobar las encuestas y las sugerencias.

Asegúrese de que el agente que elija sea fiable y se adapte a su carácter comercial. Tenga en cuenta que hay un montón de agentes falsos por ahí que sólo le retrasarán. Apueste por un intermediario autorizado y con permiso.

2. Haga su propia estrategia

Ninguna lista de consejos para operar en efectivo está terminada si no hace referencia a los sistemas. Uno de los errores más comunes que cometen los operadores novatos es no hacer un plan de actividad. Tenga en cuenta lo que necesita para salir del comercio. Tener un objetivo final bien definido como prioridad principal le ayudará con su disciplina de comercio.

3. Aprenda paso por paso

De la misma manera, al igual que con cada nueva lección útil, el trading espera que usted comience con lo básico, y se mueva gradualmente hasta que comprenda el campo de juego. Empiece aportando pequeñas cantidades de dinero en efectivo y recuerde el conocido proverbio de que "con moderación, pero con constancia, se gana la carrera".

4. Asuma la responsabilidad de sus emociones

Intente no dar a sus sentimientos la oportunidad de desviarle. Suele ser problemático de vez en cuando, sobre todo después de haber entrado en una racha de pérdidas. Sea como fuere, mantener la cabeza fría le permitirá seguir siendo razonable, para poder tomar decisiones acertadas. En el momento en que deje que sus sentimientos le superen, se abrirá a peligros innecesarios. Practicar con los riesgos ejecutivos dentro de su comercio le ayudará a minimizar los peligros.

5. Estresarse menos

Este es un consejo de Forex evidente. Sea como fuere, prepárate para sorprenderse. Operar bajo presión, mayormente, provoca decisiones irracionales, y en el comercio en vivo, eso le costará dinero. Por eso, identifique la fuente de su estrés e intente evitarla, o al menos limitar su efecto sobre usted. Tome un respiro profundo y concéntrese en algo diferente. Cada persona tiene su método para vencer la presión: algunos se sintonizan con música clásica, mientras que otros hacen ejercicio. Sintonice con su bienestar emocional y busque lo que funcione mejor para usted.

6. La disciplina meticulosa produce resultados prometedores

De todos los trucos y consejos de Forex para novatos, este es el más significativo. Probablemente usted no va a triunfar para nada en su primer intento. Sólo la práctica constante del trading puede producir resultados fiables. Sea como sea, lo más probable es que prefiera no perder dinero mientras aprende los elementos básicos. ¡Afortunadamente para usted, el trading en una cuenta de prueba no cuesta nada!

7. El análisis intrapersonal es la clave

Cada comerciante es un terapeuta en el nivel más fundamental. En el momento en que está disponiendo su mejor curso de acción, tiene que desmenuzar los progresos realizados y analizar su propia psicología. Debe hacerse preguntas, por ejemplo:

¿He dado indicios de inclinación hacia la afirmación?

¿Hice una operación solo por descontento?

¿Qué me hizo elegir ese par específico de divisas?

Analizar su psicología le evitará numerosos contratiempos a lo largo del camino del trading.

8. Sin riesgo, no hay éxito

Ni siquiera los consejos de comercio de Forex y los trucos pueden prometerle el éxito. En el momento en que usted decida convertirse en un corredor, debe haber reconocido ya la posibilidad de sufrir una decepción. En el caso de que usted no lo haya hecho, aquí le va un rudo descubrimiento. No realizará intercambios productivos el 100% de las veces. Trate de no dar a los falsos comerciales la oportunidad de entrar en su mente, tampoco. En cambio, sea práctico con respecto a sus técnicas y objetivos de comercio de Forex.

9. La tolerancia es una virtud

Con respecto al trading, este conocido refrán no es sólo un prosaísmo. El progreso genuino rara vez es rápido. Es el resultado de un trabajo constante y de la organización. Numerosos corredores principiantes buscan una forma sencilla y rápida de beneficiarse. Intente no hacerlo: ¡no existe!

Cada día que opere, aparece un nuevo proceso de aprendizaje. Eche un vistazo al mercado Forex y recuerde cada uno de los consejos que ha aprendido. Comience a investigar las noticias, los patrones y los procedimientos monetarios, y no deje de lado los fundamentos de Forex. En particular, estudie, practique en ese momento, y después estudie un poco más. Repita este procedimiento con frecuencia, y estará bien encaminado para comprender completamente los distintos sectores comerciales.

Examinar requerirá una gran cantidad de tiempo y esfuerzo, sin embargo, lo satisfará a largo plazo. En primer lugar, Admiral Markets tiene sus puertas abiertas para que los comerciantes se beneficien de su enfoque de instrucción gratuita, que ofrece consejos de Forex, así como un conjunto de artículos y ejercicios de instrucción que ofrecen trucos, atajos, sistemas, etc, para una amplia gama de comercio.

12. Los patrones son buenos para usted

Un consejo especialmente importante para el mercado de Forex es averiguar acerca de los patrones. La capacidad de detectar patrones es muy importante.

Aunque no sugerimos que se suba a bordo de la moda pasajera de los patrones, sin embargo, en general, hacer caso omiso de los patrones es prácticamente esperar a que ocurra una catástrofe. Los patrones pueden demostrarle lo que se avecina, por lo que puede modificar su trading de manera efectiva y profesional, en lugar de reaccionar cuando ya ha pasado el punto sin retorno.

13. Busque condiciones competitivas

Es fundamental elegir las condiciones de asistencia y obtener grandes diferenciales. En caso de que esté pensando en operar con Admiral Markets, hay una serie de alternativas accesibles. ¿Por qué no leer progresivamente sobre ellas en nuestra área de tipos de cuenta?

14. Planificar con antelación

El trading en Forex no es una apuesta, es un juego vivo. Compruebe con cautela cuál es el mejor curso de acción antes de actuar. Puede empezar a definir un acuerdo planteándose algunas preguntas difíciles, por ejemplo:

¿Me he planteado la posibilidad de perder?

¿Cuál es mi plan B para los distintos tipos de situaciones que pueden surgir?

Para ser fructífero en el comercio de divisas, es necesario esperar lo imprevisto.

En caso de que usted sea un comerciante novato, que busca un lugar para familiarizarse con los intrincados detalles del comercio de Forex, inuestro Curso de Comercio de Forex 101 en Línea es el lugar ideal para usted! Descubra cómo operar en tan sólo 9 ejercicios, guiados por un maestro del trading experto. ¡Haga clic en el enlace de abajo para inscribirse GRATIS!

15. Conozca los gráficos

Usted intercambiará en una amplia gama de sectores comerciales y debe comprender con rapidez los datos que se desprenden para cada intercambio. Hay varios instrumentos accesibles a los operadores, que hacen que el comercio más simple, sin embargo, nada es tan eficaz como los gráficos. Los gráficos le proporcionan un acceso rápido a la información

numéricamente abrumadora de una manera visual y
directa, por lo que no es necesario que la busque. Le
instamos a que se familiarice con los gráficos de Forex
y cómo utilizarlos, leyendo nuestros artículos
relacionados:

16. Intente no quedarse sin oportunidades

El entusiasmo es genial, pero todo tiene un límite.
En el caso de que intercambie excesivamente, lo más
probable es que esté perjudicando sus posibilidades de
progresar. ¿Por qué? Porque el comercio excesivo
provoca en la mayoría de los casos una concentración
debilitada e intercambios imprudentes. A medida que
construye su plan de trading, tantee la cantidad límite
de intercambios que hará cada día o semana.

17. La impaciencia conduce a los riesgos

La impaciencia puede hacerle aceptar también
peligros innecesarios. Establezca la pérdida más
extrema, y el beneficio deseado dentro de su plan de
trading. En el momento en que llegue a este nivel,
deténgase y no vaya a por otra operación. Con respecto
a la subvención del tablero, este es uno de los consejos
y trucos más significativos de Forex que debe seguir.

18. Utilice los Stop-Losses

Nuestros consejos de Forex diarios no se concentran simplemente en las propuestas generales. Además, tenemos que especificar los dispositivos significativos, por ejemplo, el excepcionalmente valorado stop-loss (punto de parada de pérdidas). No establecer un stop-loss es prácticamente darle una razón a usted para mantener una posición abierta terrible (ya que usted está confiando en que las circunstancias mejoren). Sea como sea, las circunstancias terribles a veces no mejoran, y tampoco lo hará su capital en el caso de que no se espabile rápidamente.

Un stop-loss colocado con precisión elimina el peligro de perder la mayor parte de su dinero en un único y terrible intercambio. El stop-loss es especialmente útil cuando no puede cerrar posiciones físicamente. Para descubrir progresivamente sobre los stop-losses, intente mirar los artículos instructivos adjuntos:

19. Investigue sus operaciones

Otro consejo de Forex para su día a día es mantener un diario de sus movimientos de trading. Esto le permitirá examinar su exposición y descubrir tendencias dentro de sus operaciones. Esencialmente, es más simple beneficiarse de los errores del pasado cuando están escritos. Llevar un diario también mejora su organización. Asegúrese de registrar todo y decir la verdad sobre ello, ya que usted debe ser su propio crítico.

20. Pruebe

Uno de los consejos fundamentales para el trading de Forex es alterar hábilmente su procedimiento. Manténgase dispuesto a evaluar cosas nuevas y aspire a mejorar constantemente sus operaciones. El mercado Forex está avanzando continuamente, por lo tanto, usted debe hacerlo también. Por ejemplo, el módulo MetaTrader 4 Supreme Edition (MT4SE) es gratuito para todas las cuentas, reales y de prueba, y le presenta los instrumentos más eficaces para mejorar su experiencia de trading.Con MT4SE, el comercio se hace más simple con la utilización de los aspectos más destacados, por ejemplo, el terminal más pequeño de lo esperado, el terminal de intercambio, el operador de líneas gruesas, el paquete de marcadores, el sistema de trading de prueba, y el gráfico pequeño.

Conclusión

Como puede ver, en este libro cubrimos muchas cosas, hablamos de lo que es el comercio de Forex y cómo iniciarse en él. Lo más importante es que le hemos dado la información que no puede encontrar en internet.

Como le dijimos anteriormente, la búsqueda de información en línea, en lo que respecta al comercio de Forex, no es la mejor idea, ya que la información proporcionada en línea para el Forex trading no está actualizada. Lo que este libro ha hecho por usted es darle toda la información que necesita para tener éxito en el Forex trading, y una de las cosas más importantes a entender antes de entrar en ese mundo, es que necesita tener la información correcta. Y ahora la tiene.

Asegúrese de seguir adelante y utilizar la información para su propio beneficio. Para obtener el éxito en el Forex trading, asegúrese de leer este libro con mucho cuidado, y si no entiende nada de este libro, cerciórese de leerlo nuevamente. Todo lo que tiene que hacer es entender la información proporcionada aquí, y estará en una mejor posición para ver su éxito en esta rama del trading. Lo último que debe hacer, es salir y ganar algo de dinero, lo que ya no será tan difícil, puesto que ahora sabe cómo hacerlo de la manera correcta.

Swing trading

GUÍA Y ESTRATEGIAS PARA PRINCIPIANTES. DIFERENTES OPCIONES PARA LA GESTIÓN Y EL ANÁLISIS DE RIESGOS. REGLAS Y RUTINAS FÁCILES UTILIZADAS AL INVERTIR EN ACCIONES O EN FOREX, QUE PRODUCEN BENEFICIOS POR DIVIDENDOS.

por Andrew Rich

Introducción

El swing trading es una estrategia utilizada por los operadores para generar ganancias en el mercado de valores a lo largo de días. o semanas. Esta estrategia hace uso del trading técnico para identificar las oportunidades idóneas para los operadores. También utiliza el análisis fundamental para determinar patrones y tendencias en los precios de las acciones.

Los operadores utilizan esta técnica para comprar y vender acciones cuyos precios tienen un alto potencial de cambio en el futuro. Obtienen ganancias de la tendencia alcista o bajista del mercado. Las operaciones deben completarse lo más rápidamente posible para sacar el mejor provecho del swing trading.

El swing trading implica mantener posiciones comerciales durante varias sesiones de negociación. Sin embargo, esto sólo se mantiene durante un número de días, semanas o meses. La estrategia utiliza técnicas de trading a corto plazo, y no puede aplicarse a operaciones a largo plazo que duren más de un año. Algunos de los instrumentos financieros que se negocian con esta estrategia son: las materias primas, los índices, las criptomonedas, los bonos y las acciones.

El análisis técnico ayuda a los swing traders a identificar los tipos de acciones cuyo precio podría aumentar o disminuir en un futuro próximo. Los operadores siempre analizan los indicadores técnicos disponibles en el mercado para identificar esos movimientos. Esto les permite calcular el momento adecuado para comprar o vender posiciones. Como operador, su principal objetivo debe ser sacar provecho de los cambios de precios, en este caso conocidos como oscilaciones (swings). Las pequeñas ganancias obtenidas con el paso del tiempo suelen convertirse en resultados considerables. Por ejemplo, un operador a largo plazo puede esperar 6 meses para obtener un beneficio del 20 % en una operación, mientras que un operador de swing trading puede obtener un beneficio del 5 % cada semana, en varias operaciones. A largo plazo, el swing trader gana mucho más que otros operadores.

Cuando se hace swing trading, se pueden utilizar gráficos diarios, semanales o mensuales, para identificar las posiciones de entrada y salida adecuadas para cada operación. Puede utilizar la estrategia tanto en valores volátiles como en valores normales. En cualquier caso, podrá obtener beneficios de cualquier pequeño cambio en los precios de las acciones. El objetivo es siempre obtener algunos beneficios de los movimientos previstos de los precios y, a continuación, pasar a otra opción.

El swing trading se considera una forma activa de operar, al igual que el day trading. Las oportunidades se seleccionan en función de los porcentajes de recompensa/riesgo. Estos porcentajes provienen de los gráficos de negociación. Cada gráfico proporciona información sobre dos formas de oscilación: el mínimo de oscilación y el máximo de oscilación. El mínimo de oscilación se produce cuando el precio de un determinado instrumento financiero asume una tendencia bajista. El máximo de oscilación se produce cuando el precio del instrumento asume una tendencia alcista.

El trabajo del swing trader consiste en vigilar cómo cambia el precio, desde el mínimo hasta el máximo. Cuando el precio de un instrumento comienza a aumentar, el operador realiza una compra desde el precio bajo y espera a que el precio alcance un máximo para abrir una posición de venta. El procedimiento estándar utilizado en el swing trading es el siguiente:

1. Compra o vende un instrumento financiero que esté en tendencia en el mercado
2. El coste del instrumento indica una posible subida o bajada, en base al necesario análisis técnico realizado
3. Vende o compra el instrumento después de unos pocos, o varios días, en función de la dirección que tomen los precios del mercado.
4. Cierra la posición y repite el mismo proceso, utilizando diferentes posiciones e instrumentos financieros.

El resultado de cada operación de oscilación viene determinado por la evolución del mercado. Algunas predicciones pueden no ser tan precisas como indican las herramientas de análisis técnico. Por eso, debe ser flexible en cuanto al resultado de cada operación, ya que puede ganar más o menos de lo previsto.

Hay varias similitudes entre el swing trading y el day trading. La única diferencia radica en el periodo de negociación. El day trading no implica mantenerse despierto durante la noche, mientras que el swing trading sí. Un day trader debe asegurar el cierre de todas las posiciones antes de que termine el día de negociación. Una posición de swing trading puede permanecer abierta durante días, semanas, e incluso meses. Sin embargo, el riesgo que conlleva el swing trading es mayor que el del day trading, ya que pueden producirse cambios drásticos en el precio de las acciones durante la noche. También pueden producirse brechas debido a algunos cambios en las noticias financieras, y esto puede dar lugar a enormes ganancias, o pérdidas.

El swing trading suele considerarse como una combinación de estrategias de trading a corto y largo plazo.

Capitúlo 1 Por qué es recomendable el swing trading para los operadores principiantes

El swing trading es ventajoso para los operadores principiantes por varias razones. A los novatos se les recomienda que empiecen con el swing trading cuando entran a los mercados, porque no necesita habilidades. A diferencia de otros tipos de operaciones, en las que se puede perder mucho si se opera sin las habilidades adecuadas, el swing trading es relativamente fácil. Los operadores de swing trading sólo necesitan tener el capital, y ya están listos para empezar. Algunas personas evitan el swing trading por los riesgos que conlleva. Si no tiene tolerancia para las pérdidas, no conseguirá nada en la vida. La intrepidez permite a las personas cumplir sus sueños, mientras las personas tímidas observan. Si usted ha estado soñando con entrar en el mundo del trading, recurra al swing trading, y no se sentirá decepcionado. Le ahorrará dinero que podría haber utilizado para aprender a operar.

El swing trading es recomendable para los principiantes porque no requiere mucho tiempo, como otros tipos de trading. Una vez que mantiene una posición, puede centrarse en otras cosas. Por el contrario, otros tipos de trading requieren que usted monitoree las acciones regularmente. Como principiante, tendrá mucho tiempo de sobra si elige el swing trading. ¿Quién no querría tener tiempo extra para hacer otras cosas? Todos deseamos tener más tiempo para dormir, pasar tiempo con la familia, o centrarnos en el crecimiento personal. El swing trading le ofrece precisamente eso, al eliminar las incomodidades del trading.

Otra razón por la que el swing trading es adecuado para los principiantes es que no supone estrés. Puede descansar sabiendo que todo está en orden. Muchos traders se agotan, porque están constantemente preocupados por perder oportunidades de inversión. Lo peor es que, cuando obtienen los beneficios, aún tienen que vigilar el mercado en busca de valores en los que invertir. Es una lucha interminable que afecta a otros ámbitos de la vida. El estrés que le produce el trading puede perjudicar a su familia de muchas más formas de las que cree. En lugar de pasar tiempo con sus hijos, se pasa todo el día operando. Las cosas empeoran cuando se pierde, porque se está de un pésimo humor, y no es amable con los demás. Los diferentes métodos de trading tienen inconvenientes que hay que tener en cuenta antes de optar por ellos. Una forma segura de evitar el estrés, como principiante, es elegir el swing trading. Su mente está buenas condiciones, y se puede relacionar bien con la gente que le rodea. Además, el swing trading es favorable porque le permite aprender las tendencias del mercado, algo que no puede hacer rápidamente con otros tipos de trading. No tendrá prisa cuando haga swing trading, y esto aumentará las posibilidades de tomar decisiones inteligentes. A los adictos a la adrenalina les encanta el trading porque les hace sentir excitados, pero esto no es bueno si se quiere ganar a gran escala en los mercados. Hay que ser sobrio para evaluar las acciones con claridad. El swing trading es conveniente porque lleva menos tiempo, por lo que elimina las prisas que conlleva el comercio. Puede pensar con claridad y minimizar los riesgos de las operaciones.

El swing trading es favorable para los principiantes porque les permite tener trabajos independientes. Cualquier tipo de trading puede mermar seriamente su cuenta. Si no tiene suficiente dinero, o una cuenta separada, puede convertirse en el próximo indigente. Muchos operadores han sufrido duros golpes de los mercados tras invertir todos sus recursos en acciones. No es malo arriesgarse, si cree que vale la pena intentarlo. Sin embargo, es un error utilizar todos sus ahorros cuando tiene una familia que mantener. Aunque gane más de lo que invierte, también existe la posibilidad de que pierda. ¿Qué pasaría si opera con todo lo que tiene y acaba con las manos vacías? Los operadores exitosos dominan el arte del trading, y saben cómo sobrevivir a largo plazo. Crean una cuenta de ahorros separada para ayudarles en los momentos difíciles. Los ahorros también ayudan a recuperarse de las pérdidas en el comercio. El swing trading aumenta las posibilidades de ahorro, ya que le da tiempo para centrarse en otras actividades. No es un trabajo de todo el día, y muchos swing traders tienen trabajos diurnos. Es menos probable que se vean afectados cuando pierden en el mercado de valores, porque tienen un ingreso estable. Además, sus hijos seguirán estudiando, porque tienen una cuenta de ahorros. Así pues, el swing trading es adecuado para los principiantes, por las ventajas que ofrece. Elimina la preocupación de dónde conseguir el dinero, o las herramientas a utilizar. Pruébelo hoy mismo, y ahórrese la molestia de lidiar con los inciertos movimientos del mercado. La mayoría de la gente prefiere el swing trade porque las posibilidades de obtener una gran ganancia son mayores que las posibilidades de pérdida. El mejor consejo que puede seguir como principiante es prestar atención a la relación ganancia/pérdida. No tiene sentido comprar acciones a un precio alto y vender a un precio bajo. Es una pérdida de tiempo y recursos. Tómese el tiempo necesario para estudiar las diferentes acciones y calcular la rentabilidad. Otra razón por la que la gente sufre pérdidas día y noche, es por poner apalancamientos elevados, que no pueden permitirse. Tenga cuidado con las decisiones que toma, porque no sólo afectan a sus operaciones, sino también a su vida. Si se desmorona, otros aspectos de su vida se verán afectados. Cuando usted fracasa, todos los que dependen de usted fracasan también. Por lo tanto, el swing trading es favorable para los principiantes porque hay mas posibilidades de ganar que de perder. Además, aprende mucha información del mercado de valores, que le será útil en futuras operaciones. No es necesario elegir otras estrategias de trading una vez que se queda mucho tiempo en el mercado. Puede mejorar sus habilidades y continuar como swing trader. Es mejor continuar con una estrategia que conozca y haya utilizado antes. Al final, querrá salir del mercado con más conocimiento del que tenía antes, aunque sufra pérdidas. No hay mejor manera de aprender acerca del mercado de valores que con el swing trading.

Capítulo 2 Principios básicos del swing trading

LA RUTINA DE UN SWING TRADER

Para que un operador tenga éxito en sus operaciones de swing trading, necesita pasar una buena cantidad de tiempo en los mercados, analizando y encontrando las brechas. Lo primero que debe hacer es comenzar su día un poco antes de la hora de inicio de los mercados, es decir, antes de la campana de apertura, que suena a las 6 am EST. Esto les ayudará a obtener una visión general de lo que se espera, y de las cosas que deberían entrar en su lista de observación del día, las posibles operaciones que pueden aprovechar, y las posiciones existentes de los diferentes instrumentos de negociación.

1) Visión general del mercado

El segundo paso consiste en examinar las últimas noticias en todo el mundo, tanto económicas como políticas, para ver qué papel desempeñarán probablemente estos factores fundamentales durante el día de negociación. Esto se debe a que, según los analistas fundamentales, si se produce un cambio negativo en la estructura política o económica de una determinada nación o región, las probabilidades de que la divisa de las zonas afectadas baje son muy elevadas, y los operadores querrán adelantarse a esto para poder vender y reducir sus pérdidas. El operador puede ponerse al día con estas noticias utilizando sitios web fiables, como Market Watch, o viendo redes de televisión por cable, como CNBC. Al hacer esto, el comerciante debe prestar atención a tres cosas; en particular:

1. El ánimo del mercado: es la sensación general del patrón del mercado, que puede ser bajista o alcista; también implica estar atento a las fluctuaciones de la inflación en la moneda nacional y leer los informes económicos que se hayan publicado.

2. El ánimo del sector: es la sensación general de los diferentes sectores económicos que componen una economía, como el sector manufacturero, el sector agrícola, etc. La composición sectorial general de una economía indicará al operador cuál es el mejor movimiento que puede hacer en una divisa. Por ejemplo, si el sector

manufacturero de una economía está creciendo, la probabilidad de que la divisa sea fuerte es mayor que la de una economía centrada principalmente en el sector agrícola.

3. Contenido del portafolio actual: los instrumentos de negociación en el portafolio actual de un mercado son vitales para cualquier swing trader, ya que se conocen las tendencias que hay en el mercado, y las que no. Las noticias que se publican sobre los futuros o las opciones, las ganancias y las regulaciones, serán útiles cuando el operador tenga que tomar una decisión.

POSIBLES OPERACIONES

Después de que un swing trader haya realizado su investigación de la situación del mercado, y se haya armado con los resultados de este análisis, ya está preparado para buscar las posibles operaciones que puede llevar a cabo durante el día. Normalmente, un operador de swing trading utilizará el análisis fundamental para buscar las posiciones de entrada correctas antes de aplicar su propio análisis técnico, para obtener los puntos de salida perfectos. Los tres métodos principales que utilizan los swing traders para obtener los catalizadores básicos correctos para sus puntos de entrada, incluyen:

OPORTUNIDADES ESPECIALES

Se trata de momentos, como las ofertas públicas iniciales, las fusiones, adquisiciones y suspensiones, las readquisiciones y compras, los anuncios de quiebra, las compras de información privilegiada, las reestructuraciones, entre otros. En estos momentos, el swing trader probablemente hará lo contrario a la tendencia, comprará cuando la tendencia sea vender y venderá cuando la tendencia sea comprar.

MOVIMIENTOS DEL SECTOR

Esto es similar a lo que el operador hizo en la visión general del mercado; presta atención a ciertos sectores y se sube al tren cuando éste se embarca en su travesía. Cada vez que aparezca una señal de retroceso, los operadores se bajarán del tren, ya que todo lo que tenían que hacer era aprovechar la tendencia cuando ésta era perfecta para ellos.

PATRONES DEL GRÁFICO

Al analizar los gráficos, los operadores notarán siempre los diferentes instrumentos de negociación, que estarán cerca de un nivel de resistencia o soporte. Utilizarán patrones como;

- *Patrones triangulares simétricos*

Este es un patrón de continuación que tiene al menos dos máximos y mínimos más altos y dos mínimos más bajos.

La lógica detrás del patrón triangular simétrico

Los compradores empujarán el precio en direcciones distintas a la de los vendedores. Los compradores seguirán impulsando el precio hacia arriba, haciéndolo más alto, y los vendedores, igualmente, empujarán el precio hacia abajo, haciendo puntos máximos más bajos. Este tipo de estrechamiento del rango de negociación suele significar que tanto los compradores como los vendedores están perdiendo interés en ese nivel de precios, y pueden sentir que el valor o el par está sobrevalorado. Esto explica por qué el patrón comienza amplio y empieza a estrecharse hacia el final. Cuando el rango de negociación comienza a estrecharse, mientras los compradores o los vendedores están en una especie de guerra, es señal de que existe la posibilidad de que se produzca un gran movimiento brusco en una u otra dirección, dependiendo de quién ceda primero, entre los compradores y los vendedores que rompen el patrón. El estrechamiento también significa que hay un bajo volumen de órdenes en el mercado a ese nivel específico, ya que el comprador considera que el nivel de precios no es atractivo para comprar y el vendedor siente que el precio tampoco es atractivo para vender. Sin embargo, cuando el precio salga de este pequeño rango, se moverá rápidamente en una dirección. Todo lo que podemos hacer, como operadores, es esperar preparados para que el patrón se rompa en nuestra dirección predeterminada de comercio, y con una orden de parada en la otra dirección, porque debemos prepararnos para lo peor, incluso cuando esperamos lo mejor.

- *Patrón del triángulo ascendente*

Este es un patrón de continuación alcista, que debe tener al menos dos máximos y dos mínimos, que pueden estar conectados con más de una línea de tendencia. La línea de tendencia más alta tendrá que ser horizontal, mientras que la línea de tendencia más baja tiene que ser diagonal.

La lógica detrás de los patrones de triángulo ascendente

La lógica detrás de este patrón de continuación es bastante obvia, y estoy seguro de que ya puede decir cuál es. Si pensó que los vendedores no iban a caer sin luchar, y que los compradores siguen respirando en sus cuellos constantemente, entonces está en lo correcto. Los compradores empujarán el precio hacia arriba, haciendo puntos mínimos más altos, mientras los vendedores insisten en mantener los precios bajos, en el nivel donde está la línea de tendencia horizontal. Desafortunadamente, o afortunadamente, dependiendo de cuál sea su dirección predeterminada, los vendedores cederán, admitirán la derrota y dejarán de introducir órdenes de venta en la línea horizontal, ya que los compradores contrarrestarán ese movimiento y empujarán el precio de vuelta a los niveles en los que vendieron y activaron sus límites de pérdida. Con esta superación de los vendedores, los compradores tendrán el control del mercado. Después de este movimiento, el patrón se romperá y la tendencia se reanudará con el movimiento impulsivo anterior.

- *Patrón del triángulo descendente*

Este es un patrón de continuación que es literalmente lo opuesto al patrón de triángulo ascendente. Es un patrón de continuación bajista, lo que significa que la tendencia es a la baja, el precio tendrá que detenerse durante un corto período de tiempo con el fin de consolidarse, y este tipo de movimiento forma un patrón de triángulo descendente antes de que la tendencia se reanude, yendo más abajo.

La lógica detrás de los patrones de triángulo descendente

La lógica detrás de este patrón particular refleja la que está detrás de los patrones de triángulo ascendente. En este caso, los vendedores son numerosos y la tendencia es descendente. Los compradores mantendrán su fuerza y la mantendrán en la línea de tendencia horizontal. Aunque esto sólo durará un corto periodo de tiempo antes de que los vendedores, que son mayoría, ganen y rompan el patrón, llevando a una reanudación de la tendencia bajista.

- *Canal de precios*

Se trata de un patrón de continuación que se compone de dos líneas de tendencia paralelas, es decir, una por encima y otra por debajo del precio, tomando la forma de un canal. Se trata de un patrón de continuación que es aplicable tanto en los mercados alcistas como en los bajistas. La distinción entre estos dos mercados es la dirección en la que se producirá la inclinación. Si el canal se inclina hacia arriba, entonces se considera un patrón de continuación alcista, y viceversa, si el canal se inclina hacia abajo, entonces podemos considerar este patrón de continuación bajista. Al igual que el resto de los patrones, las líneas de tendencia deben dibujarse conectando al menos dos máximos y dos mínimos.

La lógica detrás del patrón de continuación del canal de precios

Cuando la tendencia es alcista:

Esto significa que los compradores tienen el control, y el precio se detendrá, para consolidarse cuando decidan tomar algunas de las ganancias del mercado, pero en ese momento específico, los vendedores estarán por fuera. Los vendedores son débiles en este caso y carecen de la fuerza para corregir la tendencia, o incluso hacer un mínimo movimiento en contra de la dirección de la tendencia. Por lo tanto, el precio simplemente seguirá subiendo, formando lentamente un canal antes de que los compradores finalmente reanuden la fuerte tendencia, rompiendo el patrón de movimiento lento y llevando el movimiento más arriba. Este es el patrón alcista de continuación del canal de precios.

Cuando la tendencia es bajista:

Aquí ocurrirá lo contrario de lo que ocurre en el patrón alcista de continuación del canal de precios, ya que se trata de un patrón de continuación de tipo bajista, cuando la tendencia se mueve a la baja. En este caso, significa que los vendedores tienen el control y el precio se detendrá para consolidarse cuando decidan sacar algunas de las ganancias del mercado, pero en ese momento específico, los compradores estarán ausentes. Los compradores, que son débiles en este caso, tampoco tendrán la fuerza para corregir la tendencia, o incluso hacer un movimiento en contra de la dirección de la tendencia. Por lo tanto, el precio se deslizará lentamente hacia abajo, formando un canal, antes de que los vendedores reanuden la tendencia fuerte, rompiendo el patrón de movimiento lento y llevando el movimiento más abajo.

CREAR DE UNA LISTA DE SEGUIMIENTO

Tras el análisis, los operadores de swing trading deben crear una lista de vigilancia de las distintas divisas que desean seguir. Es aconsejable que la lista tenga columnas que muestren los precios de objetivo, los precios de entrada y los precios de stop loss de cada instrumento de negociación.

EXAMINAR LAS POSICIONES EXISTENTES

Los operadores deben observar las posiciones en las que se encuentran en la hora previa al mercado, antes de que suene la campana de apertura. Con el informe del análisis fundamental en mente, deben prestar atención a los cambios que pueden influir, y si pueden ganar o perder sus posiciones actuales. Esto es importante, porque orienta al operador sobre si debe ajustar sus señales de stop loss o sus posiciones de take profit para ajustarse a los cambios recientes.

1) Horas de mercado

Una vez que suena la campana de apertura, los swing traders se fijan en quién está comprando y quién está vendiendo. Se concentran en la tendencia y planifican su entrada y salida utilizando diferentes análisis, como se explica a continuación.

2) Ejemplo de operación con un patrón de bandera.

Supongamos que el último movimiento impulsivo en el gráfico de cuatro horas fue a la baja, cuando comprobemos el gráfico de treinta minutos tendremos que esperar a que se forme un patrón de continuación. Después de que se forme, esperaremos a que el precio vaya en la dirección del movimiento impulsivo en el gráfico de cuatro horas. En este caso, cuando el movimiento fue a la baja, vamos a buscar vender, por lo que necesitamos que la bandera rompa a la baja. Romper, en este caso, significa salir del gráfico de 30 minutos y esperar a que se forme una vela de treinta minutos, y se cierre por fuera del patrón de la bandera. Después de que esta vela se haya cerrado, salir del gráfico de treinta minutos y esperar a que el precio vuelva a subir a la línea roja de tendencia inferior, y volver a probarla (acercarse a ella), y ésta será ahora una línea de resistencia. Cuando un patrón se rompe y el precio vuelve a probar la línea, es cuando se forma una línea de resistencia. Deberíamos introducir la orden de stop de venta en el nivel en el que el precio empezó a subir de nuevo, y a volver a probar la línea de tendencia inferior de la bandera. El stop loss se coloca en el lugar donde se produjo la nueva prueba de la línea de tendencia.

Cómo manejar el nivel del stop loss

En el ejemplo anterior, cuando el precio comienza a alejarse del patrón de la bandera, formará pequeños máximos inferiores. Deberíamos colocar nuestros niveles de stop loss manualmente justo por encima de estos máximos inferiores.

Hay dos maneras de entrar en la operación; la primera es el método discutido anteriormente, en el que esperamos la repetición del patrón, y la segunda es entrar cuando el cuerpo de una vela de treinta minutos esté completamente fuera del patrón, si la repetición no ocurre justo después de la primera vela que cerró fuera de él. La razón es que a veces la tendencia será demasiado fuerte y la repetición de la prueba puede no ocurrir como se suponía antes.

3) Ejemplo de operación de triángulo descendente

Supongamos que hay una clara tendencia bajista con el movimiento impulsivo más reciente en el gráfico de cuatro horas hacia abajo. El patrón entonces se rompe a la baja, como nos gustaría que se rompiera, pero después de la primera vela de treinta minutos que cierra justo fuera de nuestro patrón, y no hay retesteo en la línea de tendencia inferior. Si no hay un retesteo después de la primera vela que rompe el patrón, entonces deberíamos entrar al cierre de la segunda vela que esté considerablemente fuera del patrón. No debemos esperar a la repetición de la prueba, ya que no se produjo después de la primera vela, y lo más probable es que tampoco se produzca ahora. Debemos colocar el stop loss por encima del último máximo menor que está dentro del patrón. Después de eso, seguiremos manualmente la orden de stop loss, como lo hicimos en el ejemplo anterior, en el que introdujimos la orden después del reinicio del patrón.

4) Ejemplo de operación de triángulo ascendente

Supongamos que hay una clara tendencia alcista con el movimiento impulsivo más reciente en el gráfico de cuatro horas, pero no hay repetición de la prueba después de la primera vela que cierra por encima del patrón. Tendremos que entrar en la operación al cierre de la segunda vela, que debería estar completamente fuera del patrón. Es fundamental hacer esto, y ganar algunos pips, en lugar de sentarse a esperar una repetición de la prueba que muy posiblemente no aparezca.

5) Ejemplo de operación de patrón rectangular

Después de la vela de ruptura que cierra fuera del patrón, se pone en juego la repetición de la prueba de las líneas de resistencia. Deberíamos entrar en el mercado cuando el precio vuelve a bajar al cierre de la vela de ruptura, y establecer el stop loss en los lugares donde la repetición de la prueba haya terminado, y los precios hayan comenzado a bajar y a alejarse del patrón y de la tendencia.

Salidas

Una de las estrategias de salida que hemos mencionado es el método de stop loss, en el que se puede seguir manualmente hasta los puntos justo por encima de los máximos inferiores en el gráfico de treinta minutos, cuando se vende, o justo por debajo de los máximos superiores, si se es comprador. Estos se consideran los puntos de giro lógicos en el mercado. Son los niveles menos probables que el precio tocará, siempre que haya una dirección sólida, y esto los convierte en un punto perfecto para colocar el stop loss.

La segunda forma de salir de la operación antes de este momento, implica el patrón de continuación de cuña. Acordamos que el patrón de cuña puede ser de continuación o de reversión, y esto depende de la ubicación en la que se encuentre la cuña. Recuerde, si el patrón de cuña se forma en la fase de corrección de una gran tendencia en el gráfico de cuatro horas, y se inclina en contra de la tendencia, entonces se trata de un patrón de continuación, y podemos utilizarlo para entrar en operaciones. El patrón de cuña también puede aparecer en los movimientos impulsivos de la tendencia, indicando que la tendencia está a punto de detenerse. La pendiente del patrón, en este caso, debe estar acorde con la tendencia. En el momento en que se detecta la aparición de este patrón, se debe estar atento a la ruptura de la tendencia, que es la confirmación del fin de dicha tendencia.

El enfoque principal para la existencia de la operación sigue siendo el seguimiento manual del stop-loss, ya sea por debajo o por encima de los puntos lógicos. Sin embargo, si ve que una cuña se rompe a la baja, si el último movimiento impulsivo es una tendencia alcista, o se rompe al alza, o si el último movimiento impulsivo en el gráfico de cuatro horas es a la baja, entonces usted, como operador, debe salir cuando el patrón se rompa, y se forme una vela de 30 minutos en el exterior, para indicar el final de la tendencia. En realidad, este es un mejor punto de salida, ya que no necesita esperar a que el precio suba hasta el último máximo, o baje hasta el último mínimo, para que se alcance su nivel de stop loss, y la orden se materialice, llevándose una pequeña parte de sus ganancias.

- *Patrón de cabeza y hombros*

Se trata de una formación de tendencia que muestra una reversión, y que está formada por un pico concreto, que se considera un hombro, al que le sigue un pico más alto, que está por delante y se considera la cabeza, a éste le sigue un pico más corto (hombro), y así sucesivamente. Cuando los puntos más bajos de dos valles están conectados por una línea, esta línea se llama "línea del cuello". La línea del cuello puede tener una pendiente hacia abajo o hacia arriba. Cuando la línea se inclina hacia abajo, indica una señal más segura. El objetivo puede calcularse midiendo la distancia entre la línea del cuello y el punto más alto de la cabeza en el gráfico. Esta diferencia es una representación de cuánto subirá el precio después de pasar la línea del cuello. También es la misma distancia que recorrerá el precio una vez que caiga por debajo de la línea del cuello.

Al final del día, los operadores deben recordar que no deben ajustar sus posiciones para asumir más riesgo. Por el contrario, deben hacer ajustes para asegurar las ganancias, o para aprovechar más los niveles de toma de ganancias.

6) El mercado fuera de horario

Después de operar durante el día, los operadores deben hacer una evaluación de su rendimiento después de la hora de cierre de los mercados. El informe debe tener un registro bueno y claro de las operaciones que han ganado o perdido durante el día. Estos informes se utilizarán tanto para controlar el rendimiento, como para evaluarlo, así como en el caso del cumplimiento de los impuestos. Después de las evaluaciones, los operadores deben registrar sus posiciones de cierre de todas las operaciones abiertas, prestando mucha atención a los anuncios que se han hecho después del cierre del mercado, para ayudarles en su análisis previo del mercado al día siguiente.

La rutina de un swing trader muestra que es necesario planificar con diligencia y prepararse adecuadamente, ya que las horas previas a la apertura del mercado les ayudan a identificar las operaciones potenciales y las oportunidades del mercado del día. Así, las horas en el mercado se dedican a poner en práctica las conclusiones que se sacaron por la mañana sobre las diferentes posiciones, y las horas posteriores son para evaluar el trabajo del día y asegurarse de que lo mismo que se anotó en teoría siguió ocurriendo en la práctica.

CÓMO ESCANEAR LAS OPERACIONES OSCILANTES (SWINGS)

Para ello se utiliza un radar de mercado que, literalmente, muestra al operador dónde están sus contrapartes y cuáles son sus movimientos. Los radares de mercado pueden ser fácilmente incorporados en los diferentes escáneres de mercado que están disponibles en todo internet. Discutiremos cinco radares de mercado diferentes que el comerciante puede incorporar en sus escáneres de mercado para no perder ninguna oportunidad de trading.

1. ADX Trend Scan

Esta es una estrategia de swing trading que también se conoce como "encontrar el Santo Grial". Consiste en buscar retrocesos dentro de cualquier tendencia que se considere perfecta y adecuada. Para los operadores a largo plazo, se requiere el uso de un ADX de 30 periodos, que debe indicar que está por encima de 30, y que sigue subiendo. Sus niveles de retroceso deben ser una media móvil simple de 20 periodos, que el precio debería golpear, una vez que el precio golpea, los operadores deben ahora ordenar en el punto más alto de la barra que está en contacto con la media móvil simple de 20 periodos. Los operadores a corto plazo deben utilizar un ADX de 14 períodos, que también está por encima de treinta, y sigue subiendo; su nivel de retroceso también debe estar en la media móvil simple de 20 períodos, sin embargo, cuando la barra toca la media móvil simple, el operador debe vender en el punto más bajo que está en contacto.

2. ADX Range Trades Galore

Este es el indicador que observa los mercados que se mueven lateralmente en busca de diferentes configuraciones comerciales, como la barra Gimmee, que es una estrategia comercial de entrada al mercado, que hace que el operador busque un patrón de reversión que se mueva desde el punto más alto de un rango comercial o viceversa. Desde el punto de vista del operador de largo plazo, la estrategia de negociación de la barra Gimmee tiene precios que se consideran que están bajando y perdiendo en un rango de cotización. Estos precios deben tocar posteriormente la banda inferior de Bollinger, y formar otra barra, que siempre terminará en una posición más alta que la posición inicial de arranque. Esta barra se conoce como barra Gimmee, y el operador debería entonces considerar comprar justo por encima. Los traders de corto plazo, por otro lado, se ocupan de los precios que se verán al alza, y subirán en un rango de cotización, y tocarán la banda de Bollinger superior. Deberán entonces formar otra barra que siempre terminará en un punto considerablemente más bajo que la posición en la que se abrió. Esta barra, conocida como barra Gimmee, es el punto que indica dónde deben vender los operadores. El punto debe estar ligeramente por debajo de esta barra. Sin embargo, si esta barra se cruza y se solapa con la media móvil, o registra un rango mucho más amplio que las otras bandas y barras de Bollinger, o bien se abre y va más allá del rango de las barras, se aconseja al operador que no se deje llevar, y no opere con las barras Gimmee. Siempre que el ADX aumenta, muestra que la tendencia supuestamente se está fortaleciendo, mientras que el ligero movimiento del ADX en una tendencia a la baja indicará los rangos de cotización necesarios para el análisis.

3. *Media móvil de Hull*

Mientras que la mayoría de los operadores sólo conocen dos medias móviles, la media móvil de Hull se considera una MA exótica que ayuda a los operadores a escanear las ondas en los mercados y los gráficos. Una vez que la media móvil de Hull se ha dibujado en un gráfico, lo más probable es que sea más suave que el precio real del mercado, mientras fluye con las diferentes subidas y bajadas en los mercados, formando ondas. Se aconseja al operador que siga estos puntos de inflexión y los utilice para analizar las ondas del mercado y ver los retrocesos y las continuaciones que puedan surgir. Si la pendiente de la Media Móvil de Hull es positiva, entonces la tendencia que se está insinuando es el giro alcista que acaba de empezar, y viceversa, si la pendiente es negativa, entonces la tendencia que se ha iniciado se conoce como giro bajista.

4. *Volumen extremo*

Si el volumen es alto, las probabilidades de que la tendencia termine, o de que se produzca una nueva tendencia, son muy altas. Los grandes volúmenes de negociación siempre conducen a la aparición de huecos de agotamiento, que suelen aparecer inmediatamente después de que la tendencia se haya detenido. Se debe a un aumento de los compradores de última hora, que entran en un mercado alcista al final de la tendencia, justo antes de que comience la reversión. El hueco siempre se cerrará después de unas cinco barras diferentes. Por lo tanto, esta es la oportunidad que los swing traders deben buscar si quieren hacer el movimiento necesario para cobrar sus ganancias.

5. Escaneo del sistema de impulso

La primera regla del trading suele ser no operar en contra de la tendencia; la otra regla del swing trading es no operar en contra del impulso del sistema. Eso se considera un movimiento suicida, que muy probablemente le llevará a una serie de malas operaciones que le harán perder mucho. El análisis del sistema de impulso utiliza una combinación de dos indicadores, que son la Media Móvil de Convergencia y Divergencia, y la Media Móvil Exponencial, para escanear el mercado y averiguar su impulso. Según los investigadores, cuando estos dos indicadores se cruzan, esto implica un movimiento impulsivo, que se encuentra a menudo en la psicología comercial de los seres humanos. Cuanto más alto sea el marco temporal que el operador emplee en este momento específico, mejor será su estrategia de trading. Un operador a largo plazo que esté utilizando un periodo de 13, debería tener la media móvil exponencial en un patrón ascendente y el indicador (12,26,9) de la media móvil de convergencia y divergencia formando un histograma, que parece estar subiendo también. Estas posiciones deberían animar al operador a entrar en el mercado. El trader de corto plazo debe usar los mismos indicadores también, pero la diferencia es que los indicadores deben mostrar una posición que está bajando. Este es un indicador de color que tiene el código de esquema de color azul, que indica la sesión de desacuerdo de ambos indicadores, el esquema de color verde debe mostrar un impulso positivo, que es ideal para los comerciantes a largo plazo, y el esquema de color rojo indica los sistemas de impulso negativos, que significa que los precios están cayendo, lo que es perfecto para los comerciantes a corto plazo.

CÓMO COMPRAR BARATO Y VENDER CARO

Cuando se trata de trading, se dará cuenta de que no se trata de entender lo básico, como si fuera al mercado a por una manzana. La primera cosa que usted necesitará es un marco de referencia. Debe tener una técnica en su gráfico, que le ayude a comprender cuando un precio es relativamente bajo, por lo que es posible que sea momento de entrar a negociar. Necesitará dos métodos si quiere hacer una entrada a la operación.

Necesitará un gráfico de soporte y de resistencia, que le ayuden a saber cuándo es el momento de entrar en el mercado. Con esto, usted podrá mirar atrás en el historial, para saber dónde hay un precio bajo. Por lo tanto, trabajará con la probabilidad de saber dónde están las resistencias y los soportes. También necesita una confirmación del mercado antes de comprar. No debe comprar simplemente porque los precios sean bajos. Busque una señal de fuerza, en donde la vela tenga un cierre alcista. Descubrirá que los compradores están interviniendo aquí y que hay una buena posibilidad de que el mercado llegue más alto.

Cuando quiera vender, debe buscar precios altos; por lo tanto, necesita conocer la zona de precios altos de su gráfico. También debe tener en cuenta el precio alto al que se dirige. Usted notará que, a veces, la pareja de oscilación se acortará cada vez más. Por lo tanto, use la pareja. Se preguntará en qué nivel del gráfico hay una presión opuesta que esté entrando directamente, y que vaya en contra de mi operación. Usted sabe que los vendedores vienen en los máximos de oscilación, de la resistencia, o que vienen en una resistencia de tiempo de apoyo anterior. Si quiere hacerlo, entonces necesita vender en un nivel de oscilación bajo, ya que será capaz de ganar más en ese punto. Es un periodo de soporte menor, y el soporte puede convertirse en resistencia. Ese es el mejor lugar para salir de la operación, en un swing del mercado. Preste atención al primer nivel que oscile al alza, y tome sus ganancias parciales. Los vendedores pueden estar buscando zonas de precios razonables, ya que hay muchas posibilidades de que el mercado pueda revertirse desde allí.

Capitúlo 3 Plataformas y herramientas para el trading

Para ser un operador exitoso, necesita tener acceso a recursos fiables. La buena noticia es que hay un montón de fuentes excelentes en toda la web. Estos recursos incluyen materiales educativos, corredores en línea, datos de los mercados de valores en tiempo real y redes informáticas súper rápidas.

A veces, es posible que no tenga acceso a todos los recursos necesarios, y que tenga que elegir entre lo que es esencial y lo que puede pagar. Un poco de investigación le ayudará a tomar decisiones cruciales sobre sus operaciones. Es aconsejable saber más sobre el tipo de recursos que tiene a su disposición. Estos recursos son ideales para los operadores del swing trading.

Herramientas de swing trading

Los operadores siempre están buscando los mejores sistemas de trading, y maneras de desarrollar estos sistemas para adaptarlos a sus estilos de trading. Afortunadamente, existe un proceso que cualquier operador puede utilizar para descubrir su estilo y sistema de trading preferido.

Cómo identificar las mejores estrategias en cuanto a la rentabilidad

Hay muchas cosas pequeñas, pero cruciales, que puede hacer como swing trader para aumentar su rendimiento. Por ejemplo, puede empezar por identificar la ubicación de las posiciones bajas y altas de las oscilaciones (swings) en un gráfico concreto. Si es capaz de anotar las oscilaciones con precisión, entonces podrá realizar operaciones precisas, que aumentarán sus ganancias en gran medida.

Swings altos y swings bajos

Los swing altos y bajos también se conocen como SHSL, por su siglas en inglés. Esto se refiere a la acción del precio donde múltiples barras y velas se unen para verse como un solo movimiento en una dirección determinada. Ese movimiento se conoce generalmente como "pierna". A veces también se le conoce como "swing" o "movida". De aquí proviene el término swing.

El swing representa una parte individual de la acción del precio, en una dirección determinada. Este swing siempre es correspondido de cerca por un swing en la dirección opuesta. A veces, este movimiento es lateral y no hacia adelante y hacia atrás. Así, el precio se mueve en un vaivén en el mercado. En otras palabras, oscila de un lado a otro, y de ahí el término "swing". El punto más alto de un swing es el máximo del swing, mientras que el punto más bajo se conoce como el mínimo del swing.

Cómo identificar las oscilaciones

El mercado está en constante movimiento. Una oscilación se produce cuando hay dos máximos bajos y mínimos bajos consecutivos, o cuando hay dos mínimos altos y máximos bajos consecutivos. Recuerde que las oscilaciones aparecen en todo tipo de formas y tamaños. Sin embargo, la regla para identificarlas es muy sencilla. Simplemente busque máximos y mínimos altos consecutivos, o máximos y mínimos bajos consecutivos.

Las oscilaciones son alcistas si el movimiento general es al alza y bajistas si el movimiento general es a la baja. A veces aparecerá un nuevo mínimo cuando la tendencia es alcista. Otras veces aparecerá un nuevo máximo cuando la tendencia general es bajista. Cuando esto ocurre, no debe preocuparse ni inquietarse, ya que se les consideran falsas oscilaciones. A menos que haya máximos o mínimos consecutivos, ignore todo lo demás.

Utilice los swings para aumentar las ganancias

Hemos aprendido a identificar las oscilaciones del mercado. Ahora tenemos que aplicar estos conocimientos para obtener beneficios. El primer paso es colocar los puntos de stop loss. Estos deberían estar ligeramente por encima del máximo más alto, para una situación bajista, y por debajo del mínimo más bajo, en una situación alcista.

Además, los máximos y mínimos correctos y precisos de las oscilaciones ofrecen la oportunidad de trazar extensiones de Fibonacci. Estas líneas le permitirán identificar zonas objetivo de alta rentabilidad. De este modo, se hace posible colocar nuestros puntos de take profit y stop-loss en nuestros gráficos. ¿Recuerda a Livermore? ¿El caballero del que se dice que es uno de los operadores más exitosos de la historia? En 1929, consiguió ganar unos 100 millones de dólares. En términos actuales, esto equivale a casi 1.400 millones de dólares. Eso es mucho dinero, incluso para un operador experimentado.

Si usted aprende sobre los mejores sistemas de trading, entonces también podrá ganar un montón de dinero en las condiciones actuales de comercialización. Siempre podrá operar con la tendencia del mercado, o en contra de ella. Recuerde que siempre es aconsejable seguir la tendencia, y no lo contrario. Sólo opóngase a la tendencia si es un swing trader experimentado, y sabe exactamente lo que está haciendo. La clave será identificar los mejores puntos de entrada en una operación, y los mejores momentos para obtener beneficios, al igual que las operaciones de salida.

Antes de comenzar sus operaciones de swing trading, asegúrese de elaborar un plan ensayado, que pueda poner en práctica. Así pues, pruebe sus sistemas y estrategias preferidos, y asegúrese de que funcionan como desea. De este modo, podrá prepararse adecuadamente y operar con éxito y de forma rentable a lo largo del tiempo.

Los swing traders siempre buscan condiciones en los mercados en las que los precios de las acciones busquen oscilar, ya sea hacia abajo o hacia arriba. Hay numerosos indicadores técnicos disponibles para realizar sus operaciones. Los indicadores utilizados en el swing trading son necesarios, básicamente, para identificar las tendencias del mercado entre determinados periodos de negociación.

Estos periodos de negociación, que van de 3 a 15, se analizan con nuestros indicadores técnicos, para determinar la presencia de niveles de resistencia y soporte. Si éstos se han materializado y son claramente visibles, entonces podemos proceder a realizar otras mediciones.

En esta fase, también habrá que determinar si la tendencia es alcista o bajista. También tendrá que estar atento a una reversión, porque sin ella no podrá entrar en una operación. Los retrocesos también se denominan contratendencias o "pullbacks". En cuanto podamos señalar claramente el retroceso, entonces podremos identificar fácilmente el punto de entrada adecuado.

El punto de entrada debería ser el punto en el que el retroceso está a punto de llegar a su fin, y la tendencia está a punto de volver a subir. Ser capaz de determinar estos puntos es realmente importante. Este mismo enfoque es el que utilizó Jesse Livermore para ganar su fortuna.

Ganancias

El swing trading ofrece algunas de las mejores oportunidades de recompensa por riesgo, en comparación con otras estrategias de trading. Esto significa que por una cantidad menor, usted podrá ganar un beneficio mucho mayor. El trading es una aventura arriesgada, pero el swing trading tiene una mejor recompensa en comparación con otros. Por lo tanto, podrá ganar más dinero con menos riesgos, en comparación con los operadores que utilizan otros estilos de negociación, como los day traders, o los operadores de posición.

Otra ventaja es que con este enfoque se eliminará mucho del ruido intradiario. Los operadores inteligentes siempre están atentos a las grandes oscilaciones, y eso es lo que usted debe hacer también. Este enfoque es menos estresante y potencialmente más rentable, en comparación con otras estrategias.

También tendrá mucho tiempo de sobra, en comparación con otros operadores. Los day traders, y otros, a menudo pasan varias horas al día pegados a sus pantallas. No sólo se pasan los días mirando la pantalla, sino que sus niveles de estrés son extremadamente altos. El estrés constante dará lugar a un rápido agotamiento, y a un comercio emocional que no es bueno para el éxito del trading a largo plazo.

Los mejores indicadores para los swing traders

Hay muchos indicadores que los operadores e inversores utilizan para potenciar sus operaciones. Revisaremos sólo algunos de ellos, y descubriremos la mejor manera de aplicarlos a nuestras operaciones para maximizar la rentabilidad. Es crucial entender que ninguno de estos indicadores le hará ganar dinero desde el principio. Por lo tanto, no se rompa la espalda tratando de encontrar los mejores o más rentables indicadores de comercio. En su lugar, concéntrese más en aprender sobre un par de indicadores extremadamente eficaces, así como sobre las

estrategias y métodos que se utilizan con ellos. Los
expertos creen que las estrategias de trading son más
rentables cuando se aplican los pocos indicadores que
se dominan.

1. Medias móviles

Las medias móviles son uno de los indicadores
comerciales más importantes utilizados por los
operadores de swing trading. Se definen como líneas
dibujadas a través de un gráfico, y se determinan en
función de los precios previos. Las medias móviles son
realmente sencillas de entender, pero son
absolutamente útiles cuando se trata de operar en los
mercados. Son extremadamente útiles para todo tipo
de operadores, incluidos los swing traders, day traders,
y operadores itradiarios, o a largo plazo.

Debe asegurarse de tener varias medias móviles
trazadas en sus gráficos de negociación, todas ellas con
diferentes periodos de tiempo. Por ejemplo, puede
tener la media móvil de 100 días, la de 50 días y la de
9 días. De esta manera, obtendrá una visión mucho
más amplia del mercado y podrá identificar reversiones
y tendencias mucho más fuertes.

Cómo utilizar las medias móviles

Una vez que haya trazado y dibujado las medias móviles en sus gráficos, podrá utilizarlas para varios fines. El primero es identificar la fuerza de una tendencia. Básicamente, lo que tiene que hacer es observar las líneas y medir su distancia con respecto al precio actual de las acciones.

Una tendencia se considera débil si la tendencia y el precio actual están lejos de la media móvil correspondiente. Cuanto más lejos estén, más débil es la tendencia. Esto facilita a los operadores la observación de posibles retrocesos y también la identificación de puntos de salida y entrada. Las medias móviles deben combinarse con otros indicadores, por ejemplo, el volumen.

Las medias móviles también pueden utilizarse para identificar los cambios de tendencia. Cuando se trazan varias medias móviles, es normal que se crucen. Si lo hacen, esto implica un par de cosas. Por ejemplo, el cruce de las líneas de medias móviles indica un cambio de tendencia. Si se cruzan después de una tendencia alcista, significa que la tendencia está a punto de cambiar de dirección y que va a aparecer una bajista.

Sin embargo, algunos cambios de tendencia nunca se cumplen, por lo que hay que tener cuidado antes de señalar uno. Muchos operadores suelen ser sorprendidos por estos falsos cambios de tendencia. Por lo tanto, hay que confirmarlos antes de operar, utilizando otras herramientas y métodos. Aun así, la media móvil es un indicador muy importante. Permiten a los operadores tener una verdadera percepción y comprensión de los mercados.

2. Índice de fuerza relativa (RSI, por sus siglas en inglés)

Otro indicador crucial que es comúnmente utilizado por los operadores de swing trading, y otros operadores, es el RSI, o índice de fuerza relativa. Este índice también es un indicador que evalúa la fuerza del precio de un valor que le puede interesar. La cifra indicada es relativa y proporciona a los operadores una idea de cómo se comporta el valor en relación con los mercados. Necesitará información sobre la volatilidad y el rendimiento anterior. Todos los operadores, independientemente de su estilo de negociación, necesitan este útil indicador. El uso de esta herramienta de evaluación relativa le proporciona una cifra que se encuentra entre 1 y 100.

Consejos sobre el uso del RSI

El índice de fuerza relativa se utiliza idealmente para identificar la divergencia. La divergencia es utilizada por los operadores para notar los cambios de tendencia. Podemos decir que la divergencia es un desacuerdo o diferencia entre dos puntos. Hay señales divergentes bajistas y alcistas. Los movimientos muy grandes y rápidos en los mercados a veces producen señales falsas. Por eso es aconsejable utilizar siempre los indicadores junto con otras herramientas.

También puede utilizar el RSI para identificar condiciones de sobreventa y sobrecompra. Es crucial que sea capaz de identificar estas condiciones mientras opera, ya que podrá identificar fácilmente las correcciones y los retrocesos. A veces, los valores están sobrecomprados en los mercados. Cuando se produce esta situación, significa que hay un posible cambio de tendencia y, normalmente, la tendencia emergente es bajista. Esto suele ser una corrección del mercado. Básicamente, cuando un valor está sobrevendido, es señal de una corrección, o un cambio de tendencia alcista, pero cuando está sobrecomprado, introduce un cambio de tendencia bajista.

El aspecto teórico de esta condición requiere una relación de 70:30. Esto se traduce en un 70% de sobrevaloración, o sobrecompra, y un 30% de infravaloración, o sobreventa. Sin embargo, en algunos casos, podría ser más seguro ir con una relación de 80/20, sólo para evitar falsas rupturas.

3. Volumen

En el trading, el volumen es un indicador crucial, y constituye una parte importante de cualquier estrategia de trading. Como operador, siempre debe apuntar a las acciones con altos volúmenes, ya que se consideran de gran liquidez. Sin embargo, muchos operadores, especialmente los nuevos, suelen ignorar el volumen, y se fijan en otros indicadores.

Si bien el volumen es excelente a efectos de liquidez, también es conveniente para la tendencia. Una buena tendencia debe estar respaldada por el volumen. Una gran parte del volumen de cualquier acción debe formar parte de cualquier tendencia, para que sea una tendencia verdadera y fiable.

La mayoría de las veces, los operadores observan una tendencia basándose en la acción del precio. También hay que estar atento a la aparición de nuevas entradas de dinero, lo que significa que hay más actores, y más volumen. Si observa que hay volúmenes significativos que contribuyen a una tendencia, puede confiar en su análisis. Incluso cuando se trata de una tendencia bajista, debe haber suficientes volúmenes visibles para que se considere fiable. La falta de volumen simplemente significa que la acción ha sido infravalorada o sobrevalorada.

4. Indicador de bandas de Bollinger

Uno de los indicadores más importantes que va a necesitar, es el indicador de las bandas de Bollinger. Se trata de un indicador técnico que cumple dos propósitos cruciales. El primero es identificar las secciones del mercado que están sobrecompradas y sobrevendidas. El otro propósito es comprobar la volatilidad del mercado.

Este indicador consta de 3 medias móviles distintas. Hay una central, que es una SMA, o media móvil simple, y hay dos a cada lado de la SMA. Éstas también son medias móviles, pero se trazan a ambos lados de la SMA central, a unas 2 desviaciones estándares de distancia.

Línea de acumulación y distribución

Otro indicador muy utilizado por los operadores de swing trading es la línea de acumulación/distribución. Este indicador se utiliza generalmente para seguir el flujo de dinero dentro del valor. El dinero que entra y sale de las acciones proporciona información útil para su análisis.

El indicador de acumulación/distribución se compara muy bien con otro indicador, el OBV, o el indicador de volumen en balance. La diferencia, en este caso, es que tiene en cuenta el margen de cotización y el precio de cierre de una acción. El OBV sólo tiene en cuenta el margen de cotización de un periodo determinado.

Cuando el valor cierra cerca de su máximo, entonces el indicador de acumulación/distribución añadirá peso al valor de la acción, en comparación con el cierre cerca del punto medio. Dependiendo de sus necesidades y, a veces, de los cálculos, es posible que desee utilizar también el indicador OBV.

Puede utilizar este indicador para confirmar una tendencia alcista. Por ejemplo, cuando la tendencia es alcista, se observará un interés de compra, porque el valor cerrará en un punto superior al del rango promedio. Sin embargo, cuando cierra en un punto inferior al rango promedio, el volumen se indica como negativo, y esto indica una tendencia a la baja.

Al utilizar este indicador, también deberá estar atento a las divergencias. Cuando la acumulación/distribución comience a declinar mientras el precio está subiendo, entonces debe tener cuidado, porque esto señala una posible reversión. Por otro lado, si la tendencia comienza a ascender mientras el precio está bajando, entonces esto probablemente indica una posible subida del precio, en un futuro próximo. Es aconsejable asegurarse de que su conexión a Internet, y otras conexiones, sean extremadamente rápidas, especialmente cuando se utilizan estos indicadores, ya que el tiempo es esencial.

El índice direccional medio (ADX, por sus siglas en inglés)

Otra herramienta o indicador muy utilizado por los swing traders es el índice direccional medio, el ADX. Es básicamente un indicador de tendencia, y su propósito es, en gran medida, comprobar el impulso y la fuerza de una tendencia. Se considera que una tendencia tiene fuerza direccional si el valor del ADX es igual o superior a 40. La dirección puede ser alcista o bajista, según la dirección general del precio. Sin embargo, cuando el valor del ADX es inferior a 20, entonces podemos decir que no hay tendencia, o que hay una, pero es débil y poco fiable.

Usted notará la línea ADX en sus gráficos, ya que es la línea principal, y suele ser de color negro. Hay otras líneas que se pueden mostrar también. Estas líneas son DI- y DI+ y en la mayoría de los casos son de color verde y rojo respectivamente. Puede utilizar las tres líneas para vigilar tanto el impulso como la dirección de la tendencia.

Indicador técnico Aroon

Otro indicador útil que puede utilizar es el indicador Aroon. Se trata de un indicador técnico diseñado para comprobar si el valor financiero está en tendencia. También comprueba si el precio del valor está alcanzando nuevos mínimos o nuevos máximos, en un periodo de tiempo determinado.

También puede utilizar este indicador técnico para descubrir el inicio de una nueva tendencia. Presenta dos líneas distintas, que son la línea descendente, y la línea ascendente de Aroon. Se observa la tendencia cuando la línea ascendente de Aroon cruza la línea descendente. Para confirmar la tendencia, la línea ascendente de Aroon llegará a la marca de los 100 puntos, y se mantendrá allí.

Lo contrario también es válido. Cuando la línea descendente de Aroon corta por debajo de la línea ascendente de Aaron, entonces podemos suponer una tendencia bajista. Para confirmar esto, debemos comprobar que la línea se acerca a la marca de 100 puntos y se mantiene allí.

Esta popular herramienta de trading viene con una calculadora que se puede utilizar para calcular las cantidades. Si la tendencia es alcista o bajista, la calculadora se lo hará saber. Las fórmulas utilizadas para determinar esto utilizan los máximos y mínimos más recientes. Cuando los valores de Aroon son altos, significa que se utilizaron valores recientes y cuando son bajos, menos recientes. Los valores típicos de Aroon varían entre 0 y 100. Las cifras cercanas a 0 indican una tendencia débil, mientras que las más cercanas a 100 indican una tendencia fuerte.

Los indicadores Aroon alcistas y bajistas pueden convertirse en un solo oscilador. Esto se hace haciendo que el bajista vaya de 0 a -100, mientras que el alcista va de 100 a 0. El indicador combinado oscilará entonces entre 100 y -100. El 100 indicará una tendencia fuerte, el 0 significa que no hay tendencia, mientras que el -100 implica una tendencia negativa, o bajista.

Esta herramienta es muy fácil de usar. Lo que tiene que hacer es obtener primero las cifras necesarias y luego trazarlas en el gráfico correspondiente. Cuando se trazan estas cifras en el gráfico, hay que estar atento a los dos niveles clave. Son el 30 y el 70. Todo lo que esté por encima de la marca de 70 puntos significa que la tendencia es sólida, mientras que todo lo que esté por debajo de 30 implica una tendencia débil.

Plataformas de trading

Las plataformas de trading son las plataformas o programas informáticos actuales que permiten a los operadores realizar sus operaciones y supervisar sus cuentas. Una plataforma de comercio electrónico es un programa informático de un sitio web con una interfaz de usuario, en la que los operadores realizan operaciones financieras.

Como operador de swing trading, usted utilizará esta plataforma para entrar, cerrar, salir y gestionar posiciones. Esto suele hacerse a través de un intermediario, como su corredor de bolsa. La mayoría de los operadores utilizan plataformas en línea, supervisadas y ofrecidas por empresas de corretaje. Los corredores cobran una comisión por utilizar sus plataformas, pero a veces ofrecen descuentos a los operadores que realizan un determinado número de operaciones al mes, o a los que tienen cuentas financiadas.

Plataformas de swing trading básicas

Las plataformas de trading ofrecen a los operadores la posibilidad de realizar operaciones y supervisar sus cuentas. Hay una gran variedad de plataformas disponibles para los operadores de swing trading. Vienen con una serie de características diferentes. Entre ellas se incluyen funciones de investigación de primera calidad, una fuente de noticias, herramientas de gráficos, e incluso cotizaciones de precios en tiempo real. Estas características y herramientas adicionales mejoran el rendimiento del operador y facilitan la ejecución de las operaciones con mayor rapidez y precisión. La mayoría de las plataformas disponibles hoy en día están diseñadas para diferentes instrumentos financieros, como el mercado de divisas, las acciones, los futuros y las opciones.

Básicamente tenemos dos tipos diferentes de plataformas. Las plataformas comerciales y las plataformas de apoyo. Las plataformas comerciales son utilizadas sobre todo por los operadores como los swing traders, los inversores minoristas y los day traders. Son, en gran medida, fáciles de usar, y vienen con una gran cantidad de características, como gráficos y una fuente de noticias.

También tenemos las plataformas de apoyo. Se trata de plataformas personalizadas para usuarios específicos, como los inversores institucionales y las grandes empresas de corretaje. Aparentemente, sus necesidades son muy diferentes a las de los pequeños operadores y los inversores minoristas. Las plataformas de apoyo están diseñadas para tener en cuenta las diferentes necesidades de estos clientes especiales.

Como swing trader, lo más probable es que utilice plataformas comerciales proporcionadas por diferentes empresas de corretaje. Aun así, hay algunas cosas que debe tener en cuenta antes de elegir una. Por ejemplo, ¿cuáles son las funciones incluidas? ¿Qué hay de los costes y las comisiones que se cobran? Además, distintos operadores necesitarán diferentes herramientas en sus plataformas. Hay ciertas herramientas que son adecuadas para los day traders y los swing traders, mientras que otras son más adecuadas para los operadores de opciones y futuros.

A la hora de elegir una plataforma, tenga siempre en cuenta las comisiones que se cobran. Como operador minorista a pequeña escala, querrá operar en una plataforma que cobre comisiones bajas y asequibles. Sin embargo, a veces hay ciertas desventajas. Por ejemplo, algunas plataformas cobran tarifas bajas, pero carecen de ciertas características esenciales, o proporcionan servicios deficientes. Otras pueden parecer caras, pero ofrecen características decisivas, como herramientas de investigación, y servicios excelentes. Por lo tanto, deberá tener en cuenta todos estos factores antes de seleccionar finalmente una plataforma de trading adecuada.

Hay otro punto crucial que hay que tener en cuenta a la hora de seleccionar una plataforma de negociación. Algunas plataformas sólo están disponibles a través de corredores o intermediarios específicos. Otras plataformas son universales, y funcionan con diferentes plataformas de corretaje, e intermediarios en todo el mundo. Los operadores también seleccionan las plataformas de comercio en función de sus propios estilos y preferencias personales.

Debe averiguar si existen requisitos o condiciones particulares que deban cumplirse. Por ejemplo, algunas plataformas exigen que los operadores mantengan al menos 25.000 dólares en sus cuentas de operaciones, en forma de capital, y posiblemente también en efectivo. En este caso, el operador puede recibir una aprobación de crédito, que también se conoce como margen.

Ejemplos de plataformas de swing trading:

1. Home Trading System

Home Trading System es un algoritmo y software de trading diseñado para mejorar el rendimiento. Utilizando este sistema, usted puede aspirar a tomar decisiones comerciales más inteligentes, más rápidas y mejores. Esta plataforma en particular viene con características innovadoras, y un algoritmo personalizado que se combina a la perfección para proporcionar una plataforma de negociación en tiempo real totalmente integrada. Es seguro que podrá beneficiarse de esta plataforma y experimentar las ventajas de un comercio impecable, con todas las características que necesita.

La plataforma es completamente compatible con algunas de las herramientas de gráficos más dinámicas y altamente fiables. Es capaz de trabajar con todo tipo de mercados, desde acciones, hasta Forex e índices. La plataforma es compatible con una variedad de barras, como las barras de rango y de impulso, así como los gráficos de garrapatas.

Los diseñadores de esta plataforma tuvieron mucho cuidado en tomar en cuenta a todos los diferentes tipos de operadores. Así, esta plataforma es adecuada para los day traders, los swing traders, los operadores de Forex, los inversores minoristas y los operadores a largo plazo. Home Trading System constituye una plataforma modular que consta de diferentes características básicas. Muchas de estas características se pueden activar y desactivar fácilmente, dependiendo de la situación, o para adaptarse a un requisito particular.

Una de las ventajas de esta plataforma es que se esfuerza por hacer que las operaciones sean extremadamente sencillas. Por ejemplo, el algoritmo colorea automáticamente las velas o barras de color rojo o azul para proporcionar una visión clara de las

condiciones y tendencias del mercado. El sistema
continuará siguiendo las tendencias, y marcará
cualquier cambio importante en un color de contraste.
Por ejemplo, cada vez que se produzca una barra de
activación, ésta aparecerá en un color diferente, para
que el operador tenga claro que hay una variación
definitiva en la tendencia.

Esta característica de color no sólo hace que el
comercio sea fácil, sino que también mejora su
psicología comercial para que pueda operar sin
preocupación. La plataforma también proporciona otros
parámetros deseables que son esenciales para sus
operaciones. Por ejemplo, usted necesita señales de
comercio precisas y fiables suministradas en el
momento adecuado. Afortunadamente, Home Trading
System está diseñado para proporcionar estas señales
de manera oportuna y precisa.

Cuando hay un punto de inflexión en el impulso de
las acciones en los mercados, este es detectado, y un
cambio de color indicará claramente dicho punto de
inflexión. Podrá ver un color azul con un color naranja
contrastado, que señala las áreas de interés. Los
puntos indicarán los puntos de entrada, los puntos de

salida, los puntos de obtención de beneficios, etc. También se indica un punto de parada, en caso de que la operación no funcione según lo previsto, y deba salir.

2. Plataforma Entry Zone

También tenemos una plataforma de swing trading conocida como Entry Zone. Esta plataforma ha existido durante un tiempo, pero recientemente se ha sometido a una renovación completa. Ha sido diseñada de nuevo para responder específicamente a las necesidades de los operadores del swing trading. No hay ningún operador en todo el mundo que quiera entrar en un mercado sobre extendido, incluso cuando cuenta con un amplio límite de stop loss.

Uno de los principales beneficios de esta plataforma en concreto es que ayuda a eliminar el reto de entrar en un mercado demasiado extenso. Comienza por comprobar primero si hay un retroceso. Lo hace accediendo al marco temporal de 60 minutos. De esta manera, usted estará protegido para no acceder a los mercados en el peor momento. El algoritmo es capaz de proceder y rastrear los mercados, para que usted eventualmente pueda encontrar los mejores puntos de entrada.

3. Plataforma de trading Able Trend

Esta es otra plataforma diseñada pensando en los swing traders. Una de sus características más destacadas es su capacidad para identificar instantáneamente los cambios de tendencia. La dirección de la tendencia se indica inicialmente con un color distinto. Cuando la señal se dirige hacia arriba, el color es azul, y cuando se dirige hacia abajo, cambia a rojo. Si hay algún movimiento lateral, el color cambia a verde.

Esta plataforma, por lo tanto, hace que sea bastante fácil observar la tendencia del mercado, y mantenerse al día con ella. La información adicional le permitirá realizar los movimientos comerciales necesarios como operador de swing trading. Por ejemplo, observará puntos rojos y azules en su pantalla. Éstos indican los distintos puntos de parada. Cuando haya una tendencia bajista, los puntos rojos indicarán sus puntos de venta, mientras que los puntos azules indicarán sus puntos de compra en la tendencia alcista. Estos puntos de parada aseguran que usted tome parte de los grandes movimientos del mercado, pero con muy poco riesgo o exposición.

Las razones por las que este sistema es tan exitoso es que viene con características de vanguardia. Genera colores para los puntos y barras, que usted puede elegir para los diferentes gráficos. Estos incluyen: los gráficos de 5 minutos, de 1 minuto, diarios, de garrapatas, y semanal. Muchos operadores han calificado esta plataforma como sólida y funcional. Es una plataforma universal, que puede funcionar con diferentes sistemas de trading.

Usted puede obtener grandes ganancias si es capaz de entrar en los mercados, y unirse a la tendencia, en una etapa temprana. Identificar la tendencia es fácil cuando se tiene este software. Recuerde que la tendencia es un amigo de cualquier swing trader. Por lo tanto, dedique algo de tiempo al principio de sus operaciones para identificar la tendencia, y luego siga adelante. Identificar la tendencia en una etapa temprana es lo que querrá hacer. Los riesgos para usted son mínimos en esta etapa. Esta plataforma le ayuda a identificar la tendencia, y le proporciona información adicional crucial que incluso los grandes inversores no tienen.

Puede operar en cualquier mercado, por lo que no está limitado a operar sólo con acciones. Si desea operar con opciones, divisas y otros instrumentos, puede hacerlo libremente. La plataforma es adecuada para todos los estilos de negociación, incluyendo el day trading, el swing trading, el position trading, etc.

4. Interactive Brokers

Se trata de una plataforma popular, que ha sido recientemente renovada. Es un software muy valorado por las útiles herramientas que dispone para los operadores. Algunas de estas herramientas son extremadamente útiles para los operadores sofisticados o experimentados, que necesitan algo más que lo básico.

Esta plataforma es capaz de conectarle a todas y cada una de las bolsas del mundo. Por ejemplo, es posible que desee operar en los mercados de Hong Kong, Australia, etc. El software es capaz de conectar sin problemas, para que usted tenga una gran experiencia comercial.

Esta plataforma ha incorporado nuevas funciones que facilitan aún más las operaciones. Sin embargo, éstas son más adecuadas para los operadores experimentados, que son más refinados que el inversor minorista promedio, o el pequeño operador.

Una de las características más atractivas de Interactive Brokers es que es una plataforma muy económica. Es especialmente rentable para los operadores a pequeña escala, los inversores minoristas y los operadores habituales, ya que los márgenes son bajos y accesibles.

La plataforma permite operar en 120 mercados situados en al menos 31 países, y negociar en más de 23 divisas diferentes. También es compatible con los operadores que ejecutan las operaciones con bastante rapidez.

Operaciones y datos

Como operador, usted tomará la mayoría de sus decisiones basándose en datos. Por lo tanto, necesita tener acceso a datos fiables, como los precios de las acciones, etc. Los inversores a largo plazo no se preocupan necesariamente por la exactitud de los precios de las acciones a corto plazo. Sin embargo, para los swing traders, es esencial tener acceso a los últimos datos de cotización.

La buena noticia es que la mayoría de los corredores en línea proporcionan a los operadores algún tipo de información. La mayoría de estos datos son gratuitos. Las plataformas reciben un flujo constante de datos. Estos datos son cruciales para la mayoría de los operadores. A veces, los datos en tiempo real no son gratuitos y, como operador, tendrá que determinar qué datos necesita, y por cuales pagará. Asegúrese siempre de que tiene acceso a todos los datos que necesita durante las operaciones.

Capitúlo 4 La estrategia de los canales en el swing trading

Esta estrategia de swing trading es una de las mejores formas de obtener ganancias. Y es que, además de su sorprendente precisión, también es una de las estrategias de swing trading más fáciles e intuitivas que puede utilizar.

La buena noticia acerca de la mayoría de los valores y mercados financieros, es que suelen operar dentro de un margen de precios que oscila entre el 20% y el 25%. Esto hace que el swing trading sea fácil de emplear con esta estrategia, teniendo grandes posibilidades de obtener unos buenos beneficios.

El patrón del canal de precios

Este patrón particular es creado por dos líneas de tendencia, que son casi paralelas. La línea superior es la línea de resistencia, mientras que la inferior es la línea de soporte. En un patrón de canal de precios, la acción del precio está limitada dentro de las dos líneas de tendencia.

Para aprovechar los patrones del canal de precios en el swing trading, estos tienen que ser lo suficientemente amplios como para proporcionar beneficios potenciales. Hay dos maneras de utilizar el patrón de canal de precios para el swing trading.

La primera consiste en comprar en la línea de soporte del canal, o cerca de ella, y vender en la línea de resistencia, o cerca de ella. Bastante sencillo, ¿no?

La segunda forma de utilizar el patrón del canal de precios para obtener beneficios en las operaciones de swing trading, es a través de las rupturas de precios. Éstas pueden crear oscilaciones de precios sustanciales en contra de la tendencia existente, lo que puede proporcionar excelentes oportunidades de ganancias en el swing trading.

Hay tres tipos generales de canales de precios: canales ascendentes, descendentes y laterales. Un canal ascendente es aquel en el que los máximos y mínimos sucesivos son los más altos. Y en concordancia con los patrones de canales, los precios se mueven entre las líneas de soporte y resistencia ascendentes, conectando esos precios máximos y mínimos crecientes. Y cuando el precio se sale estas líneas de soporte o resistencia, es un factor determinante para tomar o cerrar posiciones.

El principio detrás de la estrategia de swing trading del canal de precios

Puede minimizar sus pérdidas en las operaciones swing trading si entiende claramente la psicología del mercado que está detrás de la estrategia del canal de precios. La razón principal por la que las rupturas del canal de precios pueden conducir a importantes oscilaciones de precios, se debe al hecho de que muchos operadores operan dentro del canal. La mayoría de ellos ejecutan órdenes de stop loss por encima y por debajo de los niveles de resistencia y soporte del canal de precios, respectivamente.

A medida que las órdenes de stop loss se acumulan fuera de un patrón de canal de precios, los operadores inteligentes eventualmente tratarán de tomar ventaja de ellas. La razón de esto es que estas órdenes masivas de stop loss proporcionan liquidez, que muchos operadores astutos también necesitan.

Hay una cosa que debe entender sobre el los canales de precios en el swing trading: todos los canales de precios son temporales, y las rupturas de los canales de precios ocurrirán eventualmente. La única pregunta es: ¿cuándo se producirán las rupturas?

Dado que la mayoría de los swing traders, especialmente los principiantes, no están capacitados para tomar posiciones de venta en corto, se supone que el swing trading implica la compra y venta de valores financieros solamente. Por lo tanto, hablaremos de los canales de la siguiente manera:

Estrategia de canales de precio en el swing trading - Venta

Paso #1: Dibujar el canal de precios

En primer lugar, dibuje un canal de precios cuando haya un mínimo de dos máximos superiores (HH) y mínimos superiores (HL). Dibuje las líneas de resistencia y soporte simplemente conectando los máximos y mínimos más altos, respectivamente.

En este punto, el objetivo es identificar las distintas acciones del precio que se mueven dentro del canal, que están formadas por las líneas de soporte y resistencia que usted dibujará.

Paso #2: Esperar a que la última oscilación del precio no llegue al límite superior del canal de precios

En particular, en el caso de un patrón de canal de precios de tendencia alcista, una señal muy clara de que la ruptura del precio de la línea de soporte del canal es inminente, es cuando la última oscilación del precio de un valor no alcanza el límite superior del canal, es decir, la línea de resistencia. Esto indica que el impulso alcista de los precios está empezando a perder fuerza, y una reversión de la tendencia puede ser confirmada por una eventual caída de los precios por debajo de la línea de soporte del canal.

Tenga en cuenta que cuanto mayor sea el número de veces que una oscilación de precios al alza no alcance la resistencia, o la banda superior del canal, mayor será la probabilidad de una ruptura de precios a la baja.

Paso #3: Espere a que se produzca la ruptura del precio a la baja, y a que se confirme

Para minimizar los riesgos de una señal de ruptura falsa, o "latigazo", tendrá que hacer algo más, aparte de esperar a que se produzca una ruptura del precio real; esperar una señal de confirmación de dicha ruptura. Pero, ¿qué es una señal de confirmación?

En particular, nos referimos a las velas japonesas, en concreto, a una ruptura de velas japonesas cuyo precio de cierre está por debajo de la línea de soporte del canal. En resumen, no hay que vender inmediatamente en cuanto el precio de un valor cae por debajo de la línea de soporte del canal. Lo ideal es que la vela de ruptura japonesa tenga un aspecto grande y decisivo, aunque esto no es obligatorio.

Paso #4: Venda

Una vez que haya confirmado la ruptura del canal de precios, es el momento de vender su activo al precio de cierre de la vela japonesa.

Es así de fácil.

Establecer objetivos de ganancias con el retroceso de Fibonacci

Esta estrategia de swing trading puede utilizarse junto con otras estrategias, incluida la estrategia de retroceso de Fibonacci.

Por ejemplo, puede establecer su primer punto de obtención de beneficios en el nivel de retroceso del 23,6% de la tendencia anterior, el segundo punto de obtención de beneficios en el 38,2%, y el tercero (si decide establecer uno) en el nivel de retroceso del 61,8%.

Quizá se pregunte qué es la tendencia "anterior". Pues bien, es la tendencia contenida en el patrón del canal de precios del que ha salido el precio.

Establecer órdenes de stop loss

Es mejor pecar de precavido, como dice el refrán. Aunque las pérdidas son algo inevitable en algún momento de sus actividades de swing trading, puede minimizar su magnitud mediante órdenes automáticas de stop-loss.

Como se ha mencionado anteriormente, muchos swing traders establecen sus límites de pérdidas, u órdenes, fuera de los canales de precios, es decir, por encima de las líneas de resistencia o por debajo de las líneas de soporte. Usted también puede hacerlo. Pero si quiere pecar de precavido, puede intentar establecer sus límites por encima de la última oscilación significativa del precio al alza.

Conclusión

La estrategia de swing trading del canal de precios puede utilizarse en cualquier actividad de negociación del mercado financiero, por ejemplo, acciones, bonos, divisas, etc.

Tenga en cuenta que una de las señales más reveladoras de una posible ruptura o reversión del precio son los múltiples fallos para alcanzar uno de los límites del canal, el superior o el inferior. Cuando vea esos fallos, prepárese para ejecutar su operación.

Capitúlo 5 La estrategia de swing trading de ruptura

Las operaciones de ruptura son una estrategia de swing trading que se ejecutan cuando el precio de un valor se mueve más allá de un rango de precios establecido para ese valor. Los rangos de precios tienen límites superiores e inferiores, representados por líneas/niveles de resistencia y soporte, respectivamente.

Antes de hablar de esta estrategia de swing trading con más detalle, es importante conocer los dos tipos principales de rupturas: las rupturas de soporte y resistencia y las rupturas de máximos y mínimos. Hablemos primero de las rupturas de soporte y resistencia.

Como probablemente pueda deducir de su nombre, estos tipos de rupturas se refieren a incidentes en los que el precio de un valor se mueve significativamente más allá de los niveles de soporte y resistencia establecidos en un rango de precios. Por eso es importante que se familiarice con el trazado objetivo de las líneas de soporte y resistencia, lo que fue discutido en la estrategia de swing trading correspondiente.

Cuando los precios salen de un rango o canal de precios establecido, ¿se trata ya de una ruptura? Al emplear esta estrategia, tendrá que identificar las rupturas legítimas de las falsas. Una ruptura legítima es aquella que va seguida inmediatamente de una vela japonesa grande y llamativa, que cierra significativamente por encima o por debajo del nivel de resistencia o soporte de un rango de precios, respectivamente. Cuando se trata de operaciones de ruptura, cuanto más grande sea la vela de ruptura, mejor.

Cuando los precios rompen el límite superior, es un buen momento para tomar posiciones largas, o cerrar las cortas. Cuando la ruptura es del límite inferior, es un buen momento para tomar posiciones cortas, o cerrar las largas.

Ahora bien, ¿qué ocurre con las rupturas de los máximos y mínimos del swing? Funciona de manera similar a la estrategia de ruptura de soporte y resistencia, salvo por un filtro adicional. Y ese filtro está configurado para garantizar las mayores posibilidades de una operación provechosa. Verá, no todos los máximos y mínimos del swing son iguales, es decir, algunos son mejores que otros, y algunos son peores que otros.

En lo que respecta a las operaciones de ruptura de máximos y mínimos, nos centraremos en una modalidad que funciona muy bien para muchos operadores de swing trading: el swing en forma de V. Un máximo de swing en forma de V se caracteriza por una subida muy fuerte del precio, que es inmediatamente seguida por una venta muy grande, es decir, una caída sustancial del precio. En el caso de los mínimos, un swing en forma de V se caracteriza por una caída sustancial del precio, seguida inmediatamente por una fuerte subida o repunte del precio.

Es tentador querer creer que se puede utilizar la operación de ruptura como única estrategia de swing trading y obtener beneficios para siempre. Lamento romper su burbuja, pero es una mala idea, porque las operaciones de ruptura pueden producir muchos latigazos, o falsas señales de ruptura. Por eso es necesario combinarlo con otro indicador técnico, uno que pueda utilizar como herramienta de confirmación. ¿Cuál es este indicador técnico?

Es la media móvil ponderada por volumen, o VWMA, por sus siglas en inglés. Como indican las tres últimas palabras, es una media móvil exponencial o ponderada, en la que cada entrada de precio tiene un peso diferente en el cálculo de la media móvil. Sin embargo, a diferencia de la EMA, la VWMA tiene en cuenta el volumen de negociación, y no la frecuencia, como base para asignar pesos a los componentes de los datos de precios utilizados en el cálculo de la media. Mientras que la EMA asigna la mayor ponderación al precio más reciente, y la menor al más antiguo, la VWMA asigna la mayor ponderación al precio con mayor volumen de negociación, y la menor al de menor volumen de negociación.

Ahora que es consciente de la necesidad de utilizar la VWMA para la estrategia de swing trading de ruptura, es el momento de entrar de lleno en la estrategia.

Estrategia de ruptura para tomar posiciones largas o cerrar las cortas

El primer paso es identificar un máximo de oscilación en forma de V. Una vez que lo haga, marque ese nivel de precio alto concreto como un nivel de resistencia, a partir del cual dibujará una línea horizontal. El punto de hacer esto es identificar y reconocer sólo aquellos niveles de precios que son claros y significativos.

El siguiente paso es esperar pacientemente hasta que el precio del valor rompa finalmente ese nivel de resistencia y su vela japonesa cierre por encima de él. Esa es la ruptura significativa que debe esperar, que es una señal de que los alcistas han tomado el control frente a los bajistas.

Pero espere… ¡hay más! Necesitamos una confirmación final para confiar realmente en que la ruptura es legítima: ¡la VWMA! Cuando la VWMA confirma la ruptura, ¡esa es su señal de "compra"! En particular, la ruptura debe producirse con la VWMA del valor estirándose hacia arriba, e inclinándose más hacia un movimiento alcista continuo.

Una vez que haya tomado su posición, coloque su orden de stop loss para esta operación a un precio que esté ligeramente por debajo de la vela japonesa de ruptura. A continuación, coloque su orden de obtención de beneficios inmediatamente o, si quiere tantear el mercado, cuando el precio del valor rompa por debajo de su VWMA.

Una estrategia de obtención de beneficios orientada a la VWMA se basa en la idea de que cuando un precio cae por debajo de la VWMA, es muy probable que los compradores que mantienen el movimiento alcista ya se hayan agotado. La lógica en este caso es asegurar los beneficios antes de que el precio del valor comience a volcarse por completo.

Estrategia de ruptura para tomar posiciones cortas o cerrar las largas

La estrategia aquí es completamente inversa a la de tomar posiciones largas o cerrar las cortas.

El primer paso es identificar un mínimo del swing en forma de V. Una vez que lo haga, marque ese nivel de precio bajo específico como un nivel de soporte, desde el cual dibujará una línea horizontal.

El siguiente paso es esperar pacientemente hasta que el precio del valor rompa finalmente por debajo de ese nivel de resistencia, y su vela japonesa cierre por debajo de ese nivel de soporte. Esa es la ruptura significativa que debe esperar, que es una señal de que los bajistas han tomado el control frente a los alcistas.

Cuando la VWMA confirma la ruptura, esa es su señal de "venta". En particular, la ruptura debe producirse cuando la VWMA del valor se desplaza hacia abajo, y se inclina más hacia una caída continua.

Conclusión sobre la estrategia de swing trading de ruptura

Una de las mejores cosas de utilizar esta estrategia, es que sus operaciones están respaldadas por el impulso del precio. Esto le da una muy buena oportunidad de ejecutar más operaciones lucrativas que perdedoras.

Otro beneficio de usar esta estrategia es la retroalimentación inmediata. Usted aprenderá rápidamente si su estrategia de comercio de ruptura funcionará o no.

Y por último, considere la posibilidad de que las rupturas sean dirigidas por el dinero de los inversores institucionales. Eso puede dar a una ruptura de precios aún más seguridad y apoyo.

Capitúlo 6 Análisis Fundamental

El análisis fundamental se preocupa por el bienestar de la economía. La evolución actual de la inflación, los índices de interés, y los balances de déficits, entre otros, son muy importantes para el analista fundamentalista. Ellos analizan las diferentes situaciones políticas y económicas de los países para ver los tipos de movimientos posibles, a corto o largo plazo, que puede realizar el mercado. Algunos de los factores que los fundamentalistas consideran son:

- **Los índices de interés**

La Reserva Federal y los bancos centrales se fijan en los diferentes indicadores económicos antes de tomar la decisión de subir o bajar los índices de interés en sus respectivos países. El porcentaje de interés influye en gran medida en los movimientos de los mercados de divisas. Cuanto más alto sea el índice, menor será el volumen de operaciones, y viceversa.

PROMEDIAR A LA BAJA DE FORMA INCORRECTA

La mayoría de la gente dice que no se debe promediar hacia abajo. La verdad es que los operadores principiantes no deben promediar hacia abajo. Sin embargo, a medida que uno se vuelve más competente, mejora en el comercio, y se vuelve más exitoso, hay ciertas situaciones en las que puede querer promediar hacia abajo. Esto puede deberse a que usted puso en una posición pequeña y se preparó para un ligero retroceso. Cuando tiene esta experiencia, y percibe un potencial para que la acción continúe vendiéndose un poco, más allá de que no le importe comprarla a un precio un poco más bajo, porque se está posicionando para esa situación y se está preparando para ella, en esos casos y situaciones promediar hacia abajo está perfectamente bien. Sin embargo, si sabe que tiene el mundo en sus manos y está listo para salir, y la acción está en su contra, y comienza a promediar a la baja, y comienza a usar el apalancamiento, y comienza a poner más y más dinero a una operación perdedora, eso es un enfoque absolutamente equivocado. Esta no es una forma saludable de promediar hacia abajo en la posición. Eso es para los gurús y los administradores de dinero. Recuerde que nadie sabe cuándo quebrarán las acciones. Esté preparado para que, en caso de que esté promediando hacia abajo, pueda hacerlo como máximo dos veces, si es principiante. Pero si tiene experiencia, podrá hacerlo en base a sus estrategias, quizá cuando se den las condiciones, y esté preparado para ello. Usted, por lo tanto, debe cuidarse y guardar una posición, en lugar de perderla.

USAR UN APALANCAMIENTO EXCESIVO

Usted siempre tendrá este impulso de comerciar más, especialmente si está experimentando pérdidas en sus posiciones. Tal vez esté tratando de operar con opciones, o esté utilizando los márgenes, porque no tiene suficiente dinero. La mayoría de las personas lo hacen peor cuando usan apalancamientos. No entienden cómo funcionan estas cosas. Por lo tanto, no entienden las opciones, ya que las opciones son más complicadas, y necesitan utilizar más instancias de capital para compensar esas diferencias. Usted debe tener la bolsa en movimiento, especialmente si sólo está comprando puts o calls. Por lo tanto, al principio, utilizar apalancamientos, como las opciones y los márgenes, se convierte en algo peor que la simple compra de tres o cinco valores de una acción concreta. Recuerde, si no tiene suficiente dinero, está tratando de utilizar el apalancamiento, o el margen, para hacer esa diferencia. Tiene que empezar despacio, mejorar, y conseguir cierta consistencia antes de utilizar el apalancamiento. En su lugar, utilice el capital disponible para ganar más dinero.

ATARSE EMOCIONALMENTE A UNA ACCIÓN

A menudo, algunos comerciantes se apegan a una acción específica, y esto se debe a lazos emocionales con un producto o empresa en particular. Tal vez esto se base en lo que vio en Twitter, o en las plataformas de redes sociales. Se vincula emocionalmente tal vez porque utiliza el producto; por lo tanto, está involucrado con la empresa. Tiene una conexión y, por lo tanto, toma decisiones de inversión sin tener la mente clara. Si esto es lo que aplica también cuando se trata de acciones, pregúntese cómo sería si las acciones se dan la vuelta, o se venden, y usted no tiene otro plan en mente. Debe saber que hay muchas cientos de empresas exitosas que han fracasado con el tiempo. Se dará cuenta de que esto le pasa a mucha gente. Mucha gente pone su dinero en acciones específicas, en ciertos instrumentos de comercio, o creyendo en compañías individuales, y eventualmente, esas acciones bajan, bajan, y nunca vuelven a subir. Por lo tanto, no hay que atarse tan emocionalmente a una acción concreta. No se preocupe por lo que venden las acciones; lo único que debe importarle es si las acciones se mueven. ¿Sigue obteniendo una determinada rentabilidad constante cada vez? ¿Cómo se comporta, cómo es la acción del precio? ¿Es estable? Para responder a esto, tiene que mirar su plan de trading. No se apegue a la acción si no es así; no estará funcionando de la manera correcta con respecto a sus planes. Salga de la operación si no está actuando de forma sensata para usted.

NO CONVERTIR LAS GANANCIAS EN EFECTIVO

La mayoría de los operadores entran en las acciones por completo y obtienen el beneficio total una vez que alcanzan un número específico. Usted necesita tomar ganancias lentamente, en el fondo, mientras esa acción siga operando a su favor. Esto se debe a que nunca se sabe cuándo llegará ese mal día de pérdidas. Usted nunca sabe realmente cuando esa acción tendrá un retroceso. Si una acción se está moviendo hacia arriba, digamos que por dos meses, y usted sigue obteniendo grandes ganancias, eso es fantástico y placentero para usted. Quite un poco de dinero de la mesa. Tome tal vez un cuarto, la mitad, un quinto o un tercio en efectivo. Tome esa ganancia y póngala de nuevo en su cuenta, y haga algo con ella en otro lado. No permita que las acciones sigan subiendo más y más sin tomar ninguna ganancia, porque cuanto más se estiren, más probable será que haya un retroceso. Los retrocesos son muy saludables para las acciones, ya que crean nuevos patrones de acciones, crean nuevas oportunidades y le permite comprar más acciones de esas ganancias que tomó. El problema es que muchos traders, cuando tienen problemas, entran en una acción totalmente comprometidos, no hacen ganancias, y de repente, en un día, la acción comienza a bajar incluso por debajo de su precio de entrada. Hay que tener en cuenta que los días de bajada son mucho más violentos, y uno o dos días grandes de bajada pueden llevarse por delante las ganancias de uno o dos meses. Por eso es convertir el dinero en efectivo. No hay que tener miedo a recuperar las ganancias. Sí, usted quiere que sus ganancias duren el mayor tiempo posible, pero también debe saber que no tomar ganancias es tan malo como mantenerlas.

AFERRARSE A PÉRDIDAS

El mercado complacerá a algunas personas y también molestará a otras. Creo que usted no querrá aferrarse a las pérdidas. Por lo tanto, no hay que estar atado emocionalmente a una acción concreta. Cuando usted compra una acción a 50 dólares, sube a 75 dólares, empieza a venderse al alza, y luego pasa a 70 dólares, a 65 dólares, luego a 55 dólares, y vuelve a los 50 dólares a los que la compró, ¿usted sigue esperando que suba? Si sigue aguantando un poco más, seguirá bajando, hasta los 40 dólares por acción, o los 30 dólares por acción. La acción se acerca a un cierre, y usted está empezando a perder dinero a lo grande. Lo que la gente hace es que, cuando están en una pérdida, dicen: "bueno, estoy tan metido en ella que bien podría seguir manteniéndola". Este es un gran problema, ya que usted está aferrándose a las pérdidas más tiempo del que debería, especialmente si tenía una acción o una operación rentable. NUNCA debe dejar que un negocio ganador se convierta en una operación perdedora, es por eso que usted convierte las ganancias en efectivo, como se mencionó anteriormente. Aferrarse a las pérdidas demasiado tiempo es otro gran error que debe evitar.

Capitúlo 7 Gestión del dinero

¿Qué es la gestión del dinero?

Este término se utiliza para referirse al proceso de invertir, gastar, ahorrar y presupuestar; también se utiliza para referirse a la forma en que se utiliza el capital para el uso personal o colectivo. Otros términos utilizados para referirse a la gestión del dinero son gestión de portafolio o gestión de inversiones. Ser bueno con el dinero implica muchas cosas, además de satisfacer sus necesidades. Cuando se trata de la gestión del dinero, no es imprescindible tener conocimientos de matemáticas, en cambio, se necesitan otras habilidades, que se analizarán más adelante.

La gestión del dinero es simplemente la forma en que se manejan todas las finanzas y los objetivos a largo plazo. También implica la forma en que una persona gestiona sus inversiones para obtener buenos beneficios. La mayoría de las personas piensan que las grandes habilidades de gestión del dinero consisten en decir "no" cuando se tiene la tentación de hacer una compra. Lo que realmente implica es ser capaz de decir "sí" a lo que es importante comprar. Cuando no se practican buenas habilidades de gestión del dinero, el dinero que se tiene puede parecer poco para el estilo de vida que se lleva.

Para tener un buen comienzo en lo que respecta a la gestión del dinero, necesita saber dónde se encuentra. Esto se refiere a su capacidad y poder financiero; como activos y pasivos. Los activos incluyen sus inversiones y cuentas bancarias, cualquier propiedad, y las cuentas de jubilación. Los pasivos son las cosas que debe pagar, como los saldos de las tarjetas de crédito, los préstamos, como los de los estudiantes y los de los coches, y las hipotecas y deudas pendientes. Su patrimonio neto es cuando el valor de sus activos es mayor que el de sus pasivos. Y cuando su pasivo es mayor que su activo, se considera una pérdida neta, o un patrimonio neto negativo. Cuando se tienen grandes habilidades y enfoques de gestión del dinero, conseguir un patrimonio neto será fácil.

Asegúrese de establecer objetivos para lograr una buena gestión del dinero. Sus objetivos crearán un plan sobre cómo gestionar su dinero. Cuando tenga sus objetivos fijados, tendrá claro cuáles son los gastos prioritarios y cuáles puede dejar de lado. Necesitará disciplina y esfuerzo para lograr todos sus propósitos. Por ejemplo, cuando planee comprar un coche de 20.000 dólares, tendrá que trabajar más duro e inteligentemente, y reducir sus gastos. Deberá hacer todo eso en comparación con alguien cuyo presupuesto para un coche es de 10.000 dólares.

Cuando tenga su presupuesto elaborado y definido, recuerde que debe hacer ajustes. Cuando prepare un presupuesto, tendrá la oportunidad de reconocer todos los gastos que tiene. Por ejemplo, puede apartar 150 dólares que pueden ser para entretenimiento, y cualquier gasto misceláneo, después de pagar todos sus gastos y deudas. Un buen consejo es que cuando reciba un aumento de sueldo, no utilice los ingresos adicionales para sus diversiones, sino que los añada a sus ahorros.

Cuando tiene como objetivo el alcanzar diferentes metas, es probable que tenga el dinero en diferentes cuentas. Un buen ejemplo sería asegurarse de tener un fondo de emergencia separado, para no caer en la tentación de hacer compras impulsivas en el futuro.

También tendrá diferentes estrategias para diferentes objetivos. Será agresivo cuando empiece a invertir en diferentes acciones, en las que no necesitará invertir dinero como en 20 años. También necesita tener una cuenta sin riesgos, como una cuenta de ahorros, que pueda utilizarse como fondo de emergencia cuando surja la necesidad. Si tiene varias cuentas, puede utilizar un programa que le ayude a controlarlas todas. Uno de ellos puede ser Quicken, que le permitirá hacer un seguimiento de todos sus gastos y de sus objetivos de ahorro.

Los fundamentos de la gestión monetaria

La gestión del dinero es un término que se refiere a las soluciones y servicios que se encuentran en el ámbito de la inversión. Lo bueno es que en el mercado financiero hay diferentes recursos disponibles que pueden ayudar en la gestión financiera personal. Para cualquier inversor, su objetivo es tener un buen patrimonio neto, por lo que llegará un momento en que necesitará los servicios de profesionales, como los asesores financieros. Los asesores son conocidos por ofrecer servicios de corretaje, planes de gestión monetaria, y banca privada. El asesoramiento es lo más adecuado para la jubilación, la planificación de la herencia, y otros beneficios.

Cuando se tiene un negocio, parece algo complicado cuando hay que gestionar el flujo de caja y las diferentes cuentas. Cuando se consigue un equilibrio, el éxito está garantizado. Si no es capaz de gestionar todo eso, tendrá que contratar los servicios de un contable, o de un gestor de cuentas, para que haga todo eso por usted. Aunque vaya a recurrir a una empresa externa, es necesario que conozca los fundamentos de la gestión del dinero y la contabilidad. Tendrá que dominar tareas sencillas, como la interpretación de los extractos bancarios, la comprensión de las cuentas por pagar y por cobrar, los créditos, y los formularios fiscales.

La gestión del dinero también implicará saber más sobre las tarjetas de débito, los cheques, los pagos en línea, el dinero en efectivo y las tarjetas de crédito, cuando se trata de opciones de pago en su negocio. También debe tener un esquema de pago planificado y definido, así como un sistema de cobro de deudas, en caso de impago.

Abrir una cuenta bancaria es otra forma de ayudar en la gestión del dinero, debe elegir un nombre y tener un negocio operativo y registrado. Asegúrese de obtener más información sobre las facilidades de las tarjetas de crédito, de las cuentas de débito, y cualquier otro servicio adicional. Otro aspecto importante es asegurarse de que dispone de facilidades de crédito ampliadas en caso de retraso en los pagos. Esto puede planificarse para 30, 6, 90, o 120 días después de la entrega de un producto, o la prestación de un servicio. Puede motivar a sus clientes para que paguen a tiempo ampliando los descuentos. Antes de la ampliación del crédito, asegúrese de que ha realizado una comprobación de antecedentes adecuada, especialmente cuando se trata de importes elevados. Incluso cuando hay una extensión de crédito, hay veces en las que termina sin cobrar, o no le pagan a tiempo. Para poder recuperar su dinero, debe asegurarse de que existe una comunicación franca y clara.

¿Qué son las habilidades para la gestión del dinero?

Antes de saber acerca de las mejores habilidades para la gestión del dinero, debe hacerse algunas preguntas. ¿Cuáles son sus ingresos semanales o mensuales? ¿Tiene una lista de gastos que debe pagar? Lo que debe saber, es que la gestión del dinero es una habilidad que se utiliza en la vida real, y no se puede enseñar en la escuela. Estas habilidades no se pueden aprender en la escuela, sino sobre todo a partir de la experiencia vivida.

✓ Tenga la capacidad de establecer un presupuesto. Esto le ayudará a controlar sus gastos, y la forma en que gasta el dinero. ¿En qué gasta mucho, en entretenimiento, en ropa o en comida? ¿Tiene una tendencia a retirar dinero en exceso de su cuenta bancaria? Si la respuesta a todo eso es afirmativa, entonces tendrá que establecer un presupuesto. Mire su estado de cuenta mensual y anote todos los gastos en categorías. Le sorprenderá saber cuánto está derrochando.

✓ Gaste lo que tiene con sensatez. Tenga siempre una lista de la compra cuando vaya a comprar. ¿Tiene la costumbre de mirar los precios de los productos antes de meterlos en la cesta de la compra? Si tiene cupones, asegúrese de utilizarlos. Hay aplicaciones móviles y recursos en línea que pueden ayudarle a controlar sus gastos. ¿Sabe cómo monitorear sus gastos? Si no está atento a este consejo, acabará perdiendo el dinero que tanto le ha costado ganar.

✓ Haga siempre el balance de sus libros, no tenga la tendencia de obtener siempre su balance bancario en línea. Cuando depende de la información en línea, tendrá un problema cuando quiera saber el saldo de lo que está gastando en ese momento en particular. Sea cuidadoso y asegúrese de registrar todos sus gastos y esto le ayudará a evitar cualquier gasto excesivo.

✓ Establezca un plan que le ayude a lograr cualquier cosa que se proponga. Cuando tenga un plan financiero, será capaz de controlar cómo está gastando su dinero.

✓ Piense siempre como un inversor. En la escuela, no le enseñarán cómo manejar el dinero, y sobre todo cómo invertirlo y hacer que crezca su riqueza. Aprenda a hacer crecer tus ahorros y a invertir a una edad temprana. Convierta esos 100 dólares en 200, 400, 800 y más. Tener un futuro financiero estable significa que ha invertido y ha hecho crecer su dinero.

Cuando empiece a pensar como un inversor, su dinero crecerá. Si usted tiene un cónyuge o pareja, asegúrese de que ello también sepan acerca de sus objetivos financieros. Si tiene una cuenta conjunta con su pareja o cónyuge, trabajen siempre juntos, y pónganse de acuerdo en los objetivos financieros. Cuando esté atascado o tenga dudas, consulta a un asesor financiero y aprenda bastante sobre cómo invertir.

✓ Ahorre su dinero, esté siempre enfocado y comprometido cuando se trate de ahorrar dinero, y esto le garantizará un mejor futuro. Esto ayudará a perfeccionar su posición financiera, e incluso a hacerla crecer. El primer paso es tener la decisión de hacerlo, y esto ayudará a mejorar su capacidad de gestión.

La importancia de la gestión del dinero

La gestión monetaria ayudará a cualquier persona a vivir con un presupuesto y dentro de sus límites. Podrá buscar grandes oportunidades y evitar cualquier negocio que crea que no es bueno, a la hora de hacer una compra. Cuando empiece a tener unos ingresos estables, tendrá que saber cómo invertir, pues eso le ayudará a alcanzar sus objetivos. Y cuando practique una correcta gestión del dinero, podrá cumplir todos sus propósitos y planes. He aquí la importancia de la gestión del dinero:

✓ Dispondrá de una mayor seguridad financiera: cuando usted es cuidadoso con sus gastos y ahorros, termina ahorrando suficiente para su futuro. Sus ahorros le ayudarán a tener la seguridad financiera necesaria, y será capaz de valerse por sí mismo en caso de emergencias. Con sus ahorros, no necesitará utilizar su tarjeta de crédito en caso de algún problema.

✓ Cuando tiene un manejo adecuado del dinero, y consigue ahorrar, podrá conseguir oportunidades, e invertir en el negocio. Sería frustrante saber de una gran oportunidad y no tener fondos suficientes para invertir.

✓ Su puntuación de crédito estará determinada por la forma en que administra su dinero. Cuando tiene una puntuación de crédito alta, significa que ha conseguido pagar sus facturas a tiempo, y que tiene un nivel de deuda bajo. Una puntuación crediticia alta significa que tendrá más ahorros, y que le cobrarán intereses bajos cuando haga compras, como coches o hipotecas.

✓ La gestión del dinero ayuda a reducir el estrés. Esto ocurre cuando empieza a pagar sus facturas a tiempo. Cuando se retrasa en el pago de sus facturas, se verá sometido al estrés. El estrés provocará problemas de salud, como insomnio, migrañas e hipertensión. Es necesario ser consciente de cómo manejar la gestión del dinero, esto le ayudará a tener algo de dinero extra, y logrará ahorrar y manejar una vida libre de estrés.

✓ La buena gestión del dinero le ayuda a ganar más dinero, y cuando sus ingresos aumentan, debe elaborar un presupuesto adecuado, y saber de los lugares adecuados para invertir el dinero extra. Necesita descubrir otros medios para ahorrar, como las acciones y los fondos de inversión, que le ayudarán a ganar más dinero, a diferencia del que tiene en su cuenta de ahorros. Asegúrese de aprender sobre las inversiones, pues no todas las inversiones son rentables. Lo mejor de las inversiones es que puede tener un salario mensual y seguir ganando con su inversión.

✓ Cuando adapte grandes habilidades de gestión monetaria, no desperdiciará el dinero en cosas innecesarias. Cuando no sabe en qué gasta sus ingresos, es fácil endeudarse. Si utiliza su tiempo libre de forma eficaz, podrá gestionar su dinero de mejor manera. Por ejemplo, cuando pase tiempo con sus amigos y familiares, asegúrese de estar consciente de su presupuesto.

✓ La tranquilidad está garantizada cuando se tiene una mejor capacidad de gestión del dinero. Cuando tenga unos ingresos estables, y mejores ahorros, podrá manejar cualquier asunto financiero con la confianza de que todas sus necesidades pueden ser manejadas perfectamente.

Top mundial de gestores monetarios

Estos gestores son conocidos por ofrecer administración y asesoramiento de inversión. Gestionan tanto fondos activos como pasivos.

✓ The Vanguard Group: es una conocida firma de gestión e inversión, tienen más de 20 millones de clientes y en más de 100 países. Empezaron en Pensilvania en los años 70 y han aumentado sus activos hasta superar los 5 billones de dólares, al cierre de 2018. Tienen más de 300 fondos, mueven 150 en Estados Unidos, y cuentan con más de 400 índices para todos sus fondos de mercado.

✓ Pacific Investment Management Company: esta gestora tiene presencia mundial y fue fundada en California en los años 70. Han hecho crecer su base de activos hasta superar el billón de dólares, al cierre de 2018. Tienen más de 700 profesionales gestionando inversiones, y con más de 10 años como expertos. Tienen más de 100 fondos y lideran en el sector de la renta fija.

✓ BlackRock, Inc: comenzaron con su empresa principal como BlackRock Group, para 1988 iniciaron otra división y la etiquetaron como BlackRock, Inc. Hicieron crecer sus activos a más de 15 billones de dólares en 5 años, y a finales de 2018, crecieron a más de 6 trillones de dólares y se han convertido en la mayor empresa de gestión de inversiones del mundo. Tienen más de 100.000 personas en su plantilla y más de 50 oficinas, en más de 30 países. Más del 20% de sus activos equivalen a 16 trillones de dólares.

✓ Fidelity Investments: esta firma fue fundada en los años 40 y para finales de 2019 sus clientes han crecido a más de 20 millones, y sus activos a más de 5 trillones de dólares. Sus fondos de inversión son más de 300, esto incluye renta variable, nacional y extranjera, mercado monetario, renta fija, y distribución de fondos.

✓ Invesco Ltd: esta firma ha estado en el negocio desde 1940, ofreciendo asesoramiento de inversión. En 2018, anunciaron que han hecho más de 800 mil millones de dólares, muy por encima de sus productos. Tienen más de 100 ETF, hechos con su capital social. En 2017, tuvieron un declive que afectó a la cotización de sus acciones. Han logrado estar entre los mejores del mundo, a pesar de todos los retos y contratiempos. Se han convertido en una de las mejores y más importantes empresas del mundo, en términos de dinero, activos y gestión de inversiones.

Los criterios utilizados en la gestión del dinero

Unas buenas habilidades financieras facilitan la gestión del dinero, y la forma en que se gasta nuestro dinero afecta en gran medida a su puntuación de crédito y a su ciclo de endeudamiento. Hay consejos que pueden ayudarle si está luchando con la forma de administrar su dinero.

✓ Tenga siempre un presupuesto: a la mayoría de las personas no les gusta tener un presupuesto, porque creen que es un proceso aburrido y repetitivo. Eso implica hacer una lista de todos sus gastos, sumar números, poner todo en orden y seguir. Cuando se tiene un presupuesto, hay menos posibilidades de ser malo con el dinero. Podrá ver sus ingresos y sus gastos. El secreto está en centrarse en el beneficio que el presupuesto aportará a tu vida, en lugar de en el proceso de creación del mismo.

✓ Después de hacer el presupuesto, el truco es asegurarse de que lo usa. Será una pérdida de tiempo si elabora un presupuesto y no lo cumple. Si se trata de un presupuesto semanal o mensual, asegúrese de consultarlo a menudo, ya que le ayudará a tomar sus decisiones a la hora de algún gasto. El presupuesto debe elaborarse de forma que, en cualquier momento, usted pueda hacer un seguimiento de cuánto ha gastado, y saber de cualquier gasto pendiente.

✓ Cuando elabore su presupuesto, establezca un límite para los gastos que no estén incluidos en él. En cualquier presupuesto, lo importante es conocer los fondos que quedan después de pagar todos sus gastos. Cuando tenga un presupuesto, y todos los gastos estén saldados, podrá disponer del resto para sus actividades de ocio. La cantidad fijada para la diversión debe ser una cantidad específica de sus ingresos. Si está planeando hacer una gran compra, consulte primero su presupuesto.

✓ Comience por hacer un seguimiento de sus hábitos de gasto. Las pequeñas compras acaban por acumularse y, finalmente, se dará cuenta de que se ha salido de su presupuesto. Cuando realice un seguimiento de sus planes de gasto, podrá saber en qué puntos está fallando, y cómo puede corregirlos. Si puede, asegúrese de guardar todos sus recibos y de tener un registro de sus gastos en un diario. Téngalos por categorías, para que pueda hacer un seguimiento fácil, y saber cuáles son las áreas en las que le resulta difícil cumplir con el presupuesto.

- ✓ Cuando sus ingresos son estables, y le permiten obtener una línea de crédito, eso no significa que deba obtenerla. No es necesario que se comprometa con ningún gasto mensual recurrente. La mayoría de la gente piensa que el banco no aprobará la línea de crédito porque no puede pagarla. Lo que el banco sabe es que sus ingresos son exactamente los que usted ha declarado. Y si usted ha dado un reporte de crédito, utilizarán lo que se ofrece en ese informe, y no tendrán ninguna obligación de negar el crédito. Es una decisión personal saber si usted califica para la facilidad de crédito, y si tiene la capacidad de pago con respecto a sus ingresos mensuales y otras obligaciones.

- ✓ Al tomar una decisión de compra, asegúrese de que está pagando los mejores y más correctos precios. La mejor manera de hacerlo es comparando y asegurándose de que está pagando los precios más bajos por los productos y los servicios prestados. Busque descuentos, alternativas más baratas y cupones.

- ✓ En situaciones en las que esté planeando hacer una gran compra, asegúrese de ahorrar para esa compra. Cuando tiene la capacidad de retrasar sus satisfacciones, se asegura de que puede gestionar su dinero de una mejor manera. Es aconsejable dejar de lado las grandes compras, en lugar de sacrificar cosas importantes, o tratar de hacer compras con su tarjeta de crédito. Esto le ayudará a evaluar si realmente necesita esa compra, o si necesita más tiempo para hacer una comparación de precios. Asegúrese de desarrollar el hábito de ahorrar, en lugar de la tendencia a utilizar tarjetas de crédito; esto ayudará a evitar cualquier interés en el valor del coste.

✓ Limite siempre las compras que realiza con su tarjeta de crédito. En situaciones en las que se quede sin dinero en efectivo, lo más probable es que acabe utilizando su tarjeta de crédito, incluso si no puede permitirse la compra, ni pagar el saldo. Aprenda a resistirse a usar sus tarjetas de crédito cuando haga cualquier compra que sepa que no puede pagar, y especialmente en aquello que no necesita.

✓ Desarrolle el hábito de ahorrar regularmente. Abra una cuenta de ahorros y asegúrese de depositar dinero regularmente; puede hacerlo diaria, semanal o mensualmente, dependiendo de sus ingresos. Esto ayudará sin duda a desarrollar un hábito financiero más saludable. Otra buena opción es establecer un plan para que los fondos se abonen automáticamente en su cuenta. Eso ayudará a disminuir la responsabilidad de recordarse todo el tiempo a usted mismo que debe hacerlo.

✓ Si quiere ser un buen gestor, cuando se trata de dinero, asegúrese de practicar todo el tiempo. Organice cuando vaya a hacer una compra y compre siempre lo que pueda permitirse. Cuando lo convierta en una rutina y un hábito diario, será más fácil gestionar el dinero, y será mejor para sus finanzas.

Errores en el mercado monetario

Para tener éxito en su inversión en el mercado monetario, debe hacerse varias preguntas/afirmaciones:

- ¿Tiene una cuenta para emergencias?
- La cuenta que tiene será una inversión
- Los fondos que está reservando le serán útiles pronto.

Cuando se decida a invertir, debe saber que se trata de una empresa arriesgada, y que hay factores que deberá tener en cuenta antes de cualquier inversión. Por ejemplo, cuando decida invertir en acciones, deberá tener en cuenta factores como la volatilidad económica. En el caso de los bonos, hay factores como las tasas de interés y el riesgo de inflación. Para un inversor valiente, confiar en una cuenta del mercado monetario es un movimiento valiente. Esto se debe a que son conocidas por proteger el dinero. Hay diversos errores que se cometen cuando se trata del mercado monetario:

✓ El error que cometen la mayoría de los inversores es pensar que las cuentas del mercado monetario son lo mismo que los fondos del mercado monetario. Son instrumentos financieros que tienen diferencias notables. La mayoría de la gente conoce el fondo del mercado monetario como un fondo de inversión, cuyas características principales son la baja rentabilidad y los riesgos en cada inversión. Invierten sus fondos en activos líquidos, por ejemplo, en efectivo. Cuando se invierte en títulos de deuda, éstos tienen una mayor rentabilidad y valoración, y se vencen en un plazo más corto. La mayoría de los inversores cometen un error, y piensan que su dinero está más seguro en el mercado monetario, pero eso no es lo mismo que con los fondos del mercado monetario.

✓ La mayoría de las personas que se dedican a la inversión creen que el dinero que tienen en el mercado monetario está seguro. El mayor error que cometen es pensar que están mucho más a salvo de las inversiones. Otra creencia es que es mejor tener un índice de interés más bajo con el dinero en el banco, que no tener ningún interés. La mayoría de los inversores no saben a lo que se exponen en lo que respecta a la inflación. Esta es la razón principal por la que los fondos que se encuentran en el mercado monetario no vencen a la inflación. Un buen ejemplo es cuando la tasa de inflación es más baja que el interés que se reclama. Los inversores sabrán que, aunque crean que el mercado monetario es seguro, no están a salvo de la inflación.

✓ Cuando se invierte, debe saber como hallar el saldo adecuado. La mayoría de las veces, el mercado monetario se ve influenciado por los cambios y los tipos de inflación. Cuando tenga una inversión de este tipo, no se deje tentar por ingresar un mayor capital. Necesitan un saldo mínimo más elevado, en comparación con las cuentas de ahorro normales. La cuenta normal necesita estar en funcionamiento durante al menos un año y tener un capital más elevado. Si tiene algo más que eso, entonces estará inactiva y perderá valor.

- ✓ A la mayoría de los inversores les gusta utilizar el dinero como su manta de seguridad. Creen que aferrarse a su dinero es el mejor método para cualquier inversión. Esto no es cierto, especialmente cuando se trata de ahorros, ya sea en su mercado de dinero o ahorros estándar. No es correcto tener su dinero expuesto a la incertidumbre y a cualquier riesgo. Esta es una de las razones por las que los inversores tienen miedo de invertir y prefieren quedarse con su dinero en efectivo.

- ✓ Para ser un buen inversor, hay que conocer la diversificación de activos. Cuando se trata de dinero en efectivo, no es nada distinto; esto se debe a que la mayoría de la gente cree que el dinero en efectivo no es un activo. Hay que saber, que desde los fundamentos de las finanzas y la contabilidad, el efectivo se conoce como un activo corriente. Cuando decida tener efectivo, asegúrese de no tener más de

200 mil dólares. No es una coincidencia encontrarse con cualquier inversor ordinario que tiene varias cuentas bancarias, con el fin de asegurar su dinero en efectivo. Tienen un procedimiento para dividir el dinero, o el efectivo, en tres categorías, y eso es algo útil. La primera es para asegurarse de tener algo de dinero reservado para al menos 3 años, que se considera un periodo corto. Entre 4 y 10 años se considera el plazo medio, y más de 10 años, el plazo más largo. Esto es lo que ayuda a los inversores a saber cuánto tiempo pueden dedicar a sus proyectos, cuánto necesitan, y cuánto se ahorrarán al final. Esta estrategia es importante, porque también ayudará a entender los posibles riesgos.

El mejor consejo es asegurarse de que está invirtiendo en inversiones a largo plazo, y de menor riesgo. Entre ellas se encuentran las inversiones como los bonos, valores del tesoro, seguros de vida y rentas vitalicias. Deberá conocer las opciones que le ayudarán a no perder el valor del dinero, evitando cualquier riesgo, y las diferentes formas de diversificación del efectivo. Puede hacer uso de las diferentes herramientas de negociación e inversión, que le ayudarán a obtener más beneficios, en lugar de las cuentas del mercado monetario. Necesita buscar las inversiones que le ayudarán a generar más ganancias en un período de tiempo más corto que el plazo más largo.

✓ Cualquier inversor debe saber que la finalidad del mercado monetario es mantener el dinero. Cuando tiene su dinero en un solo lugar, no tendrá ninguna ganancia ni beneficio; necesita mover el dinero. Deberá informarse más sobre las diferentes opciones, e invertir más. También debe saber que las cuentas del mercado monetario no deben considerarse inversiones a largo plazo. La razón principal es que están sujetas a índices de interés más altos que los que se cobran en una cuenta de ahorro normal. Por lo tanto, no hay razón para considerarla una inversión a largo plazo.

✓ No hay que dejarse seducir por las cuentas que ofrecen tasas de interés como promoción. La razón es que los intereses están obligados a cambiar después de algún tiempo.

Aplicaciones de presupuestos

Como inversor, y con los difíciles tiempos económicos que corren, necesita conocer la mejor manera de invertir en el mercado financiero. Y cuando se vuelva exitoso, y empiece a ganar dinero, debe buscar aplicaciones que le ayuden en la gestión de su dinero. Gracias a la tecnología, esas aplicaciones están disponibles para todos, y son fáciles de descargar. Pueden descargarse e instalarse en tabletas y teléfonos inteligentes, por lo que pueden utilizarse en cualquier momento y en cualquier lugar, gracias a su portabilidad. Las aplicaciones le ayudan a mantenerse al tanto de la forma en que gasta, y en cuánto gasta.

- ✓ MINT:

Mint puede descargarse como aplicación, o utilizarse como un sitio web; se encuentra en la categoría de presupuestos e inversiones. Es compatible con iOS, Web, Windows 8 y Android. Es más bien una aplicación de presupuestos, pero aún así, le ayudará a administrar su dinero. Tiene una función por la que puede clasificar y personalizar todos sus gastos y transacciones. Tiene la capacidad de sincronizar todas sus transacciones de inversiones, cuentas bancarias y tarjetas de crédito. Tiene una función de recordatorio para todas sus facturas pendientes, y esto le ayuda a evitar cualquier retraso en el pago de sus cuentas, algo que debería ser muy conveniente para cualquier inversor. Todo lo que tiene que hacer es crear una cuenta gratuita e incluir todos sus datos financieros. Entonces se generará un informe cada vez que se produzca una actividad y podrás obtener un resumen.

- ✓ Good Budget:

Esta aplicación utiliza el concepto de sobre: cuando se registra le dan 10 sobres gratis, cuando tiene la suscripción estándar. Cuando tiene una suscripción Plus, entonces se le cobrará un cargo mensual de 6 dólares, y tendrá sobres ilimitados. El concepto funciona de manera que, cuando su sobre está vacío, no puede comprar ni gastar dinero. La otra alternativa es que puede mover el dinero entre los sobres; esto se debe a que la aplicación tiene la flexibilidad de utilizar un presupuesto común. Puede compartir el presupuesto con otras personas, ya que la app es compatible con iPhone y con todos los dispositivos android.

- ✓ Dollar Bird:

Esta app también ayuda en la gestión del dinero; administra los gastos futuros y le recordará cuando tenga deudas de pago. Configurarla y activarla es gratis, y tiene funciones adicionales premium. Su presupuesto será descompuesto en forma de calendario, y sus gastos pendientes serán visibles. Tiene la posibilidad de tener todas sus transacciones en categorías que están codificadas por colores, y que se irán sumando a medida que tenga transacciones repetidas. Cuando compruebe su factura de servicios y su nómina, se mostrarán allí. Podrá ver todo su saldo actual y lo que puede gastar para seguir estando dentro del presupuesto. El principal inconveniente es que no se sincroniza con sus cuentas bancarias. El problema es que tendrá que introducir manualmente todas las transacciones. La aplicación está disponible para usuarios de iOS, Android y la web. Tendrá el privilegio de estar al tanto de sus ingresos, gastos y flujo de caja.

- ✓ EXPENSIFY:

Se le considera una aplicación y una herramienta usada para reportar gastos y para hacer seguimiento de todos los recibos y gastos que se tienen. La principal ventaja es que ayuda en la introducción rápida de datos, y ahorra mucho tiempo. Usted podrá hacer todas las entradas con un solo clic. Esta aplicación está disponible para usuarios de Android e iOS. Hará todas las capturas de forma automática y utilizando OCR; es un escáner inteligente. Todos sus reportes estarán disponibles al tomar una foto, y son subidos y completados con un solo clic. Cuando envíe sus gastos, éstos se reembolsarán más rápidamente, y las aprobaciones se harán también muy rápido. Cuando use la aplicación, podrá hacer un seguimiento de todos sus gastos, categorizarlos, y conocer su coste. Todos los gastos están consolidados y sincronizados.

Capítulo 8 Estrategias exitosas de entrada y salida

SEGUIMIENTO DE LOS PRINCIPALES TIPOS DE ÓRDENES

ÓRDENES DE MERCADO

Una cosa a tener en cuenta sobre las órdenes de mercado es que compran y venden al precio actual, independientemente de cuál sea. Las órdenes de mercado suelen ejecutarse en un mercado activo, pero no necesariamente al precio que el operador pretendía.

Por ejemplo, usted puede colocar una orden de mercado cuando el mejor precio es 1,1954, pero otras órdenes pueden ejecutarse primero, y su orden podría terminar ejecutándose a 1,1955.

Tenga en cuenta que las órdenes de mercado se utilizan cuando usted necesita que se procese la suya, pero está dispuesto a obtener un precio ligeramente diferente del que quería. Si está realizando una compra, lo más probable es que su orden de mercado se ejecute al precio solicitado. Esto se debe principalmente a que ese precio es el que otra persona está dispuesta a vender.

Por otro lado, si está vendiendo, existe la posibilidad de que su orden de mercado se ejecute al precio de oferta. Esto se debe a que ese podría ser el precio al que otra persona está dispuesta a comprar.

ESTRATEGIAS DE ENTRADA Y SALIDA PARA OPERADORES A TIEMPO PARCIAL

Hay una gran diferencia entre el trading a tiempo completo y a tiempo parcial. El trading a tiempo parcial puede ser muy complicado, porque no siempre sigue la trayectoria habitual.

Una cosa que es importante tener en cuenta es que el trading es una cuestión de calidad y no de cantidad. En otras palabras, si no consigue operaciones adecuadas, puede renunciar a operar por esos días, aunque se tarde semanas al mismo tiempo.

Sin embargo, el hecho de que las operaciones no sean adecuadas no significa necesariamente que no deba trabajar. Es importante que siga formándose en la interpretación de la lista de seguimiento, y que esté preparado para cuando se presenten las oportunidades.

ENTRAR EN LA CONTIENDA

Cuando se opera a tiempo parcial, su arma de entrada es una orden de límite. Sin embargo, si tiene acceso a las operaciones de algoritmos, puede utilizar un algoritmo con una orden limitada adjunta. Esto significa que, cuando se presenta una señal de compra en un día determinado, lo que tiene que hacer es revisar cómo se están comportando los precios durante el día, y así determinar el mejor momento para colocar una orden de compra razonable.

Es bueno ser exigente. Sin embargo, si su orden de límite no se ejecuta, no es un gran problema. Recuerde que hay muchos peces en el mar, y que sólo tiene que esperar a la próxima vez para volver a echar la red. Cuando no persigue el valor tan desesperadamente, puede entrar en la operación en sus propios términos tan pronto como los precios le sean favorables.

Lo último que quiere es operar en el mercado abierto. Es caótico cuando las noticias que surgen tras el cierre del mercado el día anterior se reflejan en los precios de apertura. La verdad es que puede haber grandes oscilaciones, tanto negativas como positivas.

El otro punto a tener en cuenta es no introducir nunca una orden de mercado cuando el mercado está cerrado. Esto se debe a que dicha orden de mercado se ejecutará a los precios de apertura del día siguiente, independientemente de cuál sea el precio. La verdad es que los movimientos suelen ser feroces en la apertura, y si se introducen órdenes de mercado el día anterior, habrá demasiada incertidumbre sobre el nivel al que se ejecutarán los precios.

¿Y si quiere comprar acciones al precio de cierre del día anterior? Lo cierto es que la orden de mercado se ejecutará aquí significativamente por encima o por debajo del precio, basándose en las condiciones imperantes en el mercado. Tenga en cuenta el viejo dicho de Wall Street;

"Los aficionados operan en la apertura, mientras que los profesionales lo hacen en el cierre".

CÓMO SALIR PARA REDUCIR LAS PÉRDIDAS O GENERAR BENEFICIOS

Cuando se compran acciones, lo primero que hay que hacer es fijar un punto inicial de pérdida máxima (stop loss). Esto es importante, para asegurar que su capital está protegido en caso de que las acciones vayan en su contra. Hay dos tipos principales de órdenes que puede utilizar en su estrategia de salida para cortar las pérdidas o generar beneficios. Estos son;

Orden física de stop loss: Se refiere a una orden de venta o de compra (sólo si está en corto) que usted coloca con un corredor de bolsa

Stop mental: se trata simplemente de hacer clic en el botón de venta o de compra para poder salir de la operación.

Desde un punto de vista técnico, realmente no importa qué tipo de orden de stop loss elija utilizar. Sin embargo, es fundamental que, antes de entrar en cualquier operación, desarrolle un plan que le ayude a determinar cuándo salir de la operación si las cosas no resultan a su favor.

¿Es usted un operador disciplinado que siempre sigue su plan? Si es así, entonces está seguro. Esto se debe a que, al operar, siempre es importante salir de la operación basándose en su plan previamente establecido. Pero, ¿dónde va a estar ese punto de stop?

Su punto de stop debe ser razonable y estar fuera del ruido de las actividades en curso en el mercado.

Pero, ¿por qué cronometrar el stop? La verdad es que cuando usted compra acciones, anticipa que irán a su favor. Sin embargo, si las cosas se complican, no tiene que quedarse esperando a que se muevan en la dirección deseada. Lo que tiene que hacer es vender sus acciones y pasar a otra cosa. Lo último que quiere es tener todo su capital inmovilizado en una acción que cotiza a la baja. Trate sus acciones como si fueran empleados, si no están rindiendo, despídalos.

La segunda estrategia consiste en utilizar las alertas de precios. Si los precios se cruzan en este nivel, querrá estar informado para poder gestionar eficazmente sus operaciones. El objetivo principal aquí es reducir el tiempo de los gráficos para que no dude todo el tiempo de sus ideas comerciales originales.

Con las alertas de precios, usted piensa con anticipación en el nivel en el que querría actuar. Los escenarios "¿y si...?" le ayudarán a determinar de antemano cómo pretende gestionar sus operaciones, de modo que pueda ver dónde salir, y en qué punto estarán probablemente sus ganancias. Si también quiere entrar y salir de las posiciones, las alertas de precios son una gran opción. Todo lo que tiene que hacer es establecer las alertas en los niveles de precios adecuados, ¡y listo!

Por último, hay que determinar los niveles de ganancia adecuados. Según las estadísticas, se puede decir que los niveles de ganancia dan mejores resultados si están respaldados por los datos del mercado. Esto significa simplemente que, para cada operación, necesita saber cómo es el patrón gráfico, los datos de volatilidad y la estructura del mercado. Esto le ayudará a saber si apoyan los movimientos del precio en determinada dirección.

Evite establecer niveles de límite de beneficios (take profit) a precios aleatorios.

Cuando utilice este método, estará mejor posicionado para alcanzar varias cosas. En primer lugar, teniendo en cuenta que su take profit no es un valor arbitrario, hay una alta probabilidad de que el precio se mueva a este nivel sólo para probarlo.

En segundo lugar, es importante que usted determine si su relación de riesgo/recompensa vale la pena, en función de los niveles que dirigen los datos y la estructura del mercado, lo cual es más sensato.

Entonces, ¿cómo puedo saber cuál es mi nivel de take profit?

En primer lugar, debe observar el par con el que va a operar, y empezar a buscar la resistencia y el soporte en el gráfico. Busque las regiones del gráfico donde los precios han visto mayores actividades en el pasado. Esto no significa necesariamente que los precios se moverán hacia esos niveles. Sin embargo, hay una tendencia a que los precios vuelvan a probar los niveles de soporte y resistencia existentes, como se muestra en la figura siguiente;

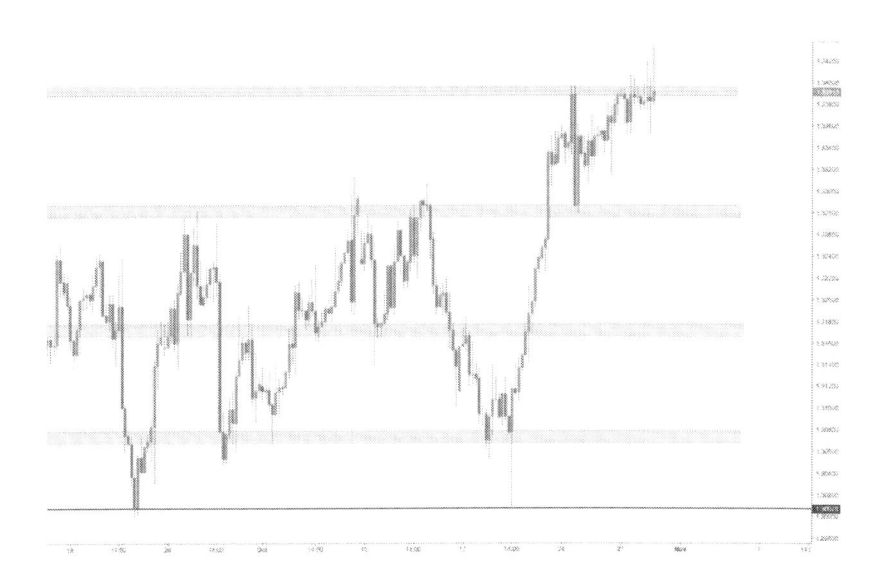

En el caso de una orden de compra, es fundamental que coloque sus niveles de take profit un número de pips por debajo de la resistencia. Por el contrario, cuando utilice una orden de venta, simplemente coloque el nivel de take profit un poco por encima del soporte. Esto da cuenta de todo, como el diferencial, y es mucho más seguro que establecer su stop loss en el nivel real.

Una cosa que debe buscar al determinar los niveles de take profit, son las líneas de tendencia, las medias móviles y los picos en la actividad de los precios. Sin embargo, en mi experiencia, he encontrado que los

precios a menudo se adhieren a los niveles
horizontales.

Estrategias de entrada y salida para operadores a tiempo completo

APROVECHE LOS GRÁFICOS INTRADIARIOS PARA PROGRAMAR LA ENTRADA Y LA SALIDA

¿Sabía que los day traders son operadores que ejecutan estrategias intradiarias para poder beneficiarse de los cambios en los precios de un conjunto de activos? Cuando selecciona las acciones más atractivas del mercado, el siguiente paso es sacar provecho de ellas, y lo mejor es contar con las estrategias adecuadas.

Hay muchas estrategias intradiarias disponibles en el mercado. Sin embargo, atenerse a las directrices e identificar las señales de trading intradiario puede ser un reto. Así que, ¿cómo saber cuándo aprovechar los gráficos intradiarios para programar la entrada y la salida?

Opere sólo con la tendencia intradiaria actual

Una cosa que hay que tener en cuenta es que el mercado suele moverse en oleadas. Esto significa que es responsabilidad del operador aprovechar las olas. Cuando hay una tendencia alcista, su objetivo debe ser tomar posiciones largas. Por otro lado, si hay una tendencia a la baja, es importante que se trate de tomar posiciones cortas.

Lo que ocurre con las tendencias intradiarias, es que no se mantienen indefinidamente. Cuando hay un cambio de tendencia dominante, es aconsejable operar con una nueva tendencia. Pero, ¿cómo se pueden aislar las tendencias?

Esta es la parte difícil. Con las líneas de tendencia, se obtiene una idea de dónde hay una estrategia útil de entrada y de stop-loss. Cuando se dibujan más líneas de tendencia, se tiene acceso a más señales, que ofrecen una mayor visión de los cambios en la dinámica del mercado.

OPERE CON ACCIONES FUERTES EN LA TENDENCIA ALCISTA Y CON LAS DÉBILES EN LA TENDENCIA BAJISTA

Si busca valores para operar de manera intradiaria, lo más beneficioso es buscar ETFs o acciones que posean al menos una correlación de moderada a alta con los índices S&P 500 y Nasdaq. Después, separe las acciones que son fuertes de las que son relativamente débiles, según el índice.

De este modo, se crea una oportunidad para el day trader, teniendo en cuenta que las acciones fuertes suben al menos un 2% cuando los índices se mueven en un porcentaje. Lo cierto es que los valores que se mueven rápidamente ofrecen más oportunidades.

TRADING DE REVERSIÓN A LA MEDIA

Se trata de una teoría que explica cómo los acontecimientos extremos suelen ir seguidos de otros normales. En otras palabras, hay una tendencia a que las cosas se igualen con el tiempo. Por ejemplo, es posible que un equipo de fútbol marque una cantidad de goles inusual en un partido y que, en los próximos encuentros, haya una posibilidad de que marque más cerca de su media.

¿Cómo se aplica esta estrategia?

La mejor manera es buscar eventos extremos y luego apostar a que las cosas vuelven a acercarse a la media. Sin embargo, el problema es que el mercado financiero no se distribuye normalmente. Hay una larga fila, y existe la posibilidad de que los eventos extremos se agrupen. A su vez, los bucles de reacción pueden intensificarse y crear un impulso que afecte a la reversión.

Cuando las acciones caen un 10% en un día determinado, lo más probable es que caigan aún más al día siguiente. A pesar de ello, los operadores pueden utilizar la reversión a la media para encontrar una oportunidad, y luego construir sus estrategias de negociación en torno a ella.

Cuando hay una simple reversión de la media, se pueden comprar acciones después de una caída drástica de los precios, con la esperanza de que las acciones vuelvan a un nivel normal. Hay muchas formas de aplicar la reversión a la media;

- Con indicadores técnicos

- Con información financiera

- Con indicadores económicos

- Con indicadores de comportamiento

TÉCNICA HEIKIN-ASHI

Se trata de una técnica que desempeña un papel fundamental a la hora de promediar los datos de los precios para crear velas japonesas cuyo objetivo es filtrar el ruido del mercado. Esta técnica utiliza una fórmula modificada, que se basa en promedios de dos períodos, lo que da al gráfico un aspecto más fluido. Esto hace que se puedan detectar sin problemas las tendencias y los retrocesos, a la vez que se ocultan las brechas y los datos de los precios.

¿Qué nos dice la técnica Heikin-Ashi? Bueno, a menudo es utilizada por los comerciantes para identificar una tendencia con facilidad. Cuando hay una tendencia alcista, las velas blancas/verdes vacías y sin sombras inferiores son evidentes en el gráfico. Por otro lado, una tendencia bajista se ve cuando hay una vela negra/roja rellena y sin sombras superiores.

Teniendo en cuenta que la técnica Heikin-Ashi simplifica la información de los precios en un lapso de dos períodos, facilita la detección de tendencias, puntos de reversión y patrones de precios. Lo que ocurre con los gráficos Heikin-Ashi es que suelen tener más velas de colores consecutivas, que desempeñan un papel importante a la hora de ayudar a los operadores a identificar los movimientos de los precios pasados con facilidad.

También ayudan a reducir la aparición de falsas señales de operaciones, especialmente en los mercados fluctuantes y agitados, lo que ayuda a evitar la colocación de ofertas en estos momentos. Por ejemplo, en lugar de obtener dos velas falsas de reversión antes del comienzo de una tendencia, el uso de la técnica Heikin-Ashi aumenta la probabilidad de obtener una señal válida.

Limitaciones de la técnica Heikin-Ashi

- Teniendo en cuenta que esta técnica utiliza dos periodos, a menudo tarda más tiempo en desarrollarse, lo que la hace bastante inapropiada para los day traders que desean aprovechar los flujos rápidos de los precios.

- Los datos promediados en este caso también ocultan información importante sobre los precios. En otras palabras, el precio de cierre diario real no se ve en el gráfico Heikin-Ashi.

BACK-TESTING

Se trata de un método general que se utiliza para ver el rendimiento de una estrategia con posterioridad. El backtesting evalúa la viabilidad de una estrategia comercial, descubriendo cómo es probable que se desarrolle, con el uso de datos históricos. En el caso de que el backtesting funcione, esto da a los operadores más confianza para aplicarla en lo sucesivo.

El backtesting es la mejor manera de optimizar su estrategia de trading. Cuando se simula una estrategia de trading sobre la base de datos históricos, se tiene acceso a resultados que ayudan a analizar los riesgos y la rentabilidad, antes de arriesgar el capital real.

Una cosa que debe tener en cuenta es que si el backtest se lleva a cabo de manera exitosa, y da resultados positivos, entonces esto es una garantía de que su estrategia de negociación es sólida, y tiene una oportunidad de producir beneficios cuando se implementa. Si el backtesting se realiza bien, pero el resultado no es óptimo, es necesario modificar o rechazar la estrategia.

PUNTOS CLAVE

- Las órdenes de mercado suelen ejecutarse en un mercado activo, pero no necesariamente al precio que el operador pretendía.
- Las órdenes de límite pueden o no ejecutarse, y esto depende de la forma en que se mueva el mercado.

EVITE ESTABLECER NIVELES DE TOMA DE BENEFICIOS A PRECIOS ALEATORIOS.

- Los operadores utilizan la reversión a la media para encontrar una ventaja y luego construir sus estrategias de negociación en torno a ella.
- Los datos promediados ocultan información importante sobre los precios, porque el precio de

cierre diario real no se ve en el gráfico Heikin-Ashi.
- La mejor manera de optimizar su estrategia de negociación es realizar un backtesting.

Capitúlo 9 Cómo mantener el impulso del swing trading

Una de las cosas que debe recordar sobre el impulso del swing trading es que manejarlo correctamente es más un arte que una ciencia exacta. Para gestionar con éxito el impulso del swing trading, tendrá que aprender a gestionar los riesgos de sus operaciones con prudencia, ser una persona muy paciente y dominar sus emociones. En comparación con el day trading, en el que todas sus posiciones se cierran en unas pocas horas de negociación, el swing trading tarda días, semanas e incluso un par de meses en cerrar sus operaciones. Su plazo más largo requiere un punto de vista diferente acerca del trading.

A continuación se indican cuatro cosas importantes que debe hacer para aprovechar al máximo el impulso del swing trading y, en consecuencia, sus beneficios.

FIJAR Y OLVIDAR

Como hemos mencionado anteriormente, necesitará mucha paciencia para tener éxito en el swing trading. No debe vigilar cada movimiento de los precios a lo largo del día. Una vez que tome una posición larga, olvídela. Basta con echar un vistazo a su precio una vez al día o cada dos días. Con las operaciones swing, tendrá que dejar que los valores elegidos agarren impulso para poder disfrutar de unos beneficios potencialmente elevados.

Si monitorea continuamente sus posiciones de swing trading, se pondrá en una posición en la que estará fuertemente tentado a liquidar antes de lo necesario. Cuando sucumba a esas tentaciones, minimizará sus beneficios comerciales, o maximizará sus pérdidas, por haber liquidado prematuramente su posición.

Por lo tanto, establezca alertas de precios cerca de sus principales precios de toma de beneficios y de stop-loss, y olvídese de ello. Actúe solo cuando se activen las alertas.

OLVÍDESE DE LOS MARCOS TEMPORALES CORTOS

Con el swing trading, debe centrarse más en los marcos temporales grandes, porque son menos volátiles y, al hacerlo, minimiza los riesgos de "falsas alarmas" o latigazos que pueden hacerle tomar posiciones en valores cuyos precios todavía están a la baja. El marco temporal más corto que debe considerar es el diario, ninguno menor. Cuanto más largo sea su marco temporal, menos falsos disparos y menos ruido encontrará, y más podrá mantener su racha ganadora de operaciones en el swing trading.

MEDIAS MÓVILES PARA LA GESTIÓN DEL RIESGO

La forma más fácil y objetiva de ver la verdadera tendencia de un valor es a través de las medias móviles. Las medias móviles pueden ser su mejor aliado para gestionar los riesgos de las operaciones oscilantes y encontrar puntos de entrada más rentables.

A menudo, los valores financieros que tienen impulso retroceden hasta sus medias móviles (las más comunes son las de 20 y 50 días), antes de continuar con el siguiente movimiento de precios. Por lo tanto, las medias móviles pueden ayudarle a calcular el tiempo de sus operaciones de swing trading con bastante precisión y facilidad.

NO SE LLEVE TODAS LAS GANANCIAS DE GOLPE

Muchos valores financieros que están en un fuerte impulso de precios pueden continuar durante semanas y meses. Pero el problema es que es imposible predecir con exactitud la duración de los impulsos alcistas de determinados valores. Siempre existe el riesgo de liquidar demasiado pronto cuando el precio de un valor sigue subiendo, después de cerrar una posición, y esperar demasiado tiempo a que su precio haya caído en picado desde su máximo.

Tomando los beneficios de manera parcial, o liquidando parte de sus posiciones de swing trading en valores que están en un fuerte impulso alcista, usted puede asegurar algunos de los beneficios una vez que su valor elegido haya alcanzado su nivel de toma de beneficios. Como todavía quedan algunos, puede obtener más beneficios si el impulso continúa. Si el precio baja después, sus beneficios iniciales podrían compensar la menor ganancia o pérdida de la posición restante.

DINERO Y RIESGOS IMPLICADOS EN EL SWING TRADING

Cuando se utiliza con precisión, el swing trading es un procedimiento brillante, utilizado por numerosos comerciantes, en diferentes mercados. No sólo se utiliza en la propaganda de Forex, sino que es un instrumento indispensable en los mercados de valores y perspectivas. Los swing traders toman las habilidades que aprenden a través de un análisis especializado y pueden incluso apostar por estas aptitudes en diferentes metodologías de elección. La idea transitoria del swing trading lo separa del especialista financiero habitual. Los especialistas financieros tienen, en general, un horizonte temporal más extenso, y no suelen estar influenciados por los cambios de valor momentáneos. Como es habitual, hay que recordar que el swing trading es un sistema único, y debe utilizarse sólo cuando se comprende correctamente. Al igual que cualquier procedimiento de negociación, el swing trading puede ser peligroso, y la metodología de moderación puede transformarse en técnicas de day trading rápidamente. En el caso de que tenga la intención de utilizar una técnica de swing trading, asegúrese de que comprende completamente los riesgos, y construya un procedimiento que le permita generar la mayor tasa de ganancias en sus posiciones.

DISTINGUIR LAS ACCIONES Y EJECUTAR LAS OPERACIONES PROVECHOSAS

Cada año, montones de nuevos comerciantes, que no tienen ni idea de cómo generar ganancias en el comercio financiero, vienen en gran número, con la intención de ganar una fortuna con rapidez, pero acaban siendo mucho más pobres que cuando empezaron. En el caso de que necesite alcanzar un rendimiento excepcional, y mantenerse alejado de la impresión de unas grandes desgracias en el comercio de valores, usted debe comprender que los componentes básicos y específicos de los logros son principales para la élite en el comercio financiero.

Para empezar, debe comprender que la actividad de valor es el modo de obtener beneficios en el comercio. La actividad de valor es el desarrollo del coste de cualquier valor, y se manifiesta en un esquema. La razón por la que es indispensable comprender la actividad de valor es que el coste revela dónde están los patrones, de modo que usted pueda aprovecharlos para obtener beneficios.

Independientemente de que el coste suba o baje, sea alcista o bajista, su capacidad para detectar inclinaciones en el comercio financiero es tan productiva para el comercio como el agua para la pesca. Sin la capacidad de comprender la actividad del valor, será incapaz de reconocer los desvíos de los clientes y, simplemente, estará muerto en el agua.

A continuación, recuerde el viejo dicho de comercio "el patrón es su compañero" y ajústese a esos patrones. Los patrones pueden ser su mejor compañero, siempre que se asegure de vigilar el curso de una acción o valor. De lo contrario, pueden ser su más terrible adversario, y es casi seguro que tendrá que soportar un largo despliegue de terribles desgracias, en la remota posibilidad de que opere en contra de la fuerza del mercado.

Conocer su salida antes de entrar es el siguiente detalle que debe comprender a un nivel profundo y fundamental, en caso de que necesite aumentar los beneficios del comercio financiero. En la película "Ronin", con Robert Deniro, éste interpreta a un especialista encubierto de la CIA que entra en un bar a altas horas de la noche, después de que ha cerrado, para reunirse con su contacto. Antes de entrar, va a la parte de atrás del bar, localiza el segundo pasillo, pone un arma junto a la salida, y después entra por la puerta principal. Después, aclara que nunca entra a un edificio sin saber dónde están la entrada y la salida. Este es un consejo sólido tanto para el agente secreto encubierto como para el comerciante.

En el caso de que vaya a meterse en una situación bajo especulación, debe saber cuándo va a salir. Por lo general, usted se dará cuenta solo de cómo generar ganancias en el comercio de valores. Esto se aplica tanto a la toma de beneficios como a su metodología de salida; en la remota posibilidad de que una acción alcance una meta de ganancias, tome los beneficios sin replanteárselo, ni sentarse a pensar en la remota posibilidad de que las ganancias vayan más allá (numerosos corredores han transformado posiciones ganadoras en posiciones perdedoras sólo por pasar por alto sus objetivos de salida, excesivamente largos).

Del mismo modo, si una posición le resulta conflictiva y acaba resignándose a una pérdida, no debe ser reacio a dejar esa posición por miedo a sufrir una pérdida. El trading se basa en pequeñas desgracias, mientras se obtienen inmensos beneficios, en movimientos fuera de control, ya que usted ha tenido el gran sentido común de salir rápidamente de las posiciones perdedoras y aprovechar las mejores oportunidades de trading a su máximo potencial.

Aprenda a tener una mente independiente. Aprenda a pensar por sí mismo, poniéndose en situación de informarse sobre la actividad del valor, cómo aventurarse en los patrones para obtener beneficios en el comercio de valores, y darse cuenta de cuándo salir, antes de hacer un movimiento. Tal vez la principal razón de la decepción en el trading, si no la razón más crítica, es que los comerciantes novatos entran en el mercado sin un plan, o sin la preparación para retirarse, debido al hecho de que no tienen una adecuada comprensión de estas normas básicas.

CÓMO RECONOCER LOS PATRONES DEL MERCADO DE VALORES

Algunas personas ven el comercio financiero como una forma de obtener ingresos sin trabajar. Esto no es cierto. Sólo los individuos con una muy buena suerte podrían tener beneficios si fuera así de simple. Las personas que se dedican al comercio de acciones han hecho un estudio para poder obtener sus ganancias. Reconocer los patrones del mercado es la forma de lograr el éxito en el comercio financiero. Si usted puede distinguir los patrones en el comercio financiero, puede comprender la conducta de una acción dependiente de su trayectoria pasada.

Una de las suposiciones fundamentales de las organizaciones promotoras de acciones es que el mercado tiene patrones: esenciales, opcionales (del momento actual) y corrientes (a largo plazo). A la vista de estos patrones, los observadores del mercado anticipan la estimación de las ofertas. Los comerciantes utilizan los ejemplos para reconocer los beneficios o las pérdidas.

El comercio de valores puede ser un sector empresarial de tendencia alcista o bajista. Un sector comercial de tendencia positiva muestra la proximidad de un mayor número de compradores que de vendedores. Esto provoca una expansión en la estimación de las ofertas. A pesar de lo que cabría esperar, si la cantidad de vendedores es mayor que la de compradores, la medida de las ofertas desciende. Se dice que es un escaparate bajista.

Para distinguir un patrón, necesita datos sobre dos elementos básicos de la negociación financiera: el coste y el volumen. El valor le informa sobre el curso de la evolución del mercado, y el volumen le dice si hay algún desarrollo en la negociación de los valores. Hay situaciones en las que el volumen de una acción es alto, al igual que su coste. Esto demuestra un patrón alcista. Debido al alto límite, y al poco esfuerzo, se trata de un patrón descendente. Teniendo en cuenta esto, puede elegir si vender o comprar acciones.

En el caso de que vea días descendentes con frecuencia, significa que el mercado está mostrando una ralentización, o una subida. Entonces, es inteligente poner recursos en las acciones, ya que los costes volverán a saltar sin duda. Por otro lado, en el caso de que haya sido una temporada ininterrumpida de tasas altas, el mercado mostrará costos más bajos más adelante. Entonces, es el momento adecuado para salir de las acciones.

Frecuentemente, sucede que los costos de las acciones se expanden o disminuyen. Esto puede parecerle un cambio. En cualquier caso, si usted mira el volumen y se encuentra con que definitivamente no hay un aumento o disminución de volumen significativo, no debe anticipar una distinción en el mercado de valores. Mientras que contemplar los patrones es una buena actitud en el comercio de valores, es importante tener cuidado con las falsas alarmas.

Las acciones de gran volumen, por ejemplo, los activos comunes, suelen influir en la evolución del mercado. Puede estar atento a la actividad de estos valores para reconocer posibles cambios. Algunas organizaciones de trading por internet ofrecen esquemas e indicadores de patrones en sus sitios. Estos programas pueden ser utilizados para estudiar los patrones en el comercio financiero.

Antes de profundizar en la distinción de los patrones bursátiles, permítanos primero definir qué es un patrón: "es una propensión o tendencia predominante" o "una línea de comportamiento o desarrollo general". "Patrón" se utiliza igualmente como una palabra de acción, y significa "crecer de una manera general". La utilización de la palabra "patrón" en el comercio financiero implicaría entonces que una acción que se está inclinando, es una acción que se está moviendo de una manera general.

Las acciones sólo se mueven de tres maneras distintas: suben, bajan o se mueven lateralmente. Los patrones de las acciones se analizan regularmente en función de un patrón alcista, lo que significa que el costo de las acciones se está expandiendo, o un patrón bajista, lo que significa que el costo de las acciones está disminuyendo. En el caso de que el precio de una acción no suba ni baje, sino que se mueva lateralmente, puede que algunos no lo consideren un patrón. De hecho, por ejemplo, las acciones se mueven de forma lateral. El ejemplo de los lados es, además, generalmente denominado como un "tiempo de combinación".

Hay un gran número de enfoques para distinguir los patrones de acciones. Probablemente el enfoque más sencillo para hacer esto, sea echar un vistazo a un gráfico de acciones. Los diagramas de acciones son omnipresentes, y se pueden encontrar por todas partes, en Internet, en sitios como Yahoo Finance o Google Money. En caso de que usted esté echando un vistazo a un esquema de acciones y el último costo sea más alto que las tasas pasadas, se puede decir que la acción está en un alza. Por otro lado, en caso de que esté echando un vistazo a un gráfico de acciones, y los últimos costos sean más bajos que los costos pasados en la tabla, entonces se dice que la acción está en una tendencia a la baja.

Recientemente hemos observado que es muy natural distinguir los patrones de las acciones. Hay una pregunta importante que está en la mente de todos los que esperan reconocer un patrón. Esa pregunta es: "¿tiene este patrón la suficiente solidez como para continuar?". Como puede ver, cuando distingue un patrón, no basta con saber qué curso ha seguido el mercado, sino qué también debe saber que rumbo va a seguir el mercado a partir de ahora. Esta es la razón por la que es fundamental decidir la calidad de cualquier patrón. En un mundo ideal, entraríamos en un patrón que tenga una gran fuerza, el tipo de comportamiento que podría transportar el costo de las acciones hacia un camino que nos produzca unas enormes ganancias.

Hay algunas formas diferentes de cuantificar la calidad o la deficiencia de un patrón. Numerosos investigadores dependen del volumen de operaciones como indicador de que la intensidad del patrón se está expandiendo, disminuyendo o permaneciendo estable.

Por lo tanto, cuando piense en su próximo intercambio de acciones, no sólo reflexione sobre cuál ha sido el patrón, sino también, y de forma más significativa, sobre si ese patrón se mantendrá.

CÓMO IDENTIFICAR EL SISTEMA DE TRADING BURSÁTIL ADECUADO

El trading productivo depende de tres factores: la forma de pensar del corredor, la capacidad de vigilar el dinero, y un marco de trading financiero que sea excepcionalmente eficaz. Este artículo habla sobre el marco de comercio de valores y cómo los corredores, en particular los aprendices, pueden optar por un marco que sea apropiado para su estilo de comercio.

Simplemente pregunte a los corredores expertos que hayan resultado ser fructíferos en este campo a lo largo de los años. Ellos tienen un marco de trading que produce acciones ganadoras. No estarían en el lugar que ocupan actualmente si su marco de trading financiero no les funcionara.

No hay dos operadores iguales. De esta manera, el acuerdo de comercio de uno no implica necesariamente que funcionará de igual manera para otro. Algunos corredores ponen recursos en sus atributos, mientras que otros se ocupan de sus deficiencias. Unos esquemas planean comprar la estimación de la acción en el largo plazo. Otros se centran en el gasto pasajero. El marco de comercio se basa también en la mentalidad del comerciante.

Hay maneras de beneficiarse del marco de comercio financiero, sin embargo hay un componente que los comerciantes necesitan para tener éxito. Deben ser metódicos. Esto implica que deben quedarse con el esquema de comercio que funciona para ellos durante todo el tiempo que dure su vocación comercial, independientemente de lo que ocurra. El esquema de comercio financiero se desarrolla sin importar las metodologías que hayan detallado, dependiendo de la experiencia y los ejercicios que se hayan obtenido de las confusiones que hayan cometido involuntariamente. Es peligroso tomar las especulaciones como una preocupación primordial. Para decirlo claramente, los comerciantes eligen dependiendo de sus metodologías, y no de sus sentimientos.

Otro peligro es pensar en un esquema que se ajuste al carácter del comerciante. Se asemeja a comprar un par de pantalones. Es difícil buscar el par de pantalones correcto, porque la talla es fundamental. Así son los esquemas de negociación de valores para los operadores. Deben crear uno con el que estén bien, y que pueda darles los resultados que necesitan, teniendo en cuenta cómo se ven a sí mismos en su vocación comercial.

En este sentido, el esquema de negociación de valores debe ser de un sistema que amplíe las cualidades y limite las deficiencias de los corredores. También hay que tener en cuenta las circunstancias actuales del mercado. De vez en cuando, los comerciantes necesitan un incremento del capital, o de los ingresos, para que su salario de trader se convierta en beneficios de los que puedan vivir. En el caso de que los operadores estén seguros de sus aptitudes, y tengan suficiente dinero para contribuir, pueden continuar con su comercio actual.

Capitúlo 10 Mejora de los métodos de swing trading y reducción de los riesgos asociados

Existen varios métodos de swing trading utilizados por los operadores. A pesar de su eficacia, se puede hacer algo para mejorarlos. Los operadores se enfrentan a un sinfín de riesgos, debido a las estrategias de swing trading que no funcionan como se esperaba. La mejor manera de ayudar a los operadores a evitar las pérdidas diarias es encontrar las dificultades y resolverlas. La primera forma de mejorar los métodos de swing trading, y reducir los riesgos, consiste en preguntar a los operadores qué quieren hacer. No es correcto asumir que conocemos los retos a los que se enfrentan los swing traders. Ellos son los que operan utilizando la estrategia, y su opinión es fundamental. Hay un dicho que dice "sólo el que lleva los zapatos sabe dónde le duele o dónde le queda" y eso se aplica en este caso. No es necesario pedir a todos los swing trade que comenten la estrategia, ya que eso sería engorroso. Basta con que participen algunos principiantes, y los traders de largo plazo. Una vez que escuche sus sugerencias, busque la manera de ponerlas en práctica. Por ejemplo, si los swing traders dicen que hay un determinado aspecto que dificulta el trading, anótelo y piense cómo mejorarlo. Una de las razones por las que los traders acaban abandonando las empresas con las que empezaron es la negligencia. Algunas empresas no se preocupan por que los operadores lo estén pasando mal al utilizar sus sistemas. Sólo les preocupa aumentar el número de operadores. Esta es una actitud que las empresas deben cambiar, si quieren perdurar en el negocio. Han surgido muchas empresas de trading, lo que significa que los operadores tienen opciones. No se pueden ofrecer servicios de mala calidad y esperar la fidelidad de los clientes. En su lugar, cree una plataforma de comunicación abierta, en la que los comerciantes puedan hablar libremente y discutir los problemas a los que se enfrentan. Esto no sólo mejorará el comercio, sino que también aumentará el número de operadores.

Otra forma de mejorar los métodos de swing trading, y minimizar los riesgos, es utilizar una estrategia que funcione para usted. Si usted es el tipo de persona a la que no le gusta estar pegado a las pantallas, no opte por una estrategia que le obligue a hacerlo. Los expertos en trading le aconsejan que se tome su tiempo antes de elegir una estrategia. No tiene sentido precipitarse y acabar lamentándose. Además, no elija una estrategia solo porque le haya funcionado a otra persona. Este es un gran error que muchos cometen en los mercados de negociación. Su amigo podría haber elegido una determinada estrategia porque tiene a alguien que le ayuda, o simplemente porque es bueno en el trading. Cuando se mete en el mundo del trading por culpa de otra persona, sus posibilidades de durar mucho tiempo en los mercados son limitadas. Le falta el impulso para seguir adelante y enfrentarse a los desafíos. Pronto se da cuenta de que ha cometido un error, y quiere salir. Elegir una estrategia que se adapte a su estilo de vida aumenta las posibilidades de éxito. También hace que el swing trading sea fácil y valga la pena.

Otra forma de mejorar los métodos de swing trading, y reducir los riesgos, es tener un mentor. Nadie nace sabiéndolo todo, y nos necesitamos los unos a los otros. Si bien es cierto que no todo el mundo tiene buenas intenciones, no se puede dejar de encontrar aunque sea a una persona que esté dispuesta a ayudar. Esto es extremadamente importante para los principiantes con poca experiencia en los mercados. Usted puede monitorear las acciones y los gráficos, pero eso no se compara con la asistencia individual que recibe de una persona experimentada. Si tiene problemas para encontrar a alguien que le asesore y le ayude a elegir la estrategia adecuada, consulte a un profesional. Gastará un poco más, pero le ayudará a no cometer errores. Como principiante, usted debe estar dispuesto a probar diferentes estrategias, en busca de una que funcione. No realice una gran inversión al empezar, porque todavía está sondeando los mercados. No puede poner todas sus esperanzas en una sola estrategia. Algunos operadores se aferran a una sola estrategia de swing trading, a pesar de sufrir pérdidas. No ven la necesidad de probar otras opciones, porque no quieren arriesgar. Una cosa que debe saber es que es inevitable sufrir pérdidas en los mercados. Incluso la mejor estrategia de swing trading falla a veces. Sólo tiene que tomar las decisiones de inversión acertadas, y estar dispuesto a aceptar el resultado.

Otra forma de mejorar los métodos de swing trading y reducir los riesgos que conllevan, es estudiar los cursos que se ofrecen sobre las estrategias elegidas. Hay varios cursos de formación en línea que puede realizar para perfeccionar sus habilidades en una determinada estrategia. No cometa el error de suponer que lo sabe todo. Esto será su perdición, ya que no se dará cuenta de cuándo se equivoca. Hay una razón por la que se ofrecen esos cursos de formación en primer lugar. Algunos son gratuitos y en otros hay que pagar una pequeña cuota. No sea demasiado estricto, ni tenga miedo de gastar más. Si no gasta dinero para prepararse antes de empezar a operar, lo perderá todo en los mercados. Las estrategias de trading tienen fallos que se pueden mejorar, al igual que su mentalidad y actitud hacia el swing trading. Si sólo trabaja para mejorar las estrategias y se olvida de su aportación personal, se estará engañando a sí mismo. Una estrategia de swing trading es efectiva cuando el operador sabe lo que está haciendo y no tiene miedo de asumir riesgos. Al final del día, usted es el que determina si la estrategia de swing trading elegida funciona o no. Elija lo que le funcione a usted, y estudie el resto. El hecho de que haya elegido una estrategia no significa que no pueda considerar o utilizar otras. Un swing trader debe ser flexible para aprovechar los mercados. Esto también se aplica a la estrategia de trading que elija. Sea alguien que reaccione rápidamente cuando una estrategia falle.

También puede mejorar las estrategias de swing trading y reducir los riesgos que conllevan mediante una planificación cuidadosa. Tener un plan es esencial, incluso en el mundo empresarial. No se puede iniciar un negocio o construir una casa sin un plan. Del mismo modo, una estrategia de swing trading necesita una planificación cuidadosa. En algunos casos, los operadores son responsables del fracaso de una estrategia de trading. No planifican cómo utilizar los diferentes métodos, ni si cuentan con las habilidades necesarias. Antes de lanzarse a hacer algo, hay que planificar y entender cómo funciona. Tener un plan minimiza los riesgos, porque sabe cómo mitigarlos. Además, puedes prever los riesgos, y actuar antes de que se agraven. Como swing trader, conviene conocer las diferentes estrategias de negociación en el mercado y organizarse.

Mejore las estrategias de swing trading aprendiendo de las empresas que tienen más experiencia. Las nuevas empresas deben dedicar un tiempo a entender cómo funciona el sector, antes de empezar a operar. No es malo fijarse en cómo hacen las cosas los demás. Sólo es malo copiar todo lo que hacen. Antes de utilizar una determinada estrategia de swing trading, averigüe todo lo que pueda sobre ella. ¿Cuáles son los beneficios de utilizar la estrategia? ¿Cuáles son los riesgos? ¿Qué puedo hacer para que me funcione? Estas preguntas le permitirán encontrar las áreas en las que necesita trabajar y tomar las decisiones correctas. A fin de cuentas, no se quede con una estrategia de swing trading que no funciona. Si lo ha intentado todo, pero no funciona, elija otra estrategia. Esta vez, tómese su tiempo para analizar la estrategia antes de utilizarla. Una de las razones por las que las estrategias de swing trading no funcionan, es porque ponemos altos apalancamientos y luego culpamos al fallo de la estrategia. Es imposible que una estrategia funcione si no se compran las acciones adecuadas y se toman buenas decisiones. Todo se reduce a lo que usted hace para que la estrategia funcione.

Puede hacer que una estrategia funcione utilizando herramientas e indicadores. Hay una razón por la que las herramientas y los indicadores forman parte del comercio. Debe analizar los gráficos y utilizar varias herramientas para poder operar con tranquilidad. Las personas que implementan varias herramientas al operar reportan pocos casos de pérdidas, en comparación con aquellos que no utilizan ninguna.

Hemos comprobado que nosotros mismos tenemos la clave del éxito o del fracaso en los mercados. Una estrategia de trading no funcionará si usted es el tipo de persona que se deja controlar por diferentes emociones. Si no puede separar sus emociones del trading, es mejor que salga de los mercados. Habrá días en los que tenga ganas de abandonar por haberlo perdido todo, pero si se mantiene firme y utiliza la estrategia adecuada, puede ganar más de lo que ha perdido.

Conclusión

Gracias por comprar este libro. Espero que, a través de él, haya podido entender de qué se trata el Swing Trading y, lo que es más importante, cómo aplicarlo.

Pero el conocimiento es sólo la mitad de la batalla. La otra mitad es la acción o la aplicación de los conocimientos. Para aprovechar al máximo lo que ha aprendido, y hacer que tenga un impacto en su vida, debe aplicar las cosas que ha aprendido en este libro acerca del swing trading. De lo contrario, todo lo que ha leído aquí es sólo un entretenimiento.

No tiene que aplicar todo a la vez. Comience con una o dos lecciones, para los próximos días. Luego ponga en práctica una o dos más, durante otros días, y así sucesivamente, hasta que sea capaz de aplicar todo lo aprendido y obtener beneficios del swing trading.

Entonces, ¿a qué espera? ¡Brindo por tu éxito en el Swing Trading, amigo mío! ¡Saludos!

Trading de futuros

ESTRATEGIAS PARA PRINCIPIANTES. CÓMO RENTABILIZAR LAS ACCIONES, LAS DIVISAS Y LAS CRIPTODIVISAS, Y CÓMO GENERAR GANANCIAS EN OTROS MERCADOS. UNA GUÍA COMPLETA ACERCA DEL COMERCIO Y LA GESTIÓN DEL DINERO.

por Andrew Rich

Introducción

La historia del comercio de futuros comenzó en la frontera del Medio Oeste de los Estados Unidos de América, a principios del siglo XIX. La ubicación estratégica de Chicago, en la base de los Grandes Lagos, y cerca de las fértiles tierras de cultivo del Medio Oeste, contribuyó al rápido crecimiento y desarrollo de la ciudad como central de granos. Sin embargo, los problemas de oferta y demanda, de transporte y de almacenamiento, condujeron a una situación comercial caótica, que dio lugar al consecuente desarrollo de los mercados de futuros.

En 1848, 82 comerciantes formaron un mercado central, el Chicago Board of Trade. Su objetivo era promover el comercio en la ciudad, ofreciendo un lugar en donde compradores y vendedores pudieran reunirse para intercambiar productos básicos. El uso creciente de contratos que especificaban la entrega de una mercancía concreta a un precio y fecha predeterminados, hizo que el CBOT fuera cada vez más popular como mercado principal.

Estos primeros contratos a largo plazo para el maíz, fueron utilizados por primera vez por los comerciantes de los ríos. Recibían el maíz de los agricultores a finales de otoño y principios de invierno, y necesitaban enviarlo a los productores de grano, molinos de harina, fabricantes de pan, etc. A menudo era necesario almacenar el maíz durante todo el invierno.

Para reducir el riesgo en los precios que supone el almacenamiento invernal, estos comerciantes fluviales viajaban a Chicago, donde firmaban contratos con los procesadores para la entrega del grano en primavera, a un precio acordado. De este modo, aseguraban un comprador y el precio del grano.

En marzo de 1851 se registra el primer contrato a plazo por 3.000 fanegas de maíz, para entregar en junio. En 1865, el Chicago Board of Trade desarrolló unos acuerdos denominados "contratos de futuros".

Los contratos de futuros estandarizaban la calidad, la cantidad, el momento y el lugar de entrega de la mercancía negociada. La única variable era el precio, que se determinaba mediante un proceso similar a una subasta.

Definición de un contrato de futuros

Un contrato de futuros es un acuerdo legalmente vinculante para comprar o vender una mercancía, o un instrumento financiero, en algún momento del futuro, a un precio acordado en el momento de la negociación. Aunque la entrega física de la mercancía en cuestión rara vez tiene lugar, los contratos de futuros se estandarizan de acuerdo con las especificaciones de entrega, incluyendo la calidad, la cantidad, el momento y el lugar.

POR QUÉ NECESITAMOS LOS MERCADOS DE FUTUROS

El precio que se paga por los bienes y servicios depende en gran medida de la forma en que las empresas manejan el riesgo. Al utilizar los mercados de futuros de forma eficaz, las empresas y los agricultores pueden minimizar su riesgo, lo que, a su vez, reduce el coste de su trabajo. El precio resultante puede beneficiar a los consumidores, en forma de precios más bajos en los alimentos, o mejores beneficios en los fondos de pensiones o de inversión. La necesidad de contar con mecanismos eficientes de fijación de precios a largo plazo, y de gestión del riesgo, es la razón del gran crecimiento de los mercados de futuros.

¿Cómo funciona?

Pongamos un ejemplo sencillo. Un agricultor está plantando su cosecha de maíz, y quiere asegurarse de que obtendrá un precio determinado por ella. Se siente a gusto con el precio actual del maíz, y quiere resguardarse de una posible caída del precio. Supongamos que quiere obtener 4 dólares por fanega de su cultivo, que debe cosecharse y entregarse en octubre, independientemente de lo que ocurra con el precio de mercado. El precio de mercado puede fluctuar como resultado de las condiciones meteorológicas, o de la oferta y la demanda desde ahora hasta el momento de la cosecha, en octubre. Un contrato consta de 5.000 fanegas de maíz, así que el agricultor vende un número suficiente de contratos para cubrir toda su cosecha de octubre a 4 dólares la fanega, a través de su corredor, en una bolsa de materias primas, como la Chicago Board of Trade.

Después de una racha de buen tiempo, la abundante cosecha prevista llega en octubre, y por ello el precio al contado de una fanega de maíz baja a 3 $.

El agricultor no se preocupa, porque se ha asegurado un precio de 4 dólares, por lo que compra contratos a 3 dólares que se compensan con los contratos que vendió a 4 dólares, lo que le da un beneficio de 1 dólar por fanega. Este beneficio compensa la pérdida en el precio al contado cuando se recoge la cosecha, y termina con 4 dólares por fanega. Esto se conoce como cobertura.

Por el contrario, un productor de pan utilizará esta técnica para protegerse de la subida de los precios. El productor comprará suficientes contratos para octubre, a 4 dólares, como cobertura contra la subida de los precios. Si el precio sube a 6 dólares por fanega, debido a las inundaciones, o a la sequía, se beneficiará del aumento del valor de sus contratos, compensando el aumento del precio al contado que tiene que pagar por el trigo.

¿Dónde entramos nosotros?

Hay muchas personas, como usted y como yo, que operan simplemente para ganar dinero. Algunos son grandes inversores institucionales, pero la mayor parte del mercado está formada por pequeños inversores, o especuladores. Todos los especuladores, grandes o pequeños, cumplen una función vital para el mercado de futuros, al comprar o vender millones de contratos cada día y, al hacerlo, proporcionan liquidez a los mercados. Sin liquidez, los mercados no pueden funcionar.

Capitúlo 1 Cómo comenzar a operar

Es hora de pasar a algunos de los aspectos básicos de las operaciones de swing trading. Vamos a echar un vistazo a algunos de los pasos que debe seguir para entrar en el mercado, los tipos de posiciones que puede escoger, e incluso cómo adoptar cada una de las posiciones que elija. ¡Esto le ayudará a prepararse para cuando llegue el momento de realizar la primera operación con este tipo de estrategia de negociación!

CÓMO ELEGIR SI COMPRAR EN LARGO, O VENDER EN CORTO

Es hora de pasar a algunos de los aspectos básicos de las operaciones de swing trading. Vamos a echar un vistazo a algunos de los pasos que debe seguir para entrar en el mercado, los tipos de posiciones que puede escoger, e incluso cómo adoptar cada una de las posiciones que elija. ¡Esto le ayudará a prepararse para cuando llegue el momento de realizar la primera operación con este tipo de estrategia de negociación!

Cómo elegir si comprar en largo, o vender en corto

El precio de una acción hará una de estas tres cosas en un momento dado: bajará, subirá, o se moverá lateralmente. Cuando usted entra en el mercado como un swing trader, está esperando que la acción suba o baje. Si cree que la acción va a subir de precio, entonces comprará la acción. Este movimiento se considera "ir en largo", o tener una "posición larga" en esa acción. Por ejemplo, si usted tiene una posición larga en 100 acciones de Facebook Inc. significa que ha comprado 100 acciones de esta empresa y está haciendo la predicción de que podrá venderlas a un precio más alto más adelante y obtener un buen beneficio.

Eso es bastante fácil de entender, pero ¿qué pasa si está estudiando una acción, y espera que el precio baje? Cuando se da esta situación, puede optar por pedir prestadas las acciones y venderlas más tarde, con la esperanza de volver a comprarlas a un precio más bajo y obtener un beneficio más adelante. Llegados a este punto, puede que se pregunte cómo es posible que venda acciones que no posee o que no tiene en su propia cuenta.

Esto es muy sencillo. Los corredores de bolsa tienen un mecanismo que permite al operador tomar prestadas las acciones. Cuando uno acaba vendiendo acciones que no posee, significa que está "poniéndose en corto" o "yendo en corto" en una acción. Cuando un operador dice que está en corto en una acción, significa que tomó prestadas acciones del corredor y luego las vendió, con la esperanza de que el precio baje, y de que pueda reemplazar esas acciones, comprándolas más tarde a un precio más bajo.

Cuando usted está configurando una cuenta para operar, probablemente tendrá que tomarse el tiempo para llenar algunos formularios adicionales con el corredor, para que pueda tomar esta posición corta con una acción. También debe tener en cuenta que esta opción puede ser más arriesgada en comparación con ir en largo, o comprar una acción, por lo que debe estar preparado para gestionar la posición.

La venta en corto, o short selling, puede ser una herramienta importante para usted como swing trader, porque los precios de las acciones suelen bajar mucho más rápido de lo que suben. Es una buena regla general decir que las acciones van a caer tres veces más rápido de lo que suben. Esto suele deberse a la mentalidad de las personas; el miedo a perder es más poderoso que el deseo de ganar.

Cuando las acciones empiezan a bajar, los accionistas temen que vayan a perder sus beneficios o ganancias, y se mueven para vender rápidamente. Esta actividad de venta va a estimular más ventas a medida que los accionistas sigan tomando las ganancias, y los operadores comiencen a ponerse en corto. Esta actividad de venta adicional se suma a la presión bajista que existe sobre el precio. Esto hace que el precio de la acción entre en un fuerte declive, lo que significa que los vendedores en corto son capaces de obtener una buena cantidad de beneficios, mientras que los operadores largos, y otros inversores, entrarán en pánico, y puede que traten de deshacerse de sus acciones para protegerse.

Conocer esta información puede facilitarle la realización de las operaciones que quiera hacer. Puede ayudarle a averiguar en qué posición le gustaría entrar, basándose en cómo está el mercado o esa acción en particular en ese momento. Esto también le muestra que es posible entrar en el mercado y obtener beneficios, independientemente de la dirección que crea que toma el mercado.

CÓMO ENTRAR EN UNA OPERACIÓN

Si usted es nuevo en el mundo del trading, probablemente sienta curiosidad por saber cómo vender o comprar un valor. Siempre que el mercado esté abierto, habrá dos precios para cualquier valor que se pueda negociar. El precio de oferta y el precio de venta. El precio de oferta es lo que los operadores que compran están ofreciendo pagar por ese valor en ese momento. El precio de venta, por otro lado, es el precio que los operadores piden para vender ese valor.

Se dará cuenta rápidamente de que el precio de oferta siempre va a ser un poco más bajo, simplemente porque los compradores quieren pagar menos, y el precio de venta siempre va a ser más alto, porque los vendedores quieren ganar más por sus valores. La diferencia entre estos dos precios se conoce como diferencial (spread).

Los diferenciales existentes varían para cada acción, e incluso pueden cambiar a lo largo del día. Si una acción no tiene muchos compradores, o vendedores, entonces puede haber un diferencial mayor. Cuando hay un mayor número de compradores y vendedores, entonces el diferencial entre estos dos precios será mucho menor.

Como operador de swing trading, cuando usted está listo para entrar en una posición, tendrá dos opciones. Puede entrar, y pagar el precio que pide el vendedor directamente, o puede hacer una oferta que se encuentre en el precio de la oferta, o por debajo de él. Pagar el precio solicitado inmediatamente puede ser beneficioso, porque asegura que la transacción de compra se complete, o se realice, pero puede significar que deba pagar más por ella. Cuando un operador coloca su orden al precio de venta actual o por debajo de él, es posible que pueda realizar la compra a un precio más bajo. Pero existe el riesgo de que ningún vendedor quiera vender a un precio más bajo, y la orden puede no ser ejecutada.

Entonces, puede entrar en la operación y completar el resto de su estrategia.

CUENTAS DE INVERSIÓN Y DE MARGEN

Hay dos tipos de cuentas que se pueden abrir para operar con acciones. Las dos opciones principales son la cuenta de margen y la cuenta de inversión. Con una cuenta de margen, puede pedir un préstamo frente al capital que ha depositado en su cuenta. La cuenta de inversión, por otro lado, le permitirá comprar hasta el valor en dólares que tenga en esa cuenta. No podrá gastar más de lo que haya puesto en esa cuenta de una sola vez.

Si decide abrir una cuenta de margen, podrá pedir dinero prestado a la empresa de inversión o de corretaje para ayudar a pagar una parte de su inversión. Este es un proceso que se conoce como "comprar al margen". Esto puede proporcionarle algunas ventajas, como comprar más acciones que las que podría permitirse si sólo utilizara el capital de su cuenta, y puede ayudarle a apalancarse para obtener más beneficios con su dinero.

Sin embargo, hay un inconveniente, ya que hay más riesgos. Cuando usted pide prestado el dinero para hacer sus inversiones, llegará un momento en que deberá devolver el préstamo. Si obtiene los beneficios que cree que obtendrá, es fácil devolverlo. Pero, si pierde y hace predicciones equivocadas, tendrá que encontrar otras formas de devolver el dinero. Hacer inversiones con apalancamiento puede aumentar el porcentaje de pérdidas de su dinero.

Como principiante, debería quedarse con una cuenta de inversión normal. Operar al margen puede aumentar el riesgo que se asume en las operaciones. Esto puede ser tentador, porque puede aumentar sus ganancias potenciales, pero hay un riesgo mucho mayor también. En cambio, es mucho mejor optar por una cuenta de inversión. De esta manera, puede sacar el dinero con el que se sienta cómodo, en lugar de esperar a hacer una buena predicción al principio, cuando está aprendiendo.

ELEGIR UN CORREDOR

En este proceso, también tenemos que dedicar algo de tiempo a la elección de un corredor. Si usted ya ha entrado en otras formas de trading en el pasado, entonces puede simplemente trabajar con el mismo corredor que ya tiene. Pero, si está iniciando en el trading, y esta es la primera que lo hace, entonces tendrá que buscar hasta encontrar el corredor adecuado para usted.

Hay muchos corredores diferentes por ahí, y muchos de ellos pueden ayudarle con el swing trading. El aspecto más importante que deberá tener en cuenta son las comisiones y los honorarios que cada corredor le impone. Dado que los períodos de swing trading son relativamente cortos, y que usted entrará y saldrá de las operaciones en unas pocas semanas como máximo, con cada operación, querrá asegurarse de que las ganancias que obtenga no sean consumidas por las comisiones de su corredor.

Hay diferentes métodos que el corredor puede utilizar para obtener sus comisiones. Algunos cobran una tarifa fija para todo el año. Esto suele funcionar bien para las operaciones a largo plazo y probablemente no sea una opción para usted, ya que hará más operaciones. Las dos opciones que probablemente manejará, incluyen una tarifa por cada operación o una tarifa basada en la cantidad de ganancias que obtenga.

Si puede, busque un corredor que le cobre una comisión basada en sus ganancias. De esta manera, no se le cobrará una gran cantidad si realiza muchas operaciones durante ese tiempo. Si obtiene un buen beneficio, tendrá que pagar un poco más debido al porcentaje. Si gana menos en una de sus operaciones, entonces no tendrá que pagar al corredor tanto como antes.

Antes de iniciar cualquier operación, asegúrese de discutir las comisiones con su corredor. Debería ser capaz de describir sus honorarios, y puede discutir con usted a dónde irá su dinero cuando trabaje con ellos. Esto puede ayudarle a hacerse una buena idea de cuánto gastará, en función de las ganancias que obtenga, el número de operaciones que decida realizar, etc. Consiga las comisiones y los honorarios por escrito, junto con cualquier otro acuerdo que usted y el corredor y su empresa convengan para protegerle.

CÓMO DECIDIR CUÁNTO QUIERE INVERTIR

Por último, antes de pasar a hablar de algunas de las diferentes plataformas de swing trading con las que puede trabajar, tenemos que discutir algunos de los aspectos básicos sobre la cantidad que va a invertir en su cuenta. Dado que ya hemos hablado de la importancia de trabajar con una cuenta de inversión, en lugar de tratar de operar al margen, usted tendrá que decidir la cantidad de dinero que le gustaría poner en su cuenta.

En primer lugar, hable con su empresa de corretaje y decida cuánto necesita poner para cumplir sus requisitos. Algunas empresas de corretaje le pedirán que invierta una determinada cantidad, o que mantenga una cantidad específica en sus cuentas en todo momento, para poder operar. Si la empresa que ha elegido tiene ese tipo de requisito, asegúrese de que deposita al menos esa cantidad. Poner más depende de su criterio.

Si no hay un requisito mínimo, lo mejor es empezar poniendo una cantidad que no le incomode perder. Nadie espera perder dinero en ninguna de sus operaciones. Pero eso ocurre, especialmente cuando se es principiante. Poner sólo la cantidad que esté dispuesto a perder si algo sale mal, puede ayudar a reducir el riesgo que está asumiendo.

Empezar con el swing trading puede ser emocionante. Se trata de un divertido tipo de trading, que se mueve con rapidez y que puede ayudarle a obtener unos buenos beneficios en poco tiempo, y que no requiere que se pase todo el día en el ordenador viendo cómo va la operación. Siguiendo algunos de los consejos anteriores, estará preparado para realizar sus primeras operaciones con esta estrategia.

Capitúlo 2 Códigos de contratos de futuros, volúmenes y meses de negociación

Cada contrato de futuros tiene asignado un código único de una o dos letras, que identifica el tipo de contrato. Los códigos o claves de cotización de los futuros son utilizados por los mercados para procesar todas las transacciones comerciales. Por ejemplo, el símbolo del maíz es C, mientras que el futuro en miniatura del maíz es YC. Es muy importante utilizar el código correcto cuando se negocia; de lo contrario, puede acabar negociando el contrato equivocado. Vea el diagrama de algunos de los códigos y especificaciones de los contratos en la página siguiente.

Además del código del contrato, también debe conocer el código del mes y del año. El código J representa abril, el K representa mayo, etc. Así, si quiere negociar el futuro de maíz de mayo en 2011, el código sería CK5. Vea la tabla de códigos de mes a continuación:

Códigos de mes

Mes	Código	Mes	Código
Enero	F	Julio	N
Febrero	G	Agosto	Q
Marzo	H	Septiembre	U
Abril	J	Octubre	V
Mayo	K	Noviembre	X
Junio	M	Diciembre	Z

Es muy importante entender el valor de un contrato. De este modo determinará las pérdidas y ganancias, así como el precio de entrada y salida, cuando opere. Los contratos de futuros tienen un incremento de precio mínimo, llamado tick. Los operadores utilizan la palabra tick para expresar el movimiento del contrato, o la cantidad que un mercado ha subido o bajado.

Otro término que deberá entender es el de "multiplicador", que determina el valor de un tick. Por ejemplo, el multiplicador para el dólar canadiense es de 10 dólares. El mercado subió 20 ticks en un día. Esto significa que su contrato en largo ha ganado 200 dólares (20 ticks X 10 dólares de multiplicador = 200 dólares).

Cuadro de códigos y especificaciones de los contratos

Contratos completos				
Maíz	C	H,K,N,U,Z	5,000 bu.	¼¢/bu = $12.50
Avena	O	H,K,N,U,Z	5,000 bu.	¼¢/bu = $12.50
Soja	S	F,H,K,N,Q,U,X	5,000 bu.	¼¢/bu = $12.50
Harina de soja	SM	F,H,K,N,Q,U,V,Z	100 ton	10¢/ton=$10.00
Aceite de soja	SO	F,H,K,N,Q,U,V,Z	60 000 lb	.01¢/lb = $6.00
Bonos del tesoro de EEUU	US	H,M,U,Z	$100,000	1/32 = $31.25
Valores del tesoro de EEUU de 10 años	TY	H,M,U,Z	$100,000	1/32 = $31.25
Bonos del tesoro de EEUU de 5 años	FV	H,M,U,Z	$100,000	1/64 = $15.625
Trigo	W	H,K,N,U,Z	5,000 bu.	¼¢/bu = $12.50
Dólar australiano	AD	H,M,U,Z	AD100,000	.01¢/AD=$10.00
Dólar canadiense		H,M,U,Z	CD100,000	.01¢/CD=$10.00
Libra esterlina	BP	H,M,U,Z	BP62,500	.02¢/BP=$12.50
Eurodólar	ED	H,M,U,Z	$1000,000	1pt. = $25.00
Euro	EC	H,M,U,Z	€ 125,00	.01¢/€ = $12.50
Ganado de engorde	FC	F,H,J,K,Q,U,V,X	50,000lb	2.5¢/cw=$12.50
Yen japonés	JY	H,M,U,Z	JY12,500,000	.0001¢/JY=$12.50
Cerdos magros	LH	G,J,M,N,Q,V,Z	40,000 lb	2.5¢/cwt = $10.00
Ganado vivo	LC	G,J,M,Q,V,Z	40,000 lb	2.5¢/cwt = $10.00
Cerdos vivos	LH	G,J,M,N,Q,V,Z	40,000 lb	2.5¢/cwt = $10.00
Peso mejicano	ME	H,M,U,Z	MP500,000	.0025¢/MP=$10.00
S&P 500	SP	H,M,U,Z	$250 x Index	0.05 = $12.50
Mini S&P	ES	H,M,U,Z	$50 x S&P index	0.25= $12.50
Franco suizo	SF	H,M,U,Z	SF125,000	.01¢/SF=$12.50
Letras del Tesoro de EE.UU.	TB	H,M,U,Z	$,1000,000	.01 = $25.00
Cacao	CC	H,K,N,U,Z	10 toneladas métricas	$1/ton = $10.00
Café	KC	H,K,N,U,Z	37,500 lb	.05¢/lb =$18.75
Azúcar #11	SB	H,K,N,V	112,000 lb	.01¢/lb = $12.00
Algodón	CT	H,K,N,U,Z	50,000 lb	.01¢/lb =$5.00
Jugo de naranja	JO	F,H,K,N,U,X	15,000 lb	.05¢/lb =$7.50
Cobre	HG	Todos los meses	25,000 lb	.05¢/lb = $12.50
Oro	GC	G,J,M,Q,V,Z	100 oz troy	10¢/oz troy = $10.00
Plata	SI	H,K,N,U,Z	5,000 oz troy.	.005¢/oz troy = $25.00

Maíz	XC	H,K,N,U,Z	1,000 bu.	¼¢/bu = $2.50
Soja	XS	F,H,K,N,Q,U,X	1,000 bu.	¼¢/bu = $2.50
Bonos del tesoro de EEUU	YH	H,M,U,Z	$50,000	1/32 = $15.625
Valores del tesoro de EEUU de 10 años	XN	H,M,U,Z	$50,000	1/32 = $7.8125
Trigo	XW	H,K,N,U,Z	1,000 bu.	¼¢/bu = $2.50
Eurodólar	UD	H,M,U,Z	$500,000	.005 = $6.25
Ganado de engorde	FM	F,H,J,K,Q,U,V,X	10,000 lb	.001 = $10.00
Cerdos magros	HM	G,J,M,N,Q,V,Z	10,000 lb	.001 = $10.00

Capitúlo 3 Operar con futuros por diferencias (spreads)

Muchos day traders consideran que los futuros son preferibles a las opciones, porque es seguro que se moverán siempre junto al activo con el que están relacionados. Además, el mercado de futuros puede analizarse directamente, lo que significa que puede beneficiarse de la anticipación en el mercado sin tener en cuenta los precios de los derivados. Y lo que es mejor, a diferencia de otros mercados, no hay restricciones artificiales que limiten su capacidad de operar en corto, lo que facilita mucho su trabajo como day trader. Por último, esto hace que no se aplique la definición de FINRA de day trader de patrón. Un day trader de patrón está obligado a tener 25.000 dólares a mano en todo momento, entre otras cosas, y ser etiquetado como tal le dificultará operar con la máxima eficacia posible.

Siga siempre las tendencias: lo más probable es que, si le atrae el comercio de futuros, esté menos inclinado naturalmente a seguir las tendencias del mercado, prefiriendo en cambio saltar sobre las oportunidades cuando aún se están formando. Sin embargo, este es un hábito que va a tener que romper si planea operar con futuros, ya que normalmente encontrará que la práctica es mucho más rentable si se adhiere a las tendencias de los principales operadores, y se desvía de ellas lo menos posible.

No le dé prioridad a la frecuencia de las operaciones: aunque es natural que los day traders realicen más operaciones que otros tipos de operadores, esa no es razón para asumir que siempre hay operaciones de futuros que se pueden realizar en ese momento. Es importante tener siempre presente que es posible ser un day trader exitoso haciendo solo tres operaciones al día, al igual que es posible tener éxito haciendo 30 operaciones al día. Se trata de elegir sus blancos de futuros con cuidado, y entendiendo claramente hacia dónde se dirigen las operaciones. No olvide que, antes de finalizar cualquier operación, siempre debe realizar un análisis completo de riesgo/recompensa, para asegurarse de que va a merecer la pena a largo plazo.

Aprenda cómo es un buen contrato de futuros: antes de iniciar cualquier operación, es importante que se tome el tiempo necesario para recopilar toda la información posible, con el fin de evitar que se produzcan futuras sorpresas inesperadas. Es importante tener en cuenta que los contratos de futuros pueden tener una serie de diferencias fundamentales, que habrá que tener en cuenta antes de seguir adelante. En primer lugar, es importante que conozca la unidad del contrato en cuestión, ya que cada contrato de futuros indica el volumen y las unidades en las que se negocia.

Los futuros en Forex siempre se especificarán con una moneda determinada, mientras que aquellos basados en índices bursátiles suelen incluir un punto de referencia en el índice, multiplicado por un precio específico por acción. Los detalles de esta medida no son tan importantes en la mayoría de los casos, ya que generalmente sólo son cruciales en el momento, para ayudarle a entender exactamente en qué se está metiendo.

Además de este tipo de detalles, tendrá que tener en cuenta el precio cotizado, así como la forma en que esta cotización puede cambiar entre los mercados, ya que a veces se escribirá con dólares y centavos, mientras que otras veces se escribirá con ecuaciones matemáticas, puntos de posibilidad, o porcentajes. El resultado final siempre será el mismo, pero es importante saber exactamente con qué se está trabajando antes de seguir adelante.

Elegir el contrato correcto: antes de elegir los contratos adecuados, es importante entender los distintos niveles de inseguridad que se dan en el mercado en cuestión, en comparación con el potencial de un pago serio si las cosas le van bien. Esto es vital, ya que hay mucha más variación en el mercado de futuros que en los demás, puesto que abarcan una variedad mucho mayor, en general. Cuando se trata de tomar este tipo de decisiones, también es importante recordar que el rendimiento pasado no va a ser un buen pronóstico de los resultados futuros en este caso. Esto significa que el hecho de que un precio se haya mantenido estable durante varios días no indica que vaya a seguir haciéndolo.

Busque las señales adecuadas: al operar con futuros en el day trading, es importante tener en cuenta que los mejores resultados suelen materializarse si utiliza un trío de indicadores que no sean específicamente complementarios entre sí. Tendrá que vigilar la onda senoidal como medio para determinar el precio cuando se trata de soporte y resistencia; el impulso para determinar el volumen en comparación con la oferta; y el promedio como instrumento para determinar el tamaño específico de la operación, a fin de ayudar a establecer cuánto interés tiene el mercado en la operación en ese momento.

En general, puede esperar a contar con la capacidad de trazar la onda sinusoidal a través del panel gráfico más bajo, que le dará una medida del ciclo actual. Cuando se confirmen los niveles de soporte y resistencia, verá los resultados trazados mediante líneas de puntos en las barras de precios en cuestión. También encontrará el impulso trazado debajo de las barras que indican el precio, y luego será representado por ondas, para así mostrar el volumen cuando se trata de comprar y vender.

También encontrará varios patrones de divergencia que pueden ser trazados directamente en varias barras de precios adicionales. Cuando se trata de rastrear el promedio, usted podrá considerar fácilmente qué tipos de operadores activos están situados en distintos puntos de precio. Si encuentra muchos máximos, puede estar seguro de que significa que hay muchos cambios de posición en la parte superior del espectro. Mientras tanto, muchos mínimos deberían indicarle que la ruptura está en sus últimos momentos, lo que significa que podría revertirse en cualquier momento.

Considere la dirección en la que se está formando la tendencia: más que en las formas más tradicionales de comercio, si usted logra encontrar una tendencia mientras aplica el day trading, entonces hay una alta probabilidad de que sea capaz de obtener un beneficio de ella, suponiendo que se mantenga el tiempo suficiente para permitírselo. Cuando se trata de confirmar la dirección de una posible tendencia, usted querrá prestar atención a los profesionales que están operando en este ámbito, antes de confirmar que la tendencia va a seguir avanzando. Deberá estar atento a los indicadores que señalen que el volumen se ha agotado, ya que esto significa que probablemente esté en sus últimos momentos.

Cíñase a un solo mercado: aunque el mercado de futuros tiende a tener varias subsecciones dedicadas a varios mercados diferentes, esto no significa que debas rebotar entre todos ellos, ya que tendrá mucho más éxito si se adhiere a los que vea algún resultado temprano. Una vez que haya dominado una subsección específica del mercado, podrá pasar a la siguiente, pero hasta ese momento, querrá centrarse en la forma de aumentar su éxito a largo plazo.

Precios y márgenes de las operaciones con diferenciales de futuros

Diferenciales: es vital que tenga en cuenta que, si son parte de un diferencial, los márgenes individuales de un determinado contrato se reducirán. Por ejemplo, si el margen de un determinado contrato de trigo es de 2.000 dólares, pero usted toma la decisión de ir en corto y en largo en el trigo en el mismo año, entonces el margen entre ellos podría llegar a ser de tan sólo 200 dólares. Si se va en corto y en largo en una materia prima dividida en diferentes años, entonces el margen se duplicará a 400 dólares. El diferencial de precios se produce porque la volatilidad del diferencial es menor que la del contrato en cuestión.

En general, el diferencial de futuros le ofrece la posibilidad de observar el movimiento del mercado en cámara lenta. Así, si ocurriera algo importante en el mercado del trigo, afectaría a ambos contratos, lo que proporcionaría una protección suficiente contra el riesgo incrementado que no tiene el contrato singular.

Preocupaciones por el precio: el precio de un diferencial de futuros específico puede determinarse fácilmente a través de la diferencia percibida en dos contratos. Para determinar correctamente cuál será el precio del diferencial, la forma más fácil de hacerlo es simplemente restando el mes que está siendo diferido del precio del mes anterior. Si el precio del mes anterior es el más bajo de los dos, el diferencial acabará siendo negativo, y si es más alto, el diferencial acabará siendo positivo. Tanto los valores de los contratos como los diferenciales serán los mismos. Por ejemplo, si el precio del trigo es de 500 dólares en el primer mes y de 510 dólares en el siguiente, se puede decir que el diferencial es de -10 dólares y si, en cambio, baja a 490 dólares, será de 10 dólares.

Tipos de mercado

Mercados de contango: se considera que un mercado está en contango si el mes delantero va a tener claramente un coste inferior al del mes diferido.

En general, esto significa que el mes diferido va a costar un poco más que el mes anterior, gracias al coste de transporte. El coste de transporte tendrá en cuenta el interés del capital y los costes de funcionamiento del lugar en el que se vende la mercancía, así como los costes de almacenamiento y de seguro. Se considera el estado por defecto del mercado.

Mercados en retroceso: se dice que un mercado está en retroceso si los meses cercanos se valoran más, en comparación con los meses diferidos. A veces se conoce como mercado invertido, y es lo contrario de la condición de mercado estándar. Esto ocurre más a menudo si el mercado está en medio de una fase alcista, que tiende a ser causada por algún fallo en la cadena de suministro, a menudo en relación con un aumento sustancial de la demanda, junto con una disponibilidad general limitada. Este tipo de diferencia de precios suele producirse cuando los meses iniciales sufren todo el impacto del cambio, que se mitiga cuando empiezan a llegar los meses diferidos. Esto ocurre con frecuencia si el mes diferido termina en el siguiente año de cosecha después del mes delantero.

Independientemente de la situación del mercado en este momento, es importante que siempre tenga en cuenta las circunstancias estacionales en todas sus decisiones. En general, puede contar con que los precios de la gasolina sean más altos en verano, mientras que los del café, el gas natural y el combustible para calefacción lo serán en invierno. Además, es importante que recuerde que todos los mercados experimentan inevitablemente períodos bajistas y alcistas, pero los que sufren las materias primas tienden a ser mucho menos sistemáticos, en general.

Tipos de diferenciales comunes: futuros sobre materias primas

Futuros inter-mercancía: estos futuros implican contratos que se extienden por varios mercados. Por ejemplo, si usted cree que el mercado del trigo va a experimentar una alta demanda en comparación con el mercado del maíz, entonces compraría trigo y vendería maíz. Los precios específicos de cada uno de ellos no importan, siempre que los precios del trigo superen a los del maíz.

Calendario intra-mercancía: este diferencial se refiere a una sola materia prima entre diferentes meses del año. Por ejemplo, si usted cree que el mercado del trigo va a ser más fuerte en noviembre que en junio, entonces iría en largo en noviembre y en corto en junio. Los detalles del precio no importan, siempre que los precios sean más altos en noviembre que en junio.

Futuros alcistas: este diferencial se refiere a una sola materia prima bajo el supuesto de que el mes anterior tendrá un precio más alto que el mes posterior. Por ejemplo, si compra un futuro de trigo alcista en mayo, querrá que el precio sea más alto entonces, que cuando lo venda en junio. Para este tipo de futuro, es importante tener en cuenta que los contratos de futuros cercanos tienden a moverse más rápido cuanto más se alejan del mes anterior, lo que les da su nombre. Un operador alcista sería entonces aquel que compra en el mes delantero con la esperanza de que acabe moviéndose a mayor velocidad que el mes diferido.

Futuros bajistas: este diferencial se produce si se compra la misma materia prima de tal manera que se está corto en el mes delantero, y largo en el mes diferido. Por ejemplo, si compra trigo en mayo y lo vende en junio, espera que los precios sean más bajos en mayo que en junio. Para este tipo de futuro, es importante tener en cuenta que los contratos de futuro cercano tienden a moverse más rápido cuanto más se alejan del mes de entrada, lo que da a este futuro su nombre. Si está seguro de que los precios están en un punto bajo, entonces este es el tipo de diferencial en el que debería considerar comprar.

Capitúlo 4 Conozca sus productos

Por último, pero no por ello menos importante, antes de empezar a operar con un nuevo producto hay que asegurarse de haber leído y comprendido sus características: cuál es el margen requerido, cuánto vale cada punto, cuál es su horario de negociación, etc.

FUTURO SOBRE EL DAX

El contrato de futuro DAX (código: FDAX) es un contrato trimestral con liquidaciones en efectivo a la 1 pm de cada tercer viernes de marzo, junio, septiembre y diciembre (o el jueves, si el viernes es festivo). El contrato cotiza a 25 euros por punto, con variaciones de precio de 0,5 puntos, es decir, 12,5 euros.

El cálculo del valor del contrato es el precio de mercado multiplicado por 25 euros. Así, si el futuro está a 12551 puntos, un lote le costará 313.775 euros (25 x 12551). Afortunadamente, no necesita tener esta cantidad de dinero en su cuenta de operaciones. El margen inicial para negociar este contrato es fijado por Eurex, y fluctúa en función de su análisis de riesgo de mercado. Su corredor añadirá un margen adicional. En el momento de imprimir este libro, el margen medio requerido es de 24.000 euros por contrato.

Si desea operar con CFDs sobre el DAX, compruebe primero cuáles son los requisitos de su corredor, y cuáles son las condiciones para operar con ese producto. Algunos corredores pueden ofrecer el CFD del DAX a 1 euro por punto; otros, a 25 euros, pero con la opción de comprar una décima o incluso una centésima parte. Además, el CFD puede estar vinculado al índice DAX y no al futuro, que no cotiza a los mismos niveles que he explicado antes, debido a los dividendos reinvertidos y a la financiación. Algunos corredores de CFDs pueden incluso cotizar los precios fuera del horario de mercado. Esto puede ser peligroso si usted tiene posiciones guardadas durante la noche, con órdenes de stop loss vinculadas a ellas, ya que los precios fuera del horario de negociación del mercado pueden hacer que su stop loss se ejecute. Así que lea primero los productos con los que va a operar y vuelva a leer las características del producto con cualquier corredor que utilice, ya que serán diferentes según el corredor de CFD.

MINI DAX Y E-MINI DOW

Afortunadamente, no tiene que negociar contratos a 25 euros por punto cuando empiece a operar. Puede empezar con el mini DAX (código: FDXM) y el e-mini DOW (YM…) a 5 euros por punto, y 5 dólares para el e-mini DOW. De igual modo, se trata de liquidaciones trimestrales.

La fórmula para calcular el valor del contrato es la misma: el precio de cotización por el precio de un punto. En el momento en que se imprime este libro, el margen medio requerido está en 4800 euros para el mini DAX y 6550 dólares para el e-mini Dow.

Dado que algunas de las estrategias que he mencionado anteriormente requieren al menos dos contratos, puede que valga la pena empezar con CFDs a 1 euro por punto, y adquirir experiencia antes de pasar a los contratos mini, y luego a los grandes.

Capítulo 5 Qué mercado operar, y con qué corredor

La oferta de productos con los que se puede operar es enorme, pero para el scalping se necesitan productos con grandes volúmenes de intercambio y volatilidad. Esto se puede encontrar en los futuros del mini DAX y del e-mini Dow. La volatilidad, es decir, el margen diario (distancia entre el mínimo del día y el máximo del día) es amplia. Además, y este punto es muy importante, estos productos se negocian en mercados regulados y centralizados: Eurex para los futuros del DAX y CME para el e-mini Dow; a diferencia de los CFDs, que son productos OTC; es decir, su corredor es la contraparte de su operación. Cuando usted compra, su corredor es su vendedor y cuando usted vende, su corredor le compra a usted. En cambio, en un mercado centralizado, su orden se encamina y se ejecuta cuando la orden de otra persona coincide con la suya (los precios de los compradores y los vendedores coinciden). Además, en los mercados de futuros usted puede ver el volumen de las transacciones, mientras que en los CFD, su corredor puede no mostrar ningún volumen, o mostrar sólo los volúmenes intercambiados en su plataforma.

Y, lo que es más importante, en los mercados de futuros usted ve los precios ofrecidos por otros participantes en el mercado, mientras que en los CFD, sólo dispone de los precios ofrecidos por su corredor. Para ilustrar esto, acabo de sacar una foto de los precios ofrecidos por dos corredores de CFD diferentes, a un mismo tiempo.

Orden de compra

¿Qué corredor ofrece el precio correcto?

En el caso de que haya una alta volatilidad, los CFDs no reaccionan de la misma manera que los futuros: los precios pueden ajustarse a un ritmo diferente y el diferencial ofrecido por el corredor puede aumentar. Una orden de mercado puede incluso ser revalorizada, si el mercado se mueve muy rápidamente. Las órdenes de stop pueden sufrir un deslizamiento, lo que significa que usted perderá algunos puntos para su corredor, ya que el precio que se le paga está a pocos puntos de su orden de stop.

Me gusta comparar los CFD y los futuros con las tendencias actuales del consumo de alimentos. A la gente le gusta consumir productos frescos que vienen directamente de la granja, sin intermediarios y mayoristas que hagan su negocio en el proceso. Pues bien, el comercio de futuros es similar. Usted obtiene los precios directamente del mercado, mientras que los CFD son productos ofrecidos por su corredor, que obtiene sus ingresos a través de los diferenciales. Además, los proveedores de CFDs cubren sus posiciones, o parte de ellas, utilizando futuros y opciones.

Por lo tanto, sólo puedo recomendarle que opere con contratos de futuros o mini-futuros. Sin embargo, los CFDs pueden ser útiles para negociar pequeñas posiciones, cuando se dan los primeros pasos en el trading, ya que se pueden negociar productos a sólo un euro por punto, en lugar de 5 euros en un contrato de mini futuro, o incluso 25 euros por puntos en el futuro del DAX. Tenga en cuenta que los CFD no están disponibles en todos los países, debido a las leyes locales y a la regulación financiera.

Pero si puede y quiere operar con CFDs, asegúrese de mirar los diferenciales que ofrecen los diferentes corredores antes de elegir con quién operar. Medio punto no es mucha diferencia, pero en el scalping significa mucho. Después de 20 operaciones, pagar medio punto más en cada operación a un euro por punto se traducirá en 10 euros extra desperdiciados en comisiones; y así sucesivamente, después de 40 operaciones, habrá desperdiciado 20 euros. Digamos que en un mes, si realiza entre 600 y 800 operaciones, habrá desperdiciado entre 300 y 400 euros en comisiones adicionales.

Cómo elegir su corredor:

Para poder hacer scalping como es debido, hay que tener en cuenta los siguientes puntos a la hora de elegir el corredor:

- Diferenciales escasos si decide trabajar con CFD. Un euro o un dólar por punto es lo máximo que debe pagar, ya que usted no querrá trabajar sólo para su corredor;
- El flujo de datos en tiempo real es esencial. La suscripción al flujo de datos de Eurex (DAX y mini DAX) le costará unos 20 euros al mes

y otros, 25 euros por una suscripción a los datos CME CBOT (e-mini Dow). Su corredor cobra las tarifas del proveedor de datos; usted no tiene que pagar directamente al proveedor. Si sólo quiere operar con CFDs no tendrá que pagar estas tasas, pero sólo tendrá acceso a los datos proporcionados por su corredor.

- La mayoría de las plataformas le permitirán colocar órdenes sencillas, como órdenes de compra con límite o de venta con límite, con la opción de establecer una orden automática de take profit y stop loss. Pero algunas van más allá, y le permiten establecer una orden automatizada para una parte de la posición, otra para la segunda parte, y así sucesivamente, si quiere establecer 3 objetivos diferentes. Como vimos en capítulos anteriores, estas órdenes son útiles cuando se opera con soportes, resistencias y ruptura de puntos pivote.

- Tenga en cuenta que algunos corredores operan con una regla de "primero en entrar, primero en salir", lo que significa que no le permitirán tener posiciones opuestas en el mismo producto ejecutadas por separado, también conocido como cobertura. Una nueva orden de venta ejecutada puede no abrir una posición, sino compensar o cerrar una posición de compra ya abierta. Por otro lado, los corredores de CFDs pueden permitirle negociar, cubrir y operar sus posiciones por separado. Mientras que las posiciones cortas y largas de cantidades equivalentes y del mismo producto se compensan entre sí en la teoría, su corredor todavía puede calcular una cobertura de margen para cada posición por separado. Por lo tanto, vigile el consumo de sus márgenes.

- Si está empezando con una cuenta pequeña, es decir, con menos de 5.000 euros, busque corredores que le permitan operar con cantidades pequeñas, tan pequeñas como 1/100 de un lote. De este modo, podrá empezar a operar asumiendo un riesgo mínimo hasta que adquiera confianza en sus operaciones.
- Operar desde un smartphone, un iPad o similar. Ciertamente, no puedo recomendar que utilice estos dispositivos para su scalping,

pero se utilizarán como parte del plan B si surge un problema con su ordenador mientras está operando, o si su banda ancha de internet se interrumpe repentinamente o se reinicia. Su smartphone conectado a una red de telefonía móvil será su dispositivo de reserva para modificar o cerrar algunas órdenes, si es necesario, hasta que su ordenador e internet vuelvan a funcionar. La mayoría de los corredores ofrecen tecnología móvil en el mundo actual.

- Este era el plan B. El plan C es que usted debe ser capaz de llamar a la oficina de operaciones de su corredor como último recurso, en caso de emergencia, si su ordenador y su aplicación móvil no le permiten realizar una acción que necesita.

- Por último, es absolutamente necesario trabajar con un mínimo de dos corredores, ya que si por alguna razón hay un problema técnico en la plataforma de uno de sus corredores, necesita poder actuar rápidamente en la plataforma de su segundo corredor. Digamos que usted necesita cerrar una posición, pero la plataforma del corredor

"A" por alguna razón no está funcionando. Entonces, puede abrir una orden opuesta en la plataforma del corredor "B". Por ejemplo, si usted necesita cerrar una posición larga con el corredor "A", pero un problema técnico no le permite hacerlo, entonces puede abrir una posición corta con el corredor "B", hasta que todo vuelva a funcionar. Entonces puede trabajar en el cierre de estas posiciones simultáneamente, más adelante.

Una vez que esté preparado para operar con los mini-futuros, le recomiendo que tenga al menos 12.000 euros, para poder hacer scalping con 2 lotes cuando se presente la ocasión. Para obtener la información más precisa, elija el flujo de datos tick a tick, si puede elegir un proveedor de datos. Algunos proveedores de datos ofrecen datos de mercado que se envían a su ordenador cada segundo, mientras que otros refrescan sus datos tick a tick, es decir, cada vez que se produce una transacción en el mercado, mostrándole el último precio intercambiado.

En este libro, le enseñé a operar con el mini DAX y el e-mini Dow. Es posible que quiera explorar y operar en otros mercados, pero le recomiendo que no opere en más de dos a la vez, ya que el scalping requiere concentración, y una acción rápida en sus operaciones. Habrá notado que de estos dos productos, uno es europeo y el otro es americano, por lo que podría trabajar el DAX durante el horario europeo y el e-mini Dow durante el horario del mercado estadounidense.

Capitúlo 6 Cuándo operar y cuándo no operar

Los mercados pasan por diferentes fases, habrá momentos en los que le parecerá difícil interpretar el mercado, y otros en los que los volúmenes serán bajos, y la indecisión de los participantes alta, lo que hace que el mercado evolucione de forma tranquila y aburrida.

Futuro sobre el DAX, 5 minutos

Para este ejemplo, he utilizado velas de 5 minutos, para que quepa todo el día en un solo gráfico. Como puede ver, el mercado gana aproximadamente 60 puntos entre su mínimo del día y su máximo del día; lo que no está tan mal. Pero, ¿cómo ha sucedido eso? Una rápida caída de 30 puntos por la mañana, seguida de un retorno a los precios de apertura al final de la mañana, y luego, 6 horas de larga espera hasta un pequeño repunte a las 5 de la tarde. Aparte de hacer pequeñas operaciones de rango durante estas 6 horas, no hay mucho más que pueda hacer.

Es difícil predecir cómo va a ser un día. No me refiero a las tendencias, sino a la volatilidad de los precios. ¿Va a ser un día activo o muy tranquilo? No se puede saber de antemano. Sin embargo, hay algunas pistas que puede observar, como los comportamientos del día anterior y los patrones de los gráficos.

Futuro sobre el DAX, una hora

Cuando el mercado está probando niveles significativos, como soportes y resistencias, es de esperar que haya cierta indecisión, ya que nadie está dispuesto a comprar en los máximos, y empujar el mercado más allá, hasta que un acontecimiento o algo más desencadene un avance o una consolidación brusca del mercado. Cuando se alcanzan niveles significativos y se ponen a prueba, hay que contar con que el mercado pruebe ese nivel antes de romperlo o revertirlo.

Otra pista para detectar la actividad del mercado puede encontrarse en los calendarios económicos, y en cómo reacciona el mercado ante los próximos acontecimientos o noticias que se anuncien. Es posible que el mercado entre en una fase de calma, con menos participantes dispuestos a operar, a la espera de las noticias. Algunos participantes decidirán mantenerse al margen, como le aconsejaré que haga a continuación. Durante esta fase de calma, los volúmenes intercambiados podrían ser bajos, de nuevo, debido al hecho de que muchos day traders no quieren tener demasiadas posiciones abiertas mientras se enfrentan al riesgo de una alta volatilidad de los precios en el momento de la publicación de las noticias. Debería familiarizarse con el volumen medio intercambiado a lo largo del día para el producto con el que está operando, de modo que pueda evaluar si el mercado está siendo impulsado por volúmenes bajos, debido a un menor número de participantes, o si realmente hay un mayor interés.

Cuando se hace scalping, es conveniente cerrar todas las posiciones antes de que se publiquen las noticias, ya que el mercado puede volverse muy volátil durante y después de la publicación. Mientras que la volatilidad normalmente está a nuestro favor, en el momento de la publicación de una noticia, el mercado puede moverse de manera arbitraria en cualquier dirección, volver a donde estaba antes de que saliera la noticia, o posicionarse en una dirección específica. Lo que sucederá, es que usted puede haber operado en la dirección correcta, pero el mercado alcanzó su stop loss primero, debido a la volatilidad de los precios. Ahora, usted puede pensar, "no pongamos un stop loss en este caso", o "coloquémoslo más lejos", pero ¿qué pasa si el mercado va en contra de usted y luego no se revierte en la dirección elegida? Colocar órdenes justo antes de que se publique la noticia, desde mi punto de vista, es sólo apostar. Tampoco intente aplicar la lógica a las reacciones del mercado a las noticias, pensando que si la noticia es positiva el mercado subirá con toda seguridad, o lo contrario, porque puede que no ocurra. Es posible que el mercado ya haya valorado la noticia, y que algunos participantes en el mercado empiecen a cobrar sus beneficios, haciendo que los precios vayan en dirección contraria a la que lógicamente deberían haber ido. Cuando se publica una noticia o una cifra, no se tiene toda la información al respecto. Por ejemplo, si los inventarios de petróleo en crudo son menores de lo previsto, ¿se debe a un mayor consumo de petróleo o a una menor producción? ¿Qué estrategias tienen los participantes en el mercado? Muchos factores y muchas preguntas para las que no tenemos las respuestas, como para poder analizar la noticia y predecir cómo la va a asimilar el mercado. A veces, tras la publicación de una noticia, el mercado reacciona con fuerza yendo en una dirección, pero se recupera en las dos horas siguientes y retoma su actividad actual. Por lo tanto, trate de no apostar por las noticias. Sin embargo, con la experiencia, llegará a saber cuándo es probable que las noticias importantes no tengan ningún impacto en el mercado, en momentos concretos, mientras que pueden ser sometidas a un fuerte escrutinio en otros momentos.

Las principales noticias macroeconómicas que suelen impactar en los mercados son las decisiones sobre los índices de interés de los bancos centrales y sus conferencias de prensa, los inventarios de petróleo en crudo, el nivel de empleo en Estados Unidos, las cifras de inflación, el PIB y las ventas de viviendas. Dependiendo del contexto pueden desencadenar volatilidad cuando se publican.

Puede encontrar calendarios con las fechas y horas de publicación de las noticias en muchos sitios web. A mí me gusta utilizar el calendario económico publicado en investing.com, y aplicar un filtro para mostrar las principales noticias.

Calendario económico

A medida que se acaba la semana, me fijo en los eventos de la semana siguiente, los apunto en el calendario de mi ordenador y guardo recordatorios y alarmas que saltan entre una hora y 30 minutos antes de la publicación de las noticias. De esta manera, recuerdo que no debo abrir más posiciones justo antes de un comunicado de prensa, y que debo cerrar las posiciones existentes mientras estén siendo positivas.

A continuación hay una lista de momentos adicionales en los que recomiendo no operar:

- Los primeros diez minutos después de la apertura de la bolsa. Me refiero a la apertura de la bolsa, y no al mercado de futuros. Durante los primeros diez minutos, el mercado puede moverse de diferentes maneras, lo que no nos da lecturas útiles. De hecho, algunos participantes pueden estar cerrando posiciones que no consiguieron cerrar el día anterior, o para las que tenían suficiente margen en ese momento, pero ya no. Otros participantes pueden estar abriendo o cerrando posiciones debido a su trabajo de cobertura de opciones, etc. Diferentes operadores tienen diferentes agendas. Los primeros diez minutos pueden crear volatilidad que, de nuevo, puede activar los stop loss de los scalpers, sin dar ninguna oportunidad al scalper.

- La hora triple bruja: es el nombre que recibe el día en que, mensualmente, vencen los contratos de futuros sobre índices, los contratos de opciones sobre índices bursátiles, y los contratos de opciones sobre acciones individuales; incluso en la hora cuádruple bruja, cuando los contratos de futuros sobre acciones individuales se suman a esta lista trimestralmente. La hora triple bruja tiene lugar el tercer viernes del mes y la hora cuádruple bruja, el tercer viernes del mes de cada fin de trimestre. Los volúmenes aumentan artificialmente debido a que las posiciones se trasladan al siguiente plazo del contrato. La volatilidad también puede aumentar, ya que los participantes en el mercado tienen diferentes agendas, pero eso puede no ayudar al scalper, por lo que yo opto por tomármelo con calma en esos días.

- El último día del trimestre: algunos participantes del mercado pueden estar trabajando para mejorar su balance y sus informes trimestrales. Sin embargo, no empiece a pensar que va a desencadenar una tendencia alcista, porque, si el aumento de los precios puede mejorar el balance de los inversores institucionales, puede tener un impacto adverso para los que tienen posiciones cortas en sus libros.
- Vacaciones y temporadas festivas: durante esas épocas, los volúmenes son menores. El mercado puede estar en modo de giro libre, o moverse rápidamente en volúmenes bajos. Si quiere operar, hágalo con volúmenes más bajos, ya que cuando los inversores institucionales y los grandes actores del mercado están de vacaciones, el mercado puede no darle las oportunidades adecuadas para realizar buenas operaciones.
- Operar después de las 10 de la noche: los futuros del Mini DAX y del DAX no se pueden negociar después de las 10 de la noche, pero en el caso del e-mini Dow, CME permite a los operadores realizar sus operaciones en un

sistema OTC a través de su plataforma GLOBEX. Por lo tanto, si realmente quiere negociar el e-mini Dow sin interrupción, puede empezar a medianoche del lunes, hasta las 23 horas del viernes (estos horarios pueden cambiar ligeramente durante los cambios de hora de invierno y verano). Sin embargo, no se recomienda operar después de las 10 pm, porque los volúmenes serán probablemente muy bajos. En su lugar, concentre su energía en la preapertura del mercado estadounidense, que es a las 14:30 CET.

OPERAR EL MINI-DAX Y EL DAX ANTES DE LA APERTURA DEL MERCADO

Los mercados de futuros del Mini DAX y del DAX abren a las 7:50 am, una hora y 10 minutos antes de la apertura de la bolsa.

La mayoría de las veces, la apertura previa al mercado es muy tranquila, con un volumen bajo de transacciones. No es necesario que se abalance sobre su pantalla y comience a operar a las 8 de la mañana. Sin embargo, cuando el mercado realizó un fuerte movimiento el día anterior, pueden surgir oportunidades en la preapertura. Sabemos que los participantes en el mercado tienen agendas diferentes, pero cuando el mercado reacciona con fuerza en una dirección, puede poner a los especuladores en posiciones difíciles. Por ejemplo, si el mercado baja 300 puntos en un día, algunos operadores largos pueden enfrentarse a demandas de margen, lo que significa que tendrán que poner más efectivo en su cuenta, o cerrar algunas de sus posiciones. Esto hará que se pongan más órdenes de venta en el mercado. Al mismo tiempo, algunos vendedores pueden querer cobrar y cerrar las operaciones ganadoras. En los primeros minutos de la apertura del mercado no se sabrá cómo evolucionará el mercado, pero sin lugar a dudas, se pueden utilizar las velas HeikinAshi para realizar algunas operaciones, ya que después de un fuerte movimiento del día anterior, es probable que haya volatilidad en la preapertura del mercado.

DAX, un minuto

300 puntos es un fuerte movimiento intradiario para el DAX.

Una apertura tranquila en la fase previa al mercado tiene precios que se mueven dentro de un rango de diez a veinte puntos. Pero aquí, después de un fuerte movimiento del día anterior, podemos esperar cierta volatilidad.

Capitúlo 7 Análisis técnico

Cuando se trata de entender el análisis técnico, lo más importante es tener siempre en cuenta que la acción que un determinado precio ha tenido en el pasado es probablemente una forma fiable de predecir su acción en el futuro. Este hecho facilita entonces el uso de lo que se conoce como herramientas técnicas, cosas como los indicadores, los gráficos y las tendencias, para lograr un porcentaje fiable de efectividad que requieren los operadores exitosos. Aunque las maneras de hacerlo pueden ser bastante complicadas a veces, en su esencia, el análisis técnico estudia la oferta y la demanda, en un esfuerzo por decidir cual tendencia es probable que continúe, si es que hay alguna. Esto es crucial para el éxito a largo plazo, ya que las herramientas que proporciona el análisis técnico aumentarán la fiabilidad de cada una de sus operaciones casi siempre.

El objetivo del análisis técnico no es simplemente medir el valor intrínseco dado de un activo en particular, sino más bien utilizar las herramientas a su disposición para recoger patrones provechosos relacionados con una actividad futura que otros pueden no haber notado todavía. En el fondo, el análisis técnico funciona asumiendo que tres cosas son ciertas. En primer lugar, el mercado siempre descontará algo; en segundo lugar, los precios siempre se moverán según las tendencias; y, por último, la historia siempre se repetirá en algún momento. A continuación, se presentan una serie de gráficos y patrones que hay que tener en cuenta a la hora de utilizar las estrategias de las que se ha hablado:

Gráficos de precios: un gráfico de precios es una parte fundamental del análisis técnico; básicamente, se trata de un gráfico con un eje "X" y un eje "Y", en el que el precio se puede ver a lo largo del eje vertical, y el tiempo se puede ver a lo largo del eje horizontal. Aunque hay un montón de gráficos diferentes para elegir, cada uno con sus propias fortalezas y debilidades, los que usted querrá tener en cuenta desde el principio, incluyen el gráfico de líneas, el gráfico de velas, el gráfico de barras y el gráfico de puntos y clics.

Gráficos de líneas: el gráfico de líneas es el más sencillo de todos los gráficos, ya que lo único que hace es mostrar el precio de cierre de una determinada acción durante un periodo de tiempo determinado. Las líneas, en este caso, se forman una vez que se ha determinado la clasificación de los precios de cierre, y luego se conectan con el objetivo final de mostrar una tendencia. No podrá encontrar detalles como el precio de apertura para el mismo período de tiempo, o los resultados generales del día, pero podrá determinar si la tendencia del día es positiva, lo cual es bastante importante, por lo que este es uno de los primeros gráficos que los day traders de todos los niveles consultan cuando buscan los detalles de una nueva acción.

Gráfico de barras: el gráfico de barras amplía los detalles proporcionados por el gráfico de líneas, ofreciendo un mayor grado de detalle con respecto a los elementos específicos del día. La parte superior e inferior de la barra representan el máximo y el mínimo del día, respectivamente, mientras que el precio al cierre se indica en el lado izquierdo de la barra, con la ayuda de un práctico tablero. El tablero en el lado izquierdo de la barra muestra el precio inicial, mientras que el color de la barra indica si experimentó un aumento o una disminución general al final del día.

Objetivo de precio: un aspecto de los gráficos de patrones que a menudo se pasa por alto es lo que se conoce como objetivos de precio. El cálculo de los objetivos de precio sirve para medir hacia dónde es probable que se mueva el precio a continuación, basándose en un patrón previamente confirmado. Como la señal indica la dirección del precio, lo que aún debe determinarse es la magnitud probable del movimiento de subida o bajada del precio. Esto, a su vez, facilita la fijación de objetivos, junto con los límites de protección, para facilitar la estimación de las potenciales ganancias, con el fin de iniciar todo el proceso.

El objetivo de precio no es definitivo, sino que se utiliza como guía para determinar si una operación concreta es atractiva o no, desde un punto de vista práctico. Cuanto mayor sea la diferencia entre el precio y el objetivo en el momento de cruzar la línea del cuello, mayor será el valor de la operación en general.

Formación de la copa con asa: el patrón de la copa con asa suele aparecer cuando un valor alcanza un precio máximo y luego cae bruscamente durante un largo periodo de tiempo. Sin embargo, finalmente el valor rebota, y entonces es el momento adecuado para comprar. Se trata de un indicador de una tendencia alcista, y usted debería asegurarse de aprovechar cualquier formación de copa con asa que vea aparecer.

El asa se formará en la copa cuando aquellos que compraron el valor en el punto más alto anterior, y no pudieron esperar más, comiencen a vender, lo que hace que nuevos inversores se interesen y comiencen a comprar también. Este tipo de formación no suele formarse rápidamente y, de hecho, se sabe que tarda un año o más en hacerse visible. Lo ideal sería aprovechar esta tendencia justo cuando el asa empieza a formarse.

Es importante prestar atención a la forma real de la parte de la copa del movimiento, ya que se quiere que sea muy suave y redondeada: cuanto más se acerque a un semicírculo, mejor. La razón de esto es que este tipo de patrón indica una consolidación dentro de la tendencia, ya que los inversores más débiles abandonan el mercado, dejando a los inversores más fuertes de la criptodivisa para que se beneficien del aumento secundario. Sin embargo, si la copa tiene una punta aguda, entonces no se considerará una verdadera fase de consolidación para la tendencia alcista, debilitando así su potencial general.

También es importante tener en cuenta la altura de la copa, ya que los patrones de copa y asa más eficaces suelen formarse de manera que tengan entre un 30% y un 60% del tamaño del movimiento alcista anterior, basándose en gran medida en la volatilidad general.

Formación de la cabeza sobre los hombros: si busca indicadores de cuánto tiempo es probable que continúe una tendencia en particular, entonces buscar una agrupación de tres picos en el gráfico de precios, conocida como la formación de "cabeza sobre hombros", puede indicarle una tendencia bajista en el futuro. Los picos a la izquierda y a la derecha del pico principal, también conocidos como hombros, deben ser algo más pequeños que el pico de la cabeza, y se conectan en un precio específico. Este precio se conoce como la "línea del cuello", y cuando alcanza el hombro derecho, el precio probablemente se desplome notablemente.

Capitúlo 8 Cómo utilizar las opciones binarias

Las opciones binarias son similares a las opciones tradicionales en muchos aspectos, salvo que básicamente se reducen a una pregunta de sí o no. En lugar de preocuparse por el precio exacto que va a tener una acción subyacente, una opción binaria sólo se preocupa de si va a estar por encima de un precio determinado, en el momento de su vencimiento. Los operadores realizan entonces sus operaciones basándose en si creen que la respuesta es afirmativa o negativa. Aunque pueda parecer sencillo a primera vista, es importante que entienda perfectamente el funcionamiento de las opciones binarias, así como los plazos y los mercados con los que trabajan. También es importante entender las ventajas y desventajas específicas que tienen, y qué empresas están legalmente autorizadas a ofrecer opciones binarias para el comercio.

Si está considerando operar con opciones binarias, también es importante saber que el comercio de opciones binarias fuera de los Estados Unidos tiene una estructura diferente. Además, al cubrirse o especular, es importante tener en cuenta que hacerlo se considera una operación de opciones exóticas, por lo que las reglas siguen siendo diferentes. Independientemente de ello, el precio de una opción binaria siempre va a estar entre 0 y 100 dólares, y también vendrá con un precio de compra y un precio de venta, al igual que cualquier otro tipo de opción.

Las opciones binarias son también una gran opción para aquellos que están interesados en probar el day trading, pero no tienen el capital que se requiere para participar en el day trading del mercado de valores. Esto se debe al hecho de que los límites tradicionales de las operaciones bursátiles diarias no se aplican a las opciones binarias, lo que significa que puede empezar a operar con sólo 1.000 dólares en su cuenta de operaciones.

Al considerar las opciones binarias, también es importante tener en cuenta que son un derivado creado por medio de su asociación con un activo subyacente, lo que significa que no le otorgan la propiedad de ese activo, de ninguna manera. Esto significa que no hay forma de que usted las utilice como medio para obtener beneficios o derechos de voto, o cualquier otra cosa que pueda esperar de una opción estándar.

Por ejemplo, suponga que está considerando una opción binaria para el oro, que establece que su precio será superior a 1.450 dólares a las 2 pm de hoy. Si el mercado parece apuntar en esa dirección, entonces querrá comprar la opción binaria, de lo contrario, querrá vender en su lugar. Además, suponiendo que el precio de compra de la opción es de 54,50 dólares, el precio de venta es de 56,50 dólares, y que quedan 30 minutos para su vencimiento. Si usted decidiera comprar en ese momento, pagaría 56,50 dólares, y si vendiera, pagaría 54,50 dólares.

Dónde operar con opciones binarias: las opciones binarias se negocian actualmente en la bolsa Nadex, la bolsa original dedicada a la venta legal de opciones binarias en los Estados Unidos. Ofrece la posibilidad de negociar a través de su propia plataforma, que ofrece gráficos en tiempo real, así como acceso al mercado con los últimos precios de las opciones binarias.

Las opciones binarias también pueden negociarse a través del Chicago Board Options Exchange (CBOE). Se puede acceder con una cuenta de corretaje que esté aprobada para el comercio de opciones, a través de sus rutas de acceso estándar. Sin embargo, es importante tener en cuenta que no todos los corredores están capacitados para ofrecer operaciones con opciones. Por ello, antes de empezar a operar con opciones, es importante que se asegure de que su corredor ofrece todas las posibilidades de comercio que pueda considerar algún día, ya que cambiar de equipo a mitad de camino puede ser bastante complicado.

Operar en Nadex cuesta 90 céntimos al entrar en una operación, y lo mismo al salir de ella. La tarifa tiene un tope de 9 dólares por operación, por lo que comprar un lote de 15 seguirá costando sólo 9 dólares. Si mantiene su operación hasta que expire, las tarifas se descontarán en ese momento. Si la operación termina estando sin fondos cuando vence, no se le cobrará ninguna comisión. Las operaciones a través de CBOE se gestionan a través de corredores de opciones específicos que cobran una variedad de comisiones diferentes.

Las ventajas de escoger opciones binarias: como se ha mencionado anteriormente, hay muchas oportunidades de inversión para elegir. Las opciones binarias no son ciertamente las únicas, y puede que se pregunte por qué esta es la opción que debe elegir por encima de todas las demás. Algunas de las ventajas que observará son las siguientes:

Potencial para obtener un alto rendimiento: esta es una forma de inversión arriesgada, pero si aprende a leer el mercado correctamente, descubrirá que tiene un gran potencial para ganar mucho dinero. Si le va bien con esta opción de inversión, podría ver un retorno de la inversión de entre el 60 y el 90 por ciento.

El riesgo es fijo: sabrá desde el principio cuánto dinero puede perder o ganar, dependiendo de cómo vaya la predicción. Esto facilita la decisión sobre sus opciones. Otras inversiones pueden acabar siendo un montón de especulaciones y, si las cosas se tuercen, puede perder mucho más de lo que ha invertido.

Puede ganar incluso después de perder: ya que los riesgos en estas opciones son altos, hay algunos corredores que ofrecen la devolución del dinero que invirtió si sus predicciones fueron erróneas. No será la cantidad total, pero recuperar un pequeño porcentaje de su dinero puede ser alentador, en comparación con perderlo todo.

Facilidad de negociación: son más fáciles de negociar. Otras opciones en el mercado de valores dificultan esto, pero las plataformas de opciones binarias ayudan al inversor a operar sin tantas complicaciones.

Cambios rápidos: no tendrá que esperar durante años para ver su dinero de vuelta. Puede recibir un pago rápido, dependiendo del tipo de opción que haya elegido.

Cuentas gratuitas: muchos de los corredores de opciones binarias ofrecen cuentas gratuitas con las que puedes trabajar. Esto puede ayudarle a ahorrar dinero en el pago del corredor al iniciar, y todo el dinero que esté utilizando irá directamente a sus operaciones.

Capítulo 9 Comparación y combinación de modelos

Por lo que respecta a los futuros, hemos examinado varios enfoques diferentes. En primer lugar, un modelo de tendencia estándar con filtro de tendencia, seguimiento de stop y lógica de ruptura. En segundo lugar, un modelo simple de rentabilidad temporal, que sólo compara un precio mensual con el de un año y medio antes. En tercer lugar, un enfoque de contra-tendencia o reversión a la media, cuyo objetivo es entrar cuando los seguidores de la tendencia se retiran, operando en un periodo de tiempo más corto. Y, por último, un modelo de trading basado en el arrastre (carry), que se fija únicamente en la forma de la curva de estructuras temporales.

También empezamos con un modelo sistemático de impulso de renta variable, que opera sólo en el lado largo de la renta variable, y que debería tener un perfil de rentabilidad bastante distinto al de los modelos de futuros de rentabilidad absoluta.

En el capítulo dedicado a cada uno de estos modelos, probablemente habrá notado que no mostré las estadísticas de rentabilidad habituales. Eso fue a propósito, ya que me he dado cuenta de que muchos lectores se fijan demasiado en esas cifras, y se pierden el panorama general. Es un poco como enseñar diapositivas antes de una presentación en vivo. Nadie va a escuchar lo que tienes que decir después.

Los datos que está buscando se encuentran en la Tabla 19.1, donde se enumeran las estrategias que hemos examinado anteriormente, así como las mismas estadísticas para el Índice de Rendimiento Total del S&P 500, todas ellas cubriendo el período de prueba desde el inicio de 2001 hasta el final de 2018.

Cuadro 19.1 Estadísticas de las estrategias de futuros

	Rentabilidad anualizada	Reducción máxima	Volatilidad anualizada	Ratio de Sharpe	Ratio de Calmar	Ratio de Sortino
MODELO DE TENDENCIA	12.12%	-25.48%	19.35%	0.69	0.48	0.98
contra tendencia	11.00%	-30.09%	18.55%	0.66	0.37	0.92
trading de curva	14.89%	-23.89%	18.62%	0.84	0.62	1.22
RETORNO DE TIEMPO	11.78%	-40.31%	21.09%	0.63	0.29	0.9
IMPULSO SISTEMÁTICO	7.84%	-39.83%	16.48%	0.54	0.2	0.76
SPXTR	5.60%	-55.25%	18.92%	0.38	0.1	0.5

Está claro que el modelo de trading de curva es el mejor, ¿no? ¿Y que no vale la pena preocuparse por el impulso? Pues bien, conclusiones como ésta son la razón por la que no mostré antes estas sencillas estadísticas. Evaluar los modelos de trading es una tarea más compleja que simplemente mirar una tabla como ésta. Hay que estudiar los detalles y estudiar el perfil de rentabilidad a largo plazo. Y, por supuesto, la escalabilidad. En el extremo más preciso del negocio, se suele buscar un comportamiento específico en el perfil de beneficios, a menudo en relación con otros factores. La respuesta a qué modelo es más prometedor depende de lo que se busque en ese momento, y de lo que encaje o complemente su portafolio actual de modelos.

Todos estos modelos son simples modelos de demostración. Son herramientas de enseñanza, no modelos de producción. Pero todos tienen potencial, y se pueden pulir para convertirlos en modelos de producción.

También se puede ver que todos ellos son órdenes de magnitudes más atractivas que un sistema de compra y retención en el mercado de valores. Algunos lectores se sorprenderán al ver lo escaso que es el rendimiento de los mercados bursátiles a lo largo del tiempo. En este periodo, de 2001 a 2018, el S&P 500 ha devuelto menos del 6% anual, incluso con los dividendos incluidos, y aún con los últimos diez años de mercado alcista incluidos. Y eso fue en una reducción máxima de más de la mitad.

Otro punto que puede sorprender a algunos es el nivel de los ratios de Sharpe. Ninguno es superior a 1. Existe una desafortunada idea errónea de que un Sharpe inferior a 1 es malo. Eso no es necesariamente así. De hecho, en el caso de las estrategias sistemáticas, es inusual ver ratios de Sharpe de más de 1.

Comparación de los modelos de futuros

Mostraremos la evolución a largo plazo de estas cinco estrategias, en comparación con la del mercado de valores. En una escala temporal tan larga, la comparación con el mercado de valores apenas parece justa. Pero el hecho es que, a corto plazo, siempre se comparará con él. Esta es la maldición del negocio.

Recuerde que la razón por la que estas pruebas retrospectivas comienzan en 2001 es que un problema actual, y que esperamos que se solucione pronto, es que en Zipline se dificulta el uso de datos anteriores a 2000. El hecho de que el índice de renta variable comience con una caída en picado puede hacer que esta comparación sea un poco injusta, y por esa razón, también les mostraré el mismo gráfico, a partir de 2003, el punto más bajo del mercado bajista. No haré uno desde el fondo del mercado bajista de 2008-2009. Eso sería absurdo. Comparar la sincronización perfecta del mercado en el más duradero mercado alcista de una generación con estrategias alternativas no tiene ningún sentido.

Comparación, a partir de 2003

Incluso si hubiéramos tenido la previsión de comprar el índice con una sincronización impecable en el fondo de la caída de los valores tecnológicos, el índice seguiría mostrando una menor rentabilidad y mayores detracciones.

COMBINACIÓN DE MODELOS

Todo el mundo sabe que la diversificación es beneficiosa. Al menos, todo el mundo debería saberlo. Pero la mayoría de la gente piensa en la diversificación sólo en términos de mantener múltiples posiciones. Eso está muy bien, pero también se puede encontrar un valor añadido en la diversificación de los estilos de negociación. Piense en un único modelo de negociación como un componente del portafolio.

Puede descubrir que un portafolio integral de modelos puede tener un desempeño significativamente mejor que cualquiera de las estrategias individuales que lo componen. Lo demostraré con un portafolio simple, compuesto por los cinco modelos de trading que hemos visto hasta ahora.

Como tenemos cinco modelos, asignaremos un peso igual del 20% de nuestro capital a cada uno. El periodo de rebalanceo es mensual, lo que significa que tendríamos que ajustar todas las posiciones en consecuencia cada mes, reajustando el peso al objetivo del 20%. Esta frecuencia de rebalanceo a nivel deL modelo puede ser difícil y requerir mucho tiempo para las cuentas más pequeñas, pero es perfectamente razonable a mayor escala. Si lo desea, puede repetir este experimento con datos anuales. Hacer cálculos de portafolio como este es un área donde Python brilla, en comparación con otros lenguajes de programación.

Tabla 19.2 Portafolio de modelos de futuros

	Rentabilidad anualizada	Reducción máxima	Volatilidad anualizada	Ratio de Sharpe	Ratio de Calmar	Ratio de Sortino
MODELO DE TENDENCIA	12.12%	-25.48%	19.35%	0.69	0.48	0.98
CONTRA TENDENCIA	11.00%	-30.09%	18.55%	0.66	0.37	0.92
TRADING DE CURVA	14.89%	-23.89%	18.62%	0.84	0.62	1.22
RETORNO DE TIEMPO	11.78%	-40.31%	21.09%	0.63	0.29	0.9
IMPULSO SISTEMÁTICO	7.84%	-39.83%	16.48%	0.54	0.2	0.76
combinado	14.92%	-17.55%	11.81%	1.24	0.85	1.79

El cuadro 19.2 muestra una comparación del rendimiento de cada modelo individual, así como del mercado de valores en general, con el del portafolio combinado. Estas cifras deberían ser muy claras. El portafolio combinado superó con creces el rendimiento de cada estrategia individual, con una menor volatilidad. Obtuvimos una mayor rentabilidad anualizada, una menor reducción máxima, menor volatilidad, mayor ratio de Sharpe, etc.

Espero que esto ayude a explicar mi insistencia en que hay que fijarse en el perfil de rentabilidad detallado cuando se evalúa un nuevo modelo de inversión. No es necesariamente la rentabilidad "per se" lo que busca, sino el perfil de la misma, y lo bien que se ajusta a sus modelos existentes.

Es posible que encuentre un modelo con una baja rentabilidad estimada a lo largo del tiempo, pero que también tenga una correlación baja o negativa con otros modelos y, por lo tanto, pueda ayudar en gran medida a su portafolio integral y combinado de modelos de trading.

Portafolio de modelos de trading

Como los modelos individuales suelen tener sus ganancias y pérdidas en momentos diferentes entre sí, se complementan bien, y ayudan a suavizar la volatilidad a largo plazo. Las caídas se suavizan, lo que se traduce en una mayor rentabilidad a largo plazo.

Aunque algunos años estuvo muy reñido, al final, ni un solo año de este portafolio combinado terminó perdiendo dinero.

Cuadro 19.3 Análisis del periodo de tenencia del modelo combinado

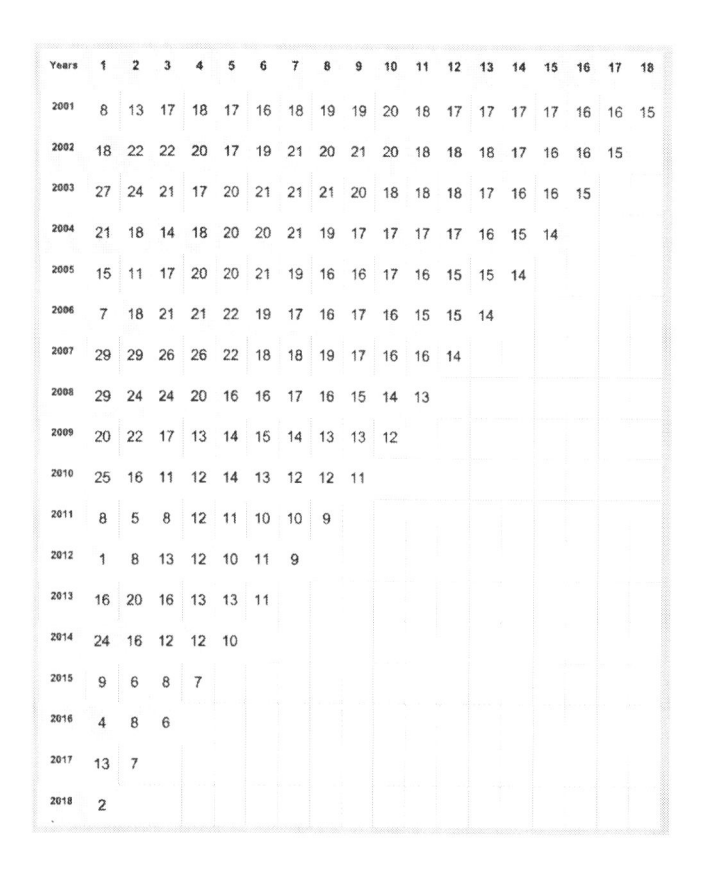

Years	1	2	3	4	5	6	7	8	9	10	11	12	13	14	15	16	17	18
2001	8	13	17	18	17	16	18	19	19	20	18	17	17	17	17	16	16	15
2002	18	22	22	20	17	19	21	20	21	20	18	18	18	17	16	16	15	
2003	27	24	21	17	20	21	21	21	20	18	18	18	17	16	16	15		
2004	21	18	14	18	20	20	21	19	17	17	17	17	16	15	14			
2005	15	11	17	20	20	21	19	16	16	17	16	15	15	14				
2006	7	18	21	21	22	19	17	16	17	16	15	15	14					
2007	29	29	26	26	22	18	18	19	17	16	16	14						
2008	29	24	24	20	16	16	17	16	15	14	13							
2009	20	22	17	13	14	15	14	13	13	12								
2010	25	16	11	12	14	13	12	12	11									
2011	8	5	8	12	11	10	10	9										
2012	1	8	13	12	10	11	9											
2013	16	20	16	13	13	11												
2014	24	16	12	12	10													
2015	9	6	8	7														
2016	4	8	6															
2017	13	7																
2018	2																	

IMPLEMENTACIÓN DE UN PORTAFOLIO DE MODELOS

Aunque una demostración como ésta puede parecer una solución sencilla para todos sus compromisos de inversión, la implementación puede no ser tan fácil. Cada uno de estos modelos requiere millones para operar. Evidentemente, operar con todos ellos requiere aún más millones. Reconozco que no todos los lectores de este libro tienen cien millones de sobra para negociar. Pero incluso si usted es uno de esos pocos desafortunados no multimillonarios, comprender el poder de la combinación de diferentes enfoques puede ser de gran ayuda.

La insuficiencia de fondos no es el único problema potencial a la hora de construir portafolios de modelos. En la práctica, puede resultar muy complejo aplicar la combinación de modelos que se muestra en este capítulo. A medida que aumenta la complejidad, se carece de la sencilla visión de conjunto que es posible tener con un solo modelo, y se puede necesitar un software más sofisticado para hacer un seguimiento de las posiciones, las señales, la asignación de riesgos, etc.

Una organización de trading profesional puede desarrollar la capacidad de negociar con combinaciones tan complejas, controlar el riesgo y elaborar informes y análisis adecuados. Para los operadores individuales, esto puede no ser una posibilidad.

Por supuesto, hay otra forma de verlo. Entender cómo se pueden construir e implementar portafolios complejos de modelos puede ayudarle a adquirir el conjunto de habilidades necesarias para conseguir un buen trabajo en la industria. Al trabajar en la primera línea de la industria, tiene la posibilidad de ganar mucho más dinero del que podría ganar negociando con su propio portafolio.

No olvide nunca que el dinero de interés en este negocio se obtiene al comerciar con los fondos de otras personas. Que usted personalmente tenga o no el dinero para operar con esos modelos no es lo importante. Sería bueno tenerlo, por supuesto. Pero aún así, puede hacer uso de este tipo de conocimientos, y puede sacar provecho de ellos. Si usted consigue un buen trabajo en un fondo de cobertura, o algo similar, probablemente le pagarán mucho más trabajando para ellos, que lo que podría ganar operando con su propio dinero.

Capitúlo 10 Combinaciones y visualización del rendimiento

En las secciones anteriores ha visto varias tablas y gráficos que muestran el rendimiento de las pruebas retrospectivas. Siendo este un libro totalmente transparente, le mostraré cómo se hicieron esas visualizaciones. Son cosas realmente sencillas de hacer en Python. Todo lo que necesitamos es una serie de tiempo para trabajar, y podemos construir todo tipo de gráficos, análisis, tablas y otros resultados.

ALMACENAMIENTO DE LOS RESULTADOS DEL MODELO

Los mismos principios se aplican aquí, pero la diferencia es que sería conveniente almacenar las pruebas retrospectivas para su posterior análisis.

Como ha visto hasta ahora, cuando ejecutamos un backtest de Zipline, obtenemos los resultados de vuelta. En los modelos de ejemplo anteriores en este libro, tiende a ser algo así.

```
perf = zipline.run_algorithm(
    start=start, end=end,
    initialize=initialize,
    analyze=analyze,
    capital_base=millions_traded * 1000000,
    data_frequency = 'daily',
    bundle='futures' )
```

En este caso, una vez finalizada la ejecución del backtest, la variable perf contendrá todos los resultados. Se trata de un DataFrame, que consiste en una gran cantidad de datos diferentes que fueron recogidos o calculados durante la ejecución. Si desea almacenar sólo el valor del portafolio de cada día del backtest, puede hacerlo muy fácilmente. Esto se almacena en la columna portfolio_value y eso significa que podemos simplemente guardarlo como un archivo separado por comas en esta fila de código.

perf.portfolio_value.to_csv('model_performance.csv')

Eso es todo lo que se necesita, y esa única línea guardará el valor del portafolio (a menudo llamado curva de equidad) del backtest en un archivo con el nombre especificado. Si quiere analizar otros aspectos de los backtests, puede guardar las operaciones realizadas y cualquier otro dato que encuentre en perf.

Este truco, guardar un DataFrame en un archivo separado por comas, puede ser muy útil en muchos casos. Otra herramienta un poco relacionada que puede ser particularmente útil en algunas ocasiones durante la depuración, es .to_clipboard(). En lugar de guardar en el disco, esto colocará el DataFrame en la memoria, en el portapapeles. Estará en el formato correcto para que pueda pegarlo directamente en Excel, si esa es su intención. Ser capaz de copiar rápidamente algo a Excel para la inspección visual puede ser bastante útil cuando se depura.

CÓMO SE HIZO EL ANÁLISIS DE RENDIMIENTO DEL MODELO

Para calcular y visualizar el análisis de rendimiento de cada uno de los capítulos del modelo, empecé con un Jupyter Notebook. Como se ha comentado anteriormente en el libro, tiene sentido separar diferentes piezas de la lógica en diferentes celdas del Notebook. Las celdas inferiores pueden acceder a los datos que obtuvo o calculó en las celdas superiores.

Después de ejecutar los backtests, guardé el valor histórico del portafolio en un archivo CSV local. A continuación, el cuaderno de análisis del rendimiento lee uno de estos archivos CSV, así como los datos de referencia del índice S&P 500 de retorno total, para su comparación. Esto es lo que hace la primera celda de mi cuaderno:

```
%matplotlib inline

import matplotlib.pyplot as plt

import pandas as pd

# Donde están los datos

path = 'data/'

# Establece el punto de referencia con el que comparar

bm = 'SPXTR'
```

```
bm_name = 'S&P 500 Total Return'

# Estos son los archivos csv de rendimiento, guardados de nuestros modelos de libro.

strat_names = {

    "trend_model" : "Core Trend Strategy",

    "time_return" : "Time Return Strategy",

    "counter_trend" : "Counter Trend Strategy",

    "curve_trading" : "Curve Trading Strategy",

    "systematic_momentum" : "Equity Momentum Strategy",

}
# Se elige una para analizar

strat = 'curve_trading'

# Se busca el nombre

strat_name = strat_names[strat]

# Se lee la estrategia
```

```
df = pd.read_csv(path + strat + '.csv', index_col=0, parse_dates=True, names=[strat] )
```

Se lee el punto de referencia

```
df[bm_name] = pd.read_csv(bm + '.csv', index_col=0, parse_dates=[0] )
```

Se limita el historial al final de 2018 para el libro

```
df = df.loc[:'2018-12-31']
```

Se imprime la confirmación de que todo está hecho

print("Fetched: {}".format(strat_name))

Una vez hecho esto, tenemos los datos que necesitamos en un DataFrame bien organizado. Lo siguiente que quería hacer era crear una tabla de rendimientos mensuales que tuviera un aspecto agradable. El código Python para agregar el rendimiento en frecuencias mensuales, así como anuales, no requiere mucho trabajo. Como ocurre a menudo, alguien ya ha escrito código para esto, y no hay necesidad de reinventar la rueda.

Por lo tanto, el cálculo de los rendimientos mensuales y anuales sólo requiere una línea de código cada uno. El resto de la siguiente celda consiste en construir una tabla con un formato ordenado. Para ello, he optado por utilizar el viejo HTML, sólo para asegurarme de que tiene el aspecto que quiero para este libro. Si usted simplemente quiere arrojar los valores mensuales en texto, la mayor parte de la siguiente celda es redundante. La mayor parte del siguiente código es sólo para formatear una tabla HTML para que se vea bien.

```
# Utilizado para los cálculos de rendimiento

import empyrical as em

# Utilizado para mostrar contenido con formato HTML en el cuaderno

from IPython.core.display import display, HTML

# Utiliza Empyrical para agregar en períodos mensuales y anuales
```

```
monthly_data                                     = em.aggregate_returns(df[strat].pct_change(),'monthly')

yearly_data                                      = em.aggregate_returns(df[strat].pct_change(),'yearly')

# Iniciar una tabla HTML para su visualización

table = """

<table id='monthlyTable' class='table table-hover table-condensed table-striped'>

<THEAD>

<TR>

<th style="text-align:right">Year</th>

<th style="text-align:right">Jan</th>

<th style="text-align:right">Feb</th>

<th style="text-align:right">Mar</th>

<th style="text-align:right">Apr</th>

<th style="text-align:right">May</th>
```

```
<th style="text-align:right">Jun</th>

<th style="text-align:right">Jul</th>

<th style="text-align:right">Aug</th>

<th style="text-align:right">Sep</th>

<th style="text-align:right">Oct</th>

<th style="text-align:right">Nov</th>

<th style="text-align:right">Dec</th>

<th style="text-align:right">Year</th>

</TR>

</THEAD>

<TBODY>

<TR>"""

first_year = True

first_month = True

yr = 0
```

```
mnth = 0

# Busca mes a mes y añade a la tabla HTML
for m, val in monthly_data.iteritems():
    yr = m[0]
    mnth = m[1]

    # Si es el primer mes del año, añada la etiqueta del año a la tabla.
    if(first_month):
        table += "<td align='right'><b>{}</b></td>\n".format(yr)
        first_month = False

    # rellena los meses vacíos del primer año si la sim no empieza en enero
    if(first_year):
        first_year = False
        if(mnth> 1):
```

```python
        for i in range(1, mnth):
            table += "<td align='right'>-</td>\n"

    # Añade el rendimiento mensual
        table += "<td align='right'>{:+.1f}</td>\n".format(val * 100)

    # Comprueba el mes de diciembre, añade el número anual
        if(mnth==12):
            table += "<td align='right'><b>{:+.1f}</b></td>\n".format(yearly_data[yr] * 100)
            table += '</tr>\n <tr> \n'
            first_month = True

    # Añade relleno para los meses vacíos y el valor del año pasado
    if(mnth != 12):
        for i in range(mnth+1, 13):
```

        table += "<td align='right'>-</td>\n"

    if(i==12):

        table += "<td align='right'>{:+.1f}</td>\n".format(

            yearly_data[yr] * 100

)

        table += '</tr>\n <tr> \n'

Finalizar la tabla

table += '</tr>\n </tbody> \n </table>'

Y mostrarla.

DISPLAY(HTML(TABLE))

A continuación está el gráfico de rendimiento. En las secciones anteriores, utilicé un gráfico logarítmico para comparar cada estrategia con el índice de renta variable. Puede que no tenga mucho sentido comparar su estrategia con el S&P 500, pero es muy probable que otros la comparen con él, sea lógico o no.

En la misma imagen del gráfico, también tengo un diagrama de reducción y una correlación móvil de 6 meses. Estos son muy fáciles de calcular, y usted ya debe saber cómo hacer los gráficos. También hay algo de código ahí para hacer el gráfico siguiente muy grande y para conseguir que las líneas sean negras y grises para el libro.

```
import matplotlib

# Número de días de negociación en un año

yr_periods = 252

# Formato de exposición del libro

font = {'family' : 'eurostile',
    'weight' : 'normal',
    'size'   : 16}

matplotlib.rc('font', **font)
```

Rebase a la primera fila con una sola línea de código

df = df / df.iloc[0]

Calcular la correlación

df['Correlation'] = df[strat].pct_change().rolling(window=int(yr_periods / 2)).corr(df[bm_name].pct_change())

Calcular la detracción acumulada

df['Drawdown'] = (df[strat] / df[strat].cummax()) - 1

Asegúrese de que no hay valores NA

df.fillna(0, inplace=True)

Iniciar una figura gráfica

fig = plt.figure(figsize=(15, 12))

Primer gráfico

ax = fig.add_subplot(311)

```
ax.set_title('Strategy Comparisons')

ax.semilogy(df[strat],           '-',label=strat_name, color='black')

ax.semilogy(df[bm_name] , '--', color='grey')

AX.LEGEND()
# Segundo gráfico

ax = fig.add_subplot(312)

ax.fill_between(df.index,           df['Drawdown'], label='Drawdown', color='black')

AX.LEGEND()
# Tercer gráfico

ax = fig.add_subplot(313)

ax.fill_between(df.index,df['Correlation'], label='6M Rolling Correlation', color='grey')

AX.LEGEND()
```

Por último, para cada capítulo hice una tabla de períodos de retención, que muestra el porcentaje de rendimiento si se comienza en enero de un año determinado, y se mantiene durante un cierto número de años enteros. Una vez más, he optado por utilizar la salida de HTML para asegurar que se pueda mostrar bien en este libro. Como el ancho de estas páginas es limitado, también redondeé los números a porcentajes completos.

```
def holding_period_map(df):
    # Rendimientos anuales agregados
    yr = em.aggregate_returns(df[strat].pct_change(), 'yearly')
    
    yr_start = 0
    
    #Cuadro de inicio
    table = "<table class='table table-hover table-condensed table-striped'>"
    
    table += "<tr><th>Years</th>"
    
    # Construir la primera fila de la tabla
    for i in range(len(yr)):
```

```python
            table += "<th>{}</th>".format(i+1)

        table += "</tr>"

        # Iterar años
        for the_year, value in yr.iteritems():

            # Nueva fila de la tabla
            table += "<tr><th>{}</th>".format(the_year)

            # Iterar los años mantenidos
            for yrs_held in (range(1, len(yr)+1)): # Iterates yrs held

                if yrs_held <= len(yr[yr_start:yr_start + yrs_held]):

                    ret = em.annual_return(yr[yr_start:yr_start + yrs_held], 'yearly' )

                    table += "<td>{:+.0f}</td>".format(ret * 100)
```

```
        table += "</tr>"

    yr_start+=1

  return table

table = holding_period_map(df)
```

display(HTML(table))

CÓMO SE HIZO EL ANÁLISIS DEL PORTAFOLIO COMBINADO

El método utilizado en ese capítulo era rebalancear al inicio de cada mes, reajustando el peso de cada estrategia en ese intervalo. En el código que se muestra aquí, le daré también otro método de rebalanceo. Como verá en el siguiente segmento de código, también puede activar el rebalanceo en la divergencia porcentual, si los desarrollos del mercado han empujado a cualquier estrategia a estar más de un cierto porcentaje fuera.

Este es un tema un poco avanzado, y realmente va más allá de lo que estaba planeando mostrar en este libro. De todos modos, incluyo este código fuente aquí, en aras de la transparencia. Sin embargo, evitaré la potencialmente larga discusión de cómo se construye este código y la razón para ello. El código utiliza algunos trucos para mejorar el rendimiento, haciendo uso de Numpy para acelerar las cosas.

Una vez que se sienta cómodo con Python y el backtesting, este es un tema en el que puede querer profundizar. Cómo utilizar la optimización de operaciones complejas y acelerar el código. Pero está fuera del alcance de este libro.

```
import pandas as pd

import numpy as np

base_path = '../Backtests/'

# Reequilibrio sobre la divergencia porcentual

class PercentRebalance(object):
    def __init__(self, percent_target):
        self.rebalance_count = 0
        self.percent_target = percent_target
```

```python
    def rebalance(self, row, weights, date):

        total = row.sum()

        rebalanced = row

        rebalanced = np.multiply(total, weights)

            if np.any(np.abs((row-rebalanced)/rebalanced) > (self.percent_target/100.0)):

                self.rebalance_count = self.rebalance_count + 1

        return rebalanced

    else:

        return row

# Reequilibrio en el calendario

class MonthRebalance(object):

    def __init__(self, months):

        self.month_to_rebalance = months
```

```python
        self.rebalance_count = 0
        self.last_rebalance_month = 0

    def rebalance(self, row, weights, date):
        current_month = date.month
        if self.last_rebalance_month != current_month:
            total = row.sum()
            rebalanced = np.multiply(weights, total)
            self.rebalance_count = self.rebalance_count + 1
            self.last_rebalance_month = date.month
            return rebalanced
        else:
            return row

    # Calcular la combinación reequilibrada
```

```python
def calc_rebalanced_returns(returns, rebalancer, weights):

    returns = returns.copy() + 1

    # crear un numpyndarray para mantener los rendimientos acumulados

    cumulative = np.zeros(returns.shape)

    cumulative[0] = np.array(weights)

    # también convertir los rendimientos a anndarray para un acceso más rápido

    rets = returns.values

    # el usar ndarrays durante toda la multiplicación es ahora controlado por numpy

    for i in range(1, len(cumulative) ):

        np.multiply(cumulative[i-1], rets[i], out=cumulative[i])
```

```
        cumulative[i] = rebalancer.rebalance(cumulative[i], weights, returns.index[i])

    # convertir los rendimientos acumulados en un marco de datos

    cumulativeDF = pd.DataFrame(cumulative, index=returns.index, columns=returns.columns)

    # averiguar cuántas veces se produce el reajuste es un ejercicio interesante

    print ("Rebalanced {} times".format(rebalancer.rebalance_count))

    # convertir los valores acumulados en rendimientos diarios

    rr = cumulativeDF.pct_change() + 1

    rebalanced_return = rr.dot(weights) - 1

    return rebalanced_return

def get_strat(strat):
```

```python
    df = pd.read_csv(base_path + strat + '.csv', index_col=0, parse_dates=True, names=[strat] )

    return df

# Utilice el rebalanceador mensual, con un intervalo de un mes

rebalancer = MonthRebalance(1)

# Definir estrategias y ponderaciones

portfolio = {

    'trend_model': 0.2,

    'counter_trend': 0.2,

    'curve_trading': 0.2,

    'time_return': 0.2,

    'systematic_momentum' : 0.2,

}
# Leer todos los archivos en un DataFrame

df = pd.concat(
```

```python
    [
        pd.read_csv('{}{}.csv'.format(
            base_path,
            strat
        ),
            index_col=0,
            parse_dates=True,
            names=[strat]
        ).pct_change().dropna()
        for strat in list(portfolio.keys())
    ], axis=1
)
# Calcular el portafolio combinado
df['Combined'] = calc_rebalanced_returns(
    df,
```

```python
    rebalancer,
    weights=list(portfolio.values())
)

DF.DROPNA(INPLACE=TRUE)
# Hacer el gráfico
import matplotlib
import matplotlib.pyplot as plt
include_combined = True
include_benchmark = True
benchmark = 'SPXTR'
if include_benchmark:
            returns[benchmark] = get_strat(benchmark).pct_change()
#returns = returns['2003-1-1':]
normalized = (returns+1).cumprod()
```

```python
font = {'family' : 'eurostile',
        'weight' : 'normal',
        'size'   : 16}

matplotlib.rc('font', **font)

fig = plt.figure(figsize=(15, 8))

# Primer gráfico

ax = fig.add_subplot(111)

ax.set_title('Strategy Comparisons')

dashstyles = ['-','--','-.','.-.', '-']

i = 0

for strat in normalized:

    if strat == 'Combined':

        if not include_combined:

            continue

        clr = 'black'
```

```
            dash = '-'
            width = 5
        elif strat == benchmark:
            if not include_benchmark:
                continue
            clr = 'black'
            dash = '-'
            width = 2
        #elif strat == 'equity_momentum':
        #    continuar
        else:
            clr = 'grey'
            dash = dashstyles[i]
            width = i + 1
            i += 1
```

        ax.semilogy(normalized[strat], dash, label=strat,
color=clr, linewidth=width)

    ax.legend()

Capitúlo 11 Desarrollo de modelos de trading

Las estrategias de trading se pueden desglosar en un conjunto de componentes. Estos componentes son siempre parte de una estrategia de trading, o al menos deberían serlo. Si no se presta atención a todos ellos, es probable que el resultado sea una estrategia defectuosa y que no funciona.

Con demasiada frecuencia, la gente presta demasiada atención a uno solo de estos componentes y pasa por alto el resto. El que parece recibir más atención es el método de entrada. Cómo decidir cuándo abrir una posición.

El hecho es que la importancia del método de entrada varía mucho. Para algunos tipos de estrategias de negociación, el método de entrada es fundamental. Para otras, no es tan importante. Para un modelo de seguimiento de tendencia a largo plazo, por ejemplo, el método de entrada exacto y el momento no son muy importantes. Para un modelo de inversión de la media a corto plazo, el método de entrada es fundamental.

PROPÓSITO DEL MODELO

Sí, su modelo debe tener un propósito. Y no, ese propósito no es "ganar dinero". Cualquier modelo de trading que se precie está diseñado para un propósito específico, operando con un fenómeno de mercado específico para lograr una meta específica. Si usted no sabe cuál es el propósito de su modelo, lo más probable es que todo lo que tenga sea un montón de indicadores echados juntos y mezclados hasta que una simulación muestre algunos ingresos positivos. Un conjunto de reglas sobre-optimizadas, que es muy probable que fallen en la realidad. Un modelo sólido negocia con un fenómeno de mercado real, buscando un determinado tipo de perfil de rentabilidad.

Lo que realmente hay que evitar es lo que yo llamaría "modelos accidentales". Por lo que he visto, una gran parte de los modelos desarrollados por quienes no son profesionales son, de hecho, modelos accidentales.

Un modelo accidental es lo que ocurre cuando uno se pone en marcha sin un plan. Cuando su propósito es simplemente llegar a algo que haga dinero. Se trata de reunir algunos indicadores, ajustar la configuración, ejecutar los optimizadores, cambiar los indicadores, los valores y los instrumentos hasta que, de repente, se obtiene una prueba retrospectiva (backtest) que muestra buenos ingresos.

No es tan difícil construir una prueba retrospectiva que muestre grandes rendimientos. El truco consiste en encontrar un valor predictivo a largo plazo. Si se limita a experimentar con los ajustes hasta que los resultados sean buenos, lo único que ha hecho es ajustar el algoritmo a los datos conocidos. Eso no tiene valor predictivo, y es muy poco probable que siga generando beneficios satisfactorios con los datos de la vida real, en el futuro.

Un modelo de negociación adecuado debe comenzar con una teoría sobre el comportamiento del mercado. Necesita tener un propósito claramente establecido sobre qué fenómeno del mercado está operando. Una razón de ser.

Tengo que confesar que cuando me hablaron por primera vez de esta idea, pensé que era una tontería. Tanto si lo leí como si me lo contaron, recuerdo que fue en algún momento de mediados de los 90. Me preguntaron qué creía sobre el mercado. Me pareció una completa tontería. Después de todo, todo lo que creía sobre el mercado era que podría hacerme rico rápidamente si simplemente averiguaba la combinación correcta de indicadores y configuraciones para un sistema de trading. La idea de que de alguna manera tendría una teoría sobre el comportamiento explotable del mercado parecía más que descabellada en ese momento.

No hay que preocuparse si su reacción inicial es la misma. Ya se dará cuenta.

Hay dos formas comunes de analizar el propósito del modelo. Una de ellas puede parecer sorprendente para quienes no hayan trabajado en el sector financiero.

La primera forma es bastante directa. Es lo que se puede esperar. Se empieza con una teoría de algún tipo. Quizás algo que ha observado en el mercado, o algo que ha leído. Ahora quiere probar si realmente funciona, y formula reglas matemáticas para probar esa hipótesis. Así es como comienzan la mayoría de los modelos de trading exitosos.

La segunda (y quizá sorprendente) manera, se basa en una necesidad percibida o en una oportunidad de negocio. Alguien que trabaja a tiempo completo en el desarrollo de algoritmos de trading puede no tener el lujo de soñar con cualquier cosa que quiera. Es posible que usted tenga un objetivo específico, basado en lo que la empresa necesita, o en lo que cree que el mercado puede necesitar.

Ese objetivo puede ser, por ejemplo, construir un modelo de renta variable a largo plazo, en el que los periodos de retención sean lo suficientemente largos como para que se pueda aplicar el impuesto sobre las plusvalías a largo plazo, y que tenga una correlación razonablemente baja con las estrategias de renta variable existentes y un mecanismo de protección contra las caídas. O tal vez se trate de estudiar un tipo de estrategia en la que las empresas de gestión de activos de la competencia parecen estar expandiéndose, y ver si podemos unirnos a la competencia por esas asignaciones.

A menudo, el potencial de rentabilidad de un modelo de negociación puede tener una importancia relativamente baja. El propósito puede ser simplemente lograr una correlación cercana a cero, o negativa, con respecto a un enfoque utilizado actualmente, y al mismo tiempo ser capaz de ampliarse a cientos de millones, y preferiblemente mostrar una modesta rentabilidad prevista positiva, de un par de puntos porcentuales al año. Un modelo así puede mejorar en gran medida la diversificación de una gran empresa y, por tanto, mejorar el rendimiento general a largo plazo del activo de la empresa.

En particular, en las grandes empresas de comercio cuantificado, es probable que los informes de los modelos comiencen con una necesidad comercial. No se trata de encontrar una forma de generar el máximo rendimiento, ya que eso rara vez tiene sentido comercial.

El concepto de empezar desde cero sin requisitos específicos y simplemente idear un modelo que genere la mayor cantidad de dinero es algo muy raro. Este es un negocio como la mayoría de los demás. En la industria del automóvil, no tendría sentido que todo el mundo intentara hacer un coche más rápido que los de Bugatti. Hay una mayor demanda de coches del estilo de Hyundai.

En cualquier caso, hay que empezar con un plan, antes de empezar a pensar en las reglas de comercio, o en los datos.

REGLAS Y VARIACIONES

En general, hay que procurar tener el menor número posible de reglas y de variaciones.

Una vez que haya conseguido un propósito del modelo, tiene que averiguar cómo formular este propósito en términos de reglas de negociación. Estas reglas deben ser lo más sencillas y menos numerosas que pueda imaginar. Los modelos de negociación sólidos, que funcionan a largo plazo, tienden a ser los que simplifican las cosas.

Cualquier complejidad que se añada debe ser rentable. Debería ver la complejidad como algo intrínsecamente malo, algo que tiene que justificar su existencia. Cualquier complejidad que desee añadir a su modelo tiene que tener un beneficio claro y significativo.

Además, cualquier complicación o regla que añada tiene que tener una explicación en la vida real. No se puede añadir una regla sólo porque parece mejorar el rendimiento del backtest. La regla tiene que encajar en la lógica del propósito del modelo, y desempeñar una función clara en la realización de ese propósito.

Una vez que haya llegado a un conjunto de reglas para probar su teoría de mercado, probablemente quiera probar algunas variaciones. Tenga en cuenta que hay un mundo de diferencia entre probar variaciones y la optimización.

Como ejemplo, supongamos que quiere probar una estrategia del tipo de reversión a la media. Usted cree que cuando una acción ha caído cuatro desviaciones estándar por debajo de su línea de regresión lineal de 60 días, tiende a rebotar dos desviaciones estándar hacia arriba de nuevo.

Ahora ya tiene múltiples parámetros en juego. Modelar y probar estas reglas es una tarea bastante sencilla. Podría probar algunas variaciones de esto, quizás esperar el rebote en tres o cinco desviaciones estándar, utilizando una regresión de 30 o 90 días, o una variación en la distancia de rebote objetivo.

Hacer algunas variaciones como ésta puede ser útil, tanto para probar la estabilidad de los parámetros, como para operar realmente con algunas variaciones de las reglas para mitigar los riesgos de sobre-ajuste.

Lo que no conviene hacer es ejecutar un optimizador para averiguar que la entrada óptima está en 3,78 desviaciones estándar, en una regresión de 73 días, utilizando un objetivo de 1,54 desviaciones estándar. Esos datos son una absoluta tontería.

Los optimizadores le dirán cuáles eran los parámetros perfectos para el pasado. También le harán caer en una falsa sensación de seguridad, y le harán creer que tienen algún tipo de valor predictivo. Lo cual no es así.

No, omita la optimización. Pero haga algunas variaciones de las reglas, utilizando números razonables y acordes.

MANEJO DE DATOS

El proceso de cómo utilizar los datos para desarrollar estrategias de trading, probarlas, y evaluarlas, es un tema controvertido. También es un tema que podría ocupar varios libros por sí mismo, y este libro no pretende profundizar en él.

Es importante entender algunas cosas en este contexto. La más importante es entender que cuanto más se prueban las estrategias en un conjunto de datos de series temporales, más parcial será la prueba. Sea consciente o no, estará ajustando su modelo a datos pasados.

Un ejemplo sencillo de esto sería el manejo del 2008. Si está desarrollando modelos de renta variable a largo plazo, se dará cuenta rápidamente de que lo que parecía funcionar muy bien hasta 2007, de repente mostrará una caída masiva en 2008. Ese fue un año bastante agitado, y si hay lectores aquí que son demasiado jóvenes para ser conscientes de ello, todo lo que puedo decir es que son afortunados.

Así que ahora probablemente ponga un filtro de algún tipo para evadir ese horrible año. Puede que ese filtro haya reducido la rentabilidad en años anteriores, pero a la larga ha valido la pena.

Este sería un gran ejemplo de movimiento browniano. No, no de ese tipo. Como en Doc Emmet

Brown. Como en los viajes en el tiempo. No, no voy a disculparme por ese comentario, por muy malo que sea.

Añadir una regla específica para lidiar con el 2008 hace que sus backtests se vean muy bien, pero puede constituir un ajuste excesivo. El "historial" simulado, si es que se le puede llamar así, indicará que usted habría tenido un rendimiento increíble durante ese año excepcionalmente difícil. Pero, ¿lo habría hecho realmente?

Si el modelo se hubiera desarrollado antes de ese año, probablemente no habría tenido en cuenta la posibilidad de una casi implosión del sistema financiero mundial.

Aunque hay varios métodos para paliar los riesgos de este tipo de errores, el más sencillo es utilizar una parte de la serie de datos para el ajuste y otra para la prueba. Es decir, sólo se utiliza una parte de los datos de la serie temporal para desarrollar las reglas y, cuando se termina, se prueba con la parte no utilizada.

Este es un tema en el que le recomiendo que profundice, pero también es un tema que ocuparía demasiado de este libro si entrara en muchos detalles. Además, Robert Carver (Carver, Systematic Trading, 2015) ya ha escrito un gran libro que cubre este tema mejor de lo que yo podría hacerlo, de cualquier manera.

TIPOS DE ACTIVOS

Hay diferentes perspectivas que se pueden adoptar a la hora de clasificar los tipos de activos. Por ejemplo, sería perfectamente válido decir que las principales clases de activos son las acciones, los bonos, las divisas y las materias primas. Para la mayoría de los participantes del mercado, esa es la forma más lógica de ver los activos.

Pero para los operadores sistemáticos y cuantitativos, puede resultar más práctica otra definición. Al observar los distintos mercados de los que disponemos, podemos agruparlos de diferentes maneras. Una forma de agrupar los tipos de activos sería observar el tipo de instrumentos que se utilizan para negociar con ellos. El tipo de instrumento es, para un operador sistemático, a menudo más importante que las propiedades del mercado subyacente.

Esto resulta especialmente claro en el caso de los futuros, como pronto veremos, donde se puede negociar prácticamente cualquier cosa de manera uniforme. Los futuros se comportan de forma bastante diferente a las acciones, desde un punto de vista mecánico, y eso es importante a la hora de construir modelos de trading.

El ámbito de las divisas es una demostración interesante de este concepto. Se puede operar con divisas al contado, o con futuros de divisas. En realidad, se trata del mismo activo subyacente, pero las mecánicas de los dos tipos de instrumentos son muy diferentes, y tendrían que modelarse de forma distinta.

Por esa razón, en el contexto de este libro, los tipos de activos se basan en las propiedades mecánicas de los instrumentos.

En este libro nos ocuparemos principalmente de las acciones y los futuros. Hay dos razones para ello, que felizmente coinciden. En primer lugar, el software de backtesting que se presentará en este libro sólo admite estas dos clases de activos. En segundo lugar, estas son las clases de activos que prefiero, personalmente, y con las que tengo más experiencia.

EL UNIVERSO DE INVERSIÓN

El universo de inversión es el conjunto de mercados con los que piensa operar. Es un factor muy importante a tener en cuenta para su estrategia de trading. En este libro se asume que su objetivo es operar un conjunto de mercados, y no uno solo. Por lo general, es una mala idea operar en un solo mercado, y la mayoría de las estrategias profesionales están diseñadas como estrategias de portafolio.

Si usted comienza eligiendo un solo mercado para operar, ya ha tomado la decisión más importante. Cuando alguien se propone elaborar un gran modelo para aprovechar las rachas alcistas del índice Dow Jones, ya se ha limitado a sí mismo. Tal vez la estrategia que diseñó esté bien, pero este mercado en particular puede tener un mal desempeño en los próximos años. No, la diversificación es el mejor camino a seguir. Aplique su estrategia de inversión en múltiples mercados, y sus probabilidades de éxito mejorarán mucho.

La forma de seleccionar su universo de inversión es de gran importancia. Lo que la mayoría de la gente hace, de forma consciente o no, es seleccionar mercados a los que les fue muy bien en el pasado reciente.

La selección del universo de inversión funciona de forma diferente para las distintas clases de activos. Cada clase de activos tiene problemas y soluciones únicas, y veremos los detalles más adelante, en la sección sobre cada clase de activos, en este libro. Sin embargo, hay que tener en cuenta que la mayor posibilidad de cometer un error catastrófico en este sentido se encuentra en el sector de las acciones.

ASIGNACIÓN Y NIVEL DE RIESGO

La asignación se refiere a cuánto riesgo quiere conceder a algo. A una posición, a un modelo de negociación, a una variación de un modelo de negociación, a un portafolio, etc. Es un tema mucho más amplio que el simple dimensionamiento de la posición.

En última instancia, la pregunta a la que se quiere responder es qué cantidad de un activo debe retener.

La forma de llegar a la respuesta puede ser bastante compleja, y puede haber muchas partes cambiantes en juego.

Cuando usted considera qué método de asignación debe adoptar, tiene que pensar en términos de riesgo. Por riesgo, me refiero a la forma en que se utiliza el término en finanzas. Se trata de un tema que, con demasiada frecuencia, no es comprendido por los operadores minoristas.

Si quiere pasar del comercio aficionado al mundo de los profesionales, el punto más importante que debe comprender es el riesgo, y su relación con la asignación.

Los modelos de este libro tienen como objetivo niveles de riesgo que se consideran generalmente aceptables para la gestión de activos institucionales. Se trata de obtener una rentabilidad lo suficientemente atractiva como para que merezca la pena, pero manteniendo el perfil de riesgo en un nivel que pueda utilizarse en el ámbito profesional.

Si, por el contrario, busca algo más arriesgado, le recomendaría que echara un vistazo a (Carver,

Leveraged Trading, 2019). Sí, es la segunda recomendación para el mismo autor, así que, o bien me gustan mucho sus libros, o me están obligando a escribir este libro mientras estoy retenido en el sótano de Rob desde hace un año, y nombrar sus libros es la única salida.

REGLAS DE ENTRADA Y SALIDA

Esto es lo primero en lo que piensa la mayoría de la gente cuando diseña un modelo de negociación. Es la parte más obvia, pero no es necesariamente la más importante.

Naturalmente, cualquier modelo de trading necesita reglas sobre cuándo iniciar una posición y cuándo cerrarla. Para algunos tipos de estrategias, el momento exacto de estos eventos puede ser de importancia crítica. Pero también hay estrategias, a menudo de mayor plazo, en las que los puntos exactos de entrada y salida tienen una importancia subordinada.

No sería justo decir que las reglas de entrada y salida no son importantes. Sólo hay que tener en cuenta que no son las únicas partes de una estrategia que importan. Muchos modelos basados en portafolios se basan más en la combinación de posiciones que tiene en un momento dado, que en el momento exacto en que las abrió.

Rebalanceo

La parte del rebalanceo es una parte a menudo descuidada de los modelos de trading. Aunque no es necesario para muchos modelos de negociación a corto plazo, puede tener un impacto significativo en los modelos con un período de tenencia más largo.

El rebalanceo, o reequilibrio, consiste en mantener la asignación deseada. Si le invitan a mirar el registro de operaciones de una tienda de trading sistemática, probablemente verá que se realizan muchas más operaciones de las que cabría esperar. Incluso si la estrategia es de seguimiento de tendencia a largo plazo, puede ver que los tamaños de las posiciones se ajustan con frecuencia, tal vez incluso diariamente. Pequeños cambios, hacia arriba y hacia abajo, hacia adelante y hacia atrás, sin razón aparente.

Puede ver que una posición larga se abrió en enero de un año y se cerró en septiembre. Pero entre esos puntos, puede haber una gran cantidad de operaciones más pequeñas, cambiando el tamaño de la posición hacia arriba y hacia abajo. Usted podría preguntarse qué es lo que ha provocado el aumento o la disminución de la posición. Pero eso no es lo que ocurrió.

Estas operaciones eran operaciones de rebalanceo, con el objetivo de mantener el nivel de riesgo deseado. No estaban cambiando la posición, simplemente manteniéndola. Recuerde que la mayoría de los modelos de negociación profesional tienen como objetivo mantener una cierta cantidad de riesgo de portafolio en una posición. El cálculo del riesgo incluye aspectos como la volatilidad del instrumento y el tamaño del portafolio. Estas cosas no son estáticas.

A medida que la volatilidad cambia en un mercado, o su portafolio en conjunto cambia debido a otras posiciones, el riesgo de su posición cambiará, y necesitará hacer ajustes sólo para mantener el mismo riesgo. En eso consiste el rebalanceo.

No todos los modelos exigen el rebalanceo, e incluso si decide no emplearlo, debería entender el concepto y las implicaciones de no rebalancear.

Capítulo 12 Psicología del trading

El objetivo del libro es que usted sea consciente de todo lo que está en jueg, pero tenemos que recordar que la mentalidad será la clave de nuestro éxito. Esto no es cierto sólo con el comercio de acciones y opciones, sino en la vida en general.

LOS FUNDAMENTOS DE LA PSICOLOGÍA DEL TRADING

El miedo

El miedo puede ser una de las armas más peligrosas que utilizamos contra nosotros mismos. Nos aleja de las cosas que queremos, y nos hace apartar las cosas que necesitamos. Si permite que el miedo controle su vida, nunca estará realmente a cargo de ninguno de sus pensamientos o emociones. El miedo puede ponernos nerviosos, malhumorados e incluso enfermos. Y lo que es peor, puede hacernos perder mucho dinero.

Aquellos que se adentren en el comercio de opciones deben asegurarse de no permitir que el miedo les frene. Aunque hay que ser precavido, hay que entender que no se puede tener demasiado miedo de hacer un movimiento que realmente puede ser fiable. Conozca la diferencia entre ser inteligente y precavido, y estar cegado por la preocupación.

Observar el análisis

Es importante entender cómo realizar un análisis técnico adecuado, no sólo para determinar el valor de una determinada opción, sino también para asegurarse de que no se vaya a espantar con un número determinado. Es posible que, al ver una caída en un gráfico, o una proyección de precios más baja de lo que esperaba, inmediatamente se asuste y evite una determinada opción. Recuerde que no debe asustarse demasiado por todo lo que pueda encontrar en un gráfico de operaciones. Es posible que vea proyecciones aterradoras que muestren que una acción en particular se va a desplomar, o tal vez vea que se prevé que disminuya a la mitad.

Asegúrese de que, antes de confiar en un determinado gráfico, usted entienda cómo se desarrolló. Alguien que no estaba seguro de lo que estaba haciendo podría haber creado la proyección, o existe la posibilidad de que incluso se haya dramatizado para convencer a otros de que no inviertan. Compruebe siempre las fuentes, y si algo es especialmente preocupante o confuso, no tenga miedo de realizar también su propio análisis.

Escuchar los rumores

Si es usted una persona que se reúne con otros operadores, e incluso va a la Bolsa de Nueva York a diario, es muy probable que hable de valores con otras personas. Asegúrese de que cualquier "consejo" o "predicción" que escuche se tome con un grano de sal. Engañar a otros para que crean que algo es cierto sobre diferentes acciones y opciones puede a veces entrar en un área de la moralidad que es legal, pero es importante asegurarse de que no se deje atrapar por algunos hechos o rumores que han sido tergiversados.

Sólo debe basar sus compras en hechos sólidos, nunca en algo que haya escuchado del ex-corredor de la hermana del novio de su amigo. Si bien es posible que ellos tengan la auténtica primicia, también podrían estar malinterpretando algo que han oído. Antes de ir a vender temerosamente todas sus inversiones por el susurro de un desconocido, asegúrese de investigar y hacer una conjetura fundamentada.

Aceptar el cambio

Como animales, los humanos buscamos continuamente una constante. Apreciamos la firmeza que acompaña a algunos aspectos de la vida, porque es un seguro de que las cosas seguirán igual. A veces, podemos evitar hacer algo que sabemos que es correcto, sólo porque tenemos demasiado miedo de salir de nuestra zona de confort. Asegúrese de no permitir que su propio miedo al cambio le frene.

A veces, puede que tenga que vender una vieja acción que ha ido cayendo poco a poco. Quizá deba aceptar que una opción ya no vale nada, aunque haya sido su constante durante años. Pregúntese si realmente tiene miedo de perder el dinero, o sólo está lidiando con el miedo.

La codicia

La codicia puede ser uno de los mayores problemas con los que se encuentran ciertos operadores. La razón por la que hacemos esto, en primer lugar, es por el dinero, y algunas personas piensan que eso es suficientemente codicioso. Si bien es cierto que necesitamos dinero para alimentar a nuestra familia, pagar las deudas y disponer de algo de efectivo para vivir día a día, hay otras fuentes de ingresos además de las acciones. Aun así, usted tiene la oportunidad de ganar mucho dinero a partir del dinero que ya tiene. Si es lo suficientemente bueno en el trading, puede incluso convertirlo en su trabajo a tiempo completo.

Para asegurarse de que está operando por las razones correctas, hágase siempre algunas preguntas. ¿Por qué necesita correr un riesgo tan grande? ¿Merece la pena sacrificar un dinero que podría destinarse a unas vacaciones? ¿Está tomando estas decisiones para mantener a su familia, o lo hace para poder ir a hacer compras compulsivas?

Es cierto que nos merecemos un poco de "tiempo para nosotros", y que todos deberíamos mimarnos de vez en cuando, ya que no podemos depender de que otras personas lo hagan siempre por nosotros. Sin embargo, la avaricia puede ser una verdadera desgracia si no tenemos cuidado.

Saber cuándo parar

Saber cuándo parar puede ser la parte más desafiante de la vida. Es muy difícil negarse a ver otro episodio cuando su servicio de streaming empieza a poner el siguiente. ¿Cómo vamos a decir que no a otra patata frita, cuando hay tantas en la bolsa? A veces, si usted ve que su precio sube, es posible que quiera permanecer en él todo lo que pueda. En realidad, debe asegurarse de saber cuándo es el momento de retirarse y decir que no.

Si espera demasiado, podría acabar perdiendo el doble de dinero del que esperaba ganar. Aquí es cuando entra en juego la parte de las apuestas, y las cosas pueden ponerse realmente complicadas. Asegúrese de conocer bien sus límites y de no ponerse en una situación peligrosa si no confía en su propio autocontrol.

Aceptar la responsabilidad

A veces, no queremos tener que admitir que nos equivocamos, así que acabamos poniéndonos en una mala posición, sólo para intentar demostrar a alguien, incluso a nosotros mismos, que teníamos razón. Por ejemplo, puede que le haya hablado a todo el mundo de esa gran inversión que iba a hacer, compartiendo consejos y secretos con otros amigos traders sobre un precio que esperabas que subiera.

Luego, puede que ese precio nunca subiera y se quedara con la misma cantidad que invirtió en un principio. Se equivocó, pero aún no está dispuesto a rendirse. Entonces, el precio empieza a caer rápidamente, pero aún no está preparado para admitir que se ha equivocado, así que no vende, aunque empiece a perder dinero. Hay que saber cuándo aceptar la responsabilidad, y admitir que uno puede haberse equivocado en una determinada decisión.

Los cerdos son sacrificados

Este es un dicho común en el mundo de la bolsa. Significa que los cerdos (cualquier persona que se vuelva demasiado codiciosa), serán destruidos por el mercado de valores debido a su ciego deseo de ganar dinero. Asegúrese de no ser un cerdo. Para evitar desear siempre más, y tener una mentalidad que le presione para duplicar las ganancias, asegúrese de llevar un registro de cuánto ha estado ganando.

Esto podría consistir simplemente en algunas notas en su diario sobre la cantidad de dinero que ha ganado hasta ahora. Es conveniente que mire continuamente cuánto dinero ha ganado, para asegurarse de que mantiene la percepción de lo lejos que ha llegado, en lugar de mirar continuamente al futuro y preocuparse por lo lejos que tiene que llegar. Recuerde que toda fortuna importante tarda en construirse.

Aunque puede que oiga algunas historias de personas que han ganado miles de dólares de la noche a la mañana gracias a un gran consejo, recuerde que esto no es habitual. Es posible que usted sea la próxima persona en obtener una enorme suma de dinero a partir de una pequeña inversión, de forma rápida, pero no puede permitirse confiar en esto.

Disciplina

Tener un buen conocimiento y comprensión de las diferentes acciones y opciones es importante, pero la disciplina podría ser la cualidad más importante que debe tener un operador. No sólo hay que evitar el miedo y la avaricia, sino que hay que asegurarse de mantener la disciplina en todas las demás áreas.

Por un lado, esto significa estar al día con las acciones y mantenerse organizado. No hay que limitarse a revisar las cosas cada pocos días. Incluso si planea aplicar una estrategia más larga para sus ganancias, debe mantenerse al tanto de lo que ocurre en el mercado a diario para asegurarse de que no se pasa nada por alto.

En otro orden de cosas, debe mantenerse disciplinado con su estrategia. Decida dónde pueden doblarse las reglas personales y hasta qué punto está dispuesto a salir de su zona de confort. Aunque hay que planificar la gestión del riesgo, también hay que planificar que las cosas puedan salir bien. Si el precio se mueve más arriba de lo que usted esperaba, ¿va a aguantar, o seguirá estrictamente su estrategia?

Apéguese a su plan

Si no se ciñe al plan adecuado, puede acabar desbaratando todo el proceso. Puede recordar este aspecto en otros ámbitos de su vida. Puede ser un poco despistado con el plan, pero si se desvía demasiado, ¿de qué sirve tenerlo, en primer lugar? Si es demasiado estricto, podría perder algunas grandes oportunidades, pero un exceso de pérdidas también puede hacer que todo se desmorone.

Prepárese para la gestión de riesgos

Además de saber cuándo hay que retirarse para evitar ser avaricioso, también hay que asegurarse de hacerlo para no acabar perdiendo dinero. Tenga planes para la gestión de riesgos, y asegúrese de que los cumple para no perder dinero al final.

Determine qué es lo que funciona mejor

El aspecto más importante en una mentalidad de trading es recordar que cada persona es diferente. Lo que funciona bien para usted podría ser la ruina de otra persona, y viceversa. Practique diferentes métodos, y si algo le funciona, no tenga miedo de seguir con eso. Permita que haya variedad en sus estrategias, pero sea consciente y estricto con lo que excluye y lo que permite. Identifique sus puntos fuertes y débiles para poder hacer crecer continuamente sus estrategias, y determinar siempre cómo puede mejorar y cómo puede recortar las pérdidas innecesarias.

COSAS QUE DISTINGUEN A LOS OPERADORES EXITOSOS Y PERDEDORES EN EL COMERCIO DE OPCIONES

Como operador de opciones, debe saber cómo calcular y encontrar el punto de equilibrio. En el comercio de opciones, hay básicamente dos puntos de equilibrio. En el caso de las opciones a corto plazo, debe utilizar las tasas de comisión y el diferencial de oferta para calcular el punto de equilibrio. Esto es así, si tiene la intención de mantener las opciones hasta su fecha de vencimiento.

Ahora bien, si busca operar a corto plazo sin retener las opciones, entonces averigüe la diferencia entre el precio de venta y el precio de compra. Esta diferencia también se conoce como spread.

Aproveche la tendencia de la acción subyacente

Como inversor y operador de opciones, debe considerar como una amiga a la tendencia de la acción subyacente. Esto significa que no debe luchar contra ella. Básicamente, si el precio de la acción se dirige hacia arriba, debe encontrar una estrategia que esté en consonancia con este movimiento. Si se opone a él, es poco probable que gane.

Del mismo modo, si la acción tiene una tendencia a la baja, no se oponga a este movimiento, sino que intente encontrar una estrategia que se adapte a esta tendencia. Sin embargo, tiene que entender que este dicho pretende, guiarle pero no es necesariamente una regla. Esto significa que debe aplicarlo incluso teniendo en cuenta todos los demás factores. Por ejemplo, las noticias más importantes pueden tener un efecto inmediato en la tendencia del precio de un valor o de las acciones.

Como operador, debe aprender a incorporarse con éxito a una tendencia, y a seguir a la multitud, en lugar de irse a los extremos y oponerse a ella. La mayoría de los aficionados que ven una tendencia alcista suelen pensar que la acción está a punto de estabilizarse. Sin embargo, la realidad es que el impulso es a menudo considerado como algo muy importante por los comerciantes experimentados. Por lo tanto, no intente oponerse a la tendencia, porque seguramente perderá. En su lugar, intente diseñar una estrategia que se adapte a ella. En resumen, la tendencia es siempre su amiga, no se resista, pues el impulso es estupendo.

Esté atento a las fechas de publicación de los resultados

Las opciones de compra y de venta suelen ser caras, y su precio aumenta significativamente si se avecina un anuncio de ingresos. La razón es que la anticipación de un informe de buenos o malos beneficios probablemente afectará al precio de las acciones. Cuando se trata de una acción subyacente en una operación de opciones, entonces debe ajustar sus operaciones adecuadamente.

Una vez que se haya producido la publicación de los ingresos, los precios de las opciones caerán significativamente. También hay que estar muy atento a esto. Los precios subirán primero, justo antes de la publicación de los beneficios, y luego caerán poco después. También es posible que los precios de las opciones de compra bajen a pesar del anuncio de los ingresos. Esto puede ocurrir si los beneficios anunciados no son tan impresionantes como se esperaba.

Por ejemplo, acciones como Google pueden subir vertiginosamente durante la semana del anuncio de los beneficios, para caer significativamente poco después.

Consideremos las acciones de Apple que cotizan a 450 dólares en los mercados. Las opciones de compra con Apple como acción subyacente cotizaban a 460 dólares. Sin embargo, el mercado tenía como objetivo un precio de 480 dólares en 3 días, lo que no ocurrió. Esto cuesta dinero a los inversores. Este tipo de activos subyacentes se consideran volátiles, debido a la gran subida del precio, la rápida caída que se produce poco después y el consiguiente riesgo de perder dinero.

TRAMPAS QUE SE DEBEN EVITAR EN EL DÍA DE VENCIMIENTO

La facilidad de las directrices para la participación y la comercialización agresiva provoca un vivo interés de la gente en el comercio de opciones binarias. Algunos corredores codiciosos se aprovechan de este deseo, que toca a un público de nuevos inversores privados, en su mayoría principiantes. Los abusos o fraudes más frecuentes son:

• La imposibilidad de retirar su dinero: aquí, el fraudulento corredor de opciones binarias le impide cualquier retiro, o no acepta retiros hasta que se alcance un nivel mínimo en la cuenta.

• Fraude en la tarjeta bancaria: una vez que se envían los datos bancarios (por teléfono o después de un primer depósito) se realizan retiros de la cuenta de los clientes sin su autorización.

• Se ofrece una "bonificación" a los clientes; la empresa se compromete a abonar en la cuenta del cliente la misma cantidad que este depósito. El cliente descubre entonces que la bonificación no se concede hasta que "apueste" al menos X veces su importe (de 20 a 30 veces en los casos citados).

• Fraude en cuentas gestionadas: se ofrecen ofertas de práctica, y se asigna un "entrenador" al cliente. Muy a menudo, el entrenador propone a los debutantes ser asesorados por teléfono en sus apuestas. Cuando se producen las primeras pérdidas, los entrenadores aconsejan al cliente que coloque fondos suplementarios para "rehacerse". Cuando las pérdidas se acumulan, "el preparador se desentiende, o sólo explica que una mala operación es el origen de las pérdidas".

• Condiciones de negociación imposibles de cumplir: el corredor exige al inversor que haga posiciones más de X días en el mes. Tal vez incluso más que el número de días trabajados en el mes.

- Penalización por retirada: el corredor aplica importantes "cargos" del 10 al 50 por ciento, para disuadir al inversor de recuperar su dinero. Por lo general, el comerciante no tiene conocimiento de esta información hasta el día en que intenta retirar sus fondos y le cuesta encontrar esta información antes.

Por otra parte, si las empresas más serias plantean el acceso a un mercado resultante de la oferta y la demanda, la mayoría se contenta con proponer productos de venta libre (sin pasar por un mercado de valores). Los precios los decide entonces la propia empresa, que actúa como contrapartida por cuenta propia, y tiene un interés en que el cliente pierda, ya sea por una empresa afiliada, o algún amigo.

Capitúlo 13 ¿Por qué es tan arriesgado el apalancamiento?

Otro riesgo importante que hay que tener en cuenta es el apalancamiento. Como las opciones no cuestan tanto como las acciones, ya que son simplemente un contrato, esto significa que experimentan ganancias porcentuales de precio desproporcionadamente grandes, en reacción a los movimientos de precio de las acciones subyacentes, mucho más caras. La gran ventaja de esto es que se obtienen grandes ganancias porcentuales cuando la acción subyacente se mueve en la dirección prevista, incluso por una pequeña cantidad. Sin embargo, la desventaja es que también da lugar a una pérdida del 100% de la inversión, si la acción se mueve incluso por la cantidad más pequeña en la dirección equivocada. Esto no es necesariamente un problema para los principiantes, o al menos no debería serlo, ya que el riesgo se manifiesta principalmente al operar con una posición demasiado grande. Sin embargo, debe ser consciente de que, por muy beneficioso que sea el apalancamiento, también puede ser un arma de doble filo, así que tenga en cuenta que es un riesgo que hay que asumir. Una forma sencilla de anular o minimizar este nivel de riesgo es mantener una posición de tamaño reducido.

Por último, las opciones, como sabemos, poseen un valor temporal (valor extrínseco) además de su valor intrínseco inherente (valor en dinero), lo que también es otra arma de doble filo. Para los compradores de opciones, el decaimiento del tiempo actúa como un viento en contra, porque disminuye continuamente el valor de la opción. Al hacerlo, aumenta la dependencia de un mayor movimiento del precio de las acciones para alcanzar el equilibrio en la operación. Para los emisores de opciones, actúa como un viento de cola, porque permite generar un beneficio a través de los ingresos constantes de la prima, independientemente de que la acción se mueva o no.

LAS VENTAJAS DEL APALANCAMIENTO EN EL TRADING DE OPCIONES

Las bolsas de opciones desempeñan un papel fundamental a la hora de garantizar que haya suficientes valores en los que basar los contratos de opciones. A continuación se detallan algunas de las funciones significativas de una bolsa de opciones (VAIDYA, 2017).

Liquidez

Tal vez la función más importante de las bolsas de opciones sea garantizar la disponibilidad de los mercados para los contratos de opciones. Los mercados garantizan que los titulares de las opciones puedan ejercerlas, y que haya suficientes compradores para adquirirlas. Los operadores buscan vías para aumentar su potencial de ganancias, y la liquidez les ayuda a conseguirlo. Los contratos de opciones tienen un límite de tiempo, a diferencia de otros valores, como las acciones, lo que hace necesaria la liquidez. La existencia de los creadores de mercado es especialmente responsable de la liquidez.

Evaluar la economía de un país

El estado de un mercado de opciones puede comunicarnos de forma fiable cómo es la situación económica del país. Los activos subyacentes más comunes en los que los operadores basan sus opciones son las acciones. Las condiciones económicas imperantes se reflejan siempre en los precios de las acciones de las distintas empresas. Si el país experimenta prosperidad, los precios de las acciones subirán, y si el país experimenta una caída del mercado, los precios de las acciones bajarán. Por lo tanto, las bolsas de opciones desempeñan un papel fundamental a la hora de garantizar que los operadores tengan una idea de la evolución de la economía de su país. Las acciones son el pulso de una economía, y son predictores precisos del estado económico de un país.

Precios de los valores

Los operadores de opciones tienen un amplio abanico de posibilidades a la hora de elegir los activos subyacentes. Sin embargo, el valor de un activo subyacente lo determina la bolsa de opciones en función de las fuerzas de la demanda y la oferta. Los valores financieros de las empresas prósperas valen más que los de las empresas poco exitosas. La cotización de los valores es importante, no sólo para los comerciantes, sino también para los gobiernos. Los gobiernos cobran impuestos sobre las ganancias obtenidas del comercio de opciones, por lo que primero tienen que conocer el valor de los activos.

Seguridad de las transacciones

Los operadores quieren estar seguros de que pueden confiar en todas las partes con las que hacen negocios. Por lo tanto, la labor de una bolsa de opciones es asegurarse de que los participantes son dignos de confianza. Por un lado, la mayoría de los contratos de opciones se basan en valores financieros de empresas que cotizan en la bolsa, y estas empresas deben operar con normas y reglamentos estrictos. De este modo, el operador tiene garantizada la seguridad cuando negocia con otras partes. Los mercados de opciones deben proporcionar toda la información pertinente sobre los contratos de opciones y los valores para disuadir al operador de hacer un movimiento por ignorancia.

Proporcionar un margen de especulación

La especulación es fundamental para garantizar un equilibrio saludable entre la oferta y la demanda de valores. Muchos operadores obtienen sus beneficios del riesgo puramente especulativo. Han desarrollado la habilidad de determinar el movimiento de los precios. Las bolsas de opciones proporcionan a los operadores los recursos y las herramientas para especular con el rendimiento de los valores, lo que les permite obtener beneficios.

Promueve la cultura de la inversión

Las bolsas de opciones son fundamentales para promover la cultura de la inversión en valores importantes, como las acciones, frente a activos improductivos, como los metales preciosos. Los operadores disponen de una amplia selección de valores subyacentes en los que basar sus contratos de opciones, por lo que no se ven limitados en el alcance de sus estrategias. Una sólida cultura de ahorro e inversión es fundamental para el progreso económico de un país.

Un mercado constante para los valores

Las bolsas de opciones permiten a los operadores basar sus opciones en una amplia gama de valores subyacentes, y en caso de cualquier riesgo, los operadores tienen la libertad de cambiar de un valor a otro. Esto es diferente de la compra de acciones, en la que uno está atado a las consecuencias de sus malas decisiones.

Creación de capital

Las bolsas de opciones promueven la agrupación y redistribución de recursos. Las bolsas crean una situación en la que ambas partes salen ganando. Las empresas obtienen capital cuando sus acciones cotizan en bolsa, y sus valores actúan como subyacentes. Por otro lado, los operadores se benefician del alto potencial de ganancias y de los bajos requisitos de capital de los contratos de opciones. Así pues, las bolsas de opciones desempeñan un papel fundamental a la hora de garantizar que ambas partes estén en condiciones de generar capital.

Control de las empresas

No se puede exagerar la importancia de la transparencia en el mercado de derivados. Si un operador tiene la mala suerte de trabajar con empresas poco fiables, podría perder fácilmente sus ganancias. Las bolsas de opciones dificultan que las empresas sospechosas estropeen el mercado. Por ejemplo, las empresas que cotizan en la bolsa tienen que presentar los documentos pertinentes y cumplir con ciertas normas de rendimiento, ya que al hacerlo aumentan la confianza de los inversores. Las empresas que se niegan a cooperar con las bolsas son expulsadas del mercado.

Política fiscal y monetaria

La política fiscal y la política monetaria del gobierno no deben perjudicar a los actores de la industria financiera. Las bolsas de opciones facilitan la creación y ejecución de las políticas clave que regirán los mercados financieros.

Canalización adecuada de la riqueza

Las opciones son una forma excelente de dar un gran uso al capital, en lugar de que éste permanezca estancado. De este modo, la economía se beneficia de una inyección de capital que de otro modo habría estado inactiva. La inyección de capital en la economía fomenta la distribución de la riqueza y combate desgracias económicas, como el desempleo.

Propósitos educativos

El comercio de opciones presenta procesos complejos. Incluso las personas que afirman entender el comercio de opciones pueden ser engañadas de forma indirecta. Por lo tanto, la importancia de la educación no puede ser exagerada. Muchos operadores se limitan a entender las cosas y se lanzan a comprar y vender contratos de opciones, olvidando que es fundamental instruirse primero. Las bolsas de opciones ofrecen una gran cantidad de recursos e información para ilustrar a los operadores. Los operadores preparados pueden incrementar su actividad comercial.

DESVENTAJAS DEL APALANCAMIENTO EN EL TRADING DE OPCIONES

Una vez más, no voy a aburrirle con elaboradas explicaciones sobre las desventajas de la negociación de opciones. En su lugar, he aquí otra lista útil que describe claramente por qué los operadores podrían optar por alejarse de las posibles oportunidades de negociación de opciones:

• Las opciones son inversiones sensibles al tiempo. Sí, puede elegir opciones en función de las fechas de vencimiento, pero siempre estará limitado a una determinada fecha de vencimiento, en la que debe elegir si actuar o abandonar.

• El éxito de las operaciones con opciones requiere de su atención y de su tiempo. Sin ellos, se arriesga a perder las oportunidades potenciales de generar beneficios, que se derivan de la compra o venta de su opción de compra o de venta, en el momento adecuado y más rentable.

• Las opciones no dejan seguimiento en papel. Con las acciones y los bonos, por ejemplo, recibirá algún tipo de certificación en papel sobre su inversión. Las opciones son inversiones de "anotaciones en la cuenta", lo que significa que usted no recibe ninguna certificación en papel que demuestre su derecho a una opción, o la titularidad de la misma.

• Está trabajando en el mercado de valores, un lugar muy volátil, donde los cambios se producen de forma repentina y dramática. Tendrá que estar en constante alerta, o al menos contratar a un corredor que lo haga.

• Tendrá que estar en una situación financiera algo estable antes de poder operar con éxito. Sin embargo, establecer y alimentar con frecuencia algún tipo de "fondo de inversión" antes de empezar a operar con opciones, solucionará en cierto modo una situación financiera inestable.

¿CUÁNTO APALANCAMIENTO SE NECESITA EN EL TRADING DE OPCIONES?

Hay que tener en cuenta otros dos factores de costos de las opciones:

1. Los costes asociados al proceso de negociación

2. El coste del ejercicio de la acción

Al comprender la estructura básica de costes de una opción, se puede ver cómo las opciones también añaden, mediante el apalancamiento, un elemento de riesgo, a pesar de que las opciones también proporcionan cierto apalancamiento con un riesgo reducido.

Para complicar un poco el asunto, está el hecho de que los precios de las opciones se basan parcialmente en probabilidades. En el caso de las opciones sobre acciones, hay que tener en cuenta la probabilidad de que una opción concreta esté "in the money", o ITM (que tenga valor intrínseco), antes o en el momento del vencimiento, teniendo en cuenta el tipo de movimientos de precios que ha experimentado recientemente la acción subyacente. La forma de valorar una opción tiene en cuenta 6 factores: el precio de la acción, el precio de ejecución, el tiempo hasta el vencimiento, los índices de interés y los dividendos, pero hay un factor clave: la volatilidad.

CÓMO GESTIONAR EL RIESGO EN EL TRADING DE OPCIONES

Algunas personas tienen miedo de entrar en el mercado de comercio de derivados, lamentándose de que suele ser una actividad muy arriesgada, pero eso no es necesariamente cierto. Por supuesto, encontrará casos en los que las opciones pueden ser arriesgadas, pero también puede encontrar situaciones en las que las opciones le ayuden a minimizar el riesgo. Todo depende del método que se utilice. Las opciones requieren menos compromiso financiero que las acciones, y también son resistentes a los efectos negativos de las aperturas de brechas.

Una razón justificada para optar por la compra de opciones, es que usted puede ser capaz de limitar su nivel de riesgo a sólo la cantidad de dinero que paga por la prima. Con otras opciones de inversión, usted puede llegar a perder una gran cantidad de dinero en efectivo, incluso el dinero que no invirtió al principio, pero esto no sucede si está trabajando con las opciones.

Supongamos que ha visto que los precios de las vacas van a subir. Usted podría pagar algo de dinero por adelantado y llegar a un acuerdo vinculante con otra persona para intercambiar sus cinco vacas por 2.000 dólares. En ese momento, como está utilizando un contrato de opciones, no obtuvo las vacas por adelantado.

Por otro lado, si se hubiera acercado al vendedor, y le hubiera comprado esas vacas directamente, para terminar con un precio de 10.000 dólares, podría acabar en problemas. En este ejemplo, el precio de venta de las vacas podría acabar cayendo en 500 dólares, en lugar de subir en 500 dólares, por lo que acabaría perdiendo 2.500 dólares dentro del proceso. Sin embargo, dado que acudió al contrato de opciones, probablemente perdería un máximo de 250 dólares si los precios cayeran después. Todavía está en posición de perder algo de dinero; sin embargo, puede ser mucho menos de lo que podría haber perdido de otra manera.

CÓMO OPERAR INTELIGENTEMENTE UTILIZANDO EL APALANCAMIENTO

Mientras que la inversión es un pasatiempo que crece rápidamente para algunos operadores, es una carrera para otros. Sin embargo, a pesar de su situación comercial personal, tendrá que entrar en el ámbito del comercio de opciones sabiendo que será uno de los miles y miles de comerciantes que buscan generar un beneficio sustancial a través de él. Pero, ¿quiénes son esos miles y miles de operadores individuales o corporativos con los que se encontrará y con los que, tal vez, luchará por una inversión? Bueno, en pocas palabras, esas personas y organizaciones son sus competidores. Son individuos ambiciosos, como usted, que se levantan cada mañana con la intención de generar grandes ganancias, la expectativa de tomar decisiones rápidas y fundamentadas, y la comprensión de que necesitan tomar riesgos calculados.

Siempre es una excelente idea reunir a personas con ideas afines en el ámbito del trading, para discutir las posiciones actuales, y para intercambiar ideas con ellos. Estoy completamente a favor de esto, y usted también debería considerar hacerlo. Pero a fin de cuentas, su éxito depende de que sea capaz de tomar decisiones más rápidas y más fundamentadas, y de abordar la toma de riesgos calculados de una forma más segura, y con más conocimientos, que otros operadores. Cuando hace todo esto mejor que otros operadores, descubre mejores oportunidades financieras, genera mayores beneficios, y consigue más éxito.

Sin embargo, no estoy diciendo que deba darle la espalda a todas las personas que conozca, ni que deba considerar su actividad en el ámbito de las opciones como una misión individual. Crear conexiones y amistades duraderas con otros operadores es lo ideal, por supuesto. Pero lo que le sugiero es que tenga en cuenta que, al final del día, su éxito depende de usted, y solo de usted.

Bueno, eso tampoco es del todo exacto, porque si bien es cierto que tiene una cantidad abrumadora de competencia dentro del ámbito del comercio de opciones, no cabe duda de que también tiene un gran grupo de partidarios y aliados. ¿Pero quiénes son estos aliados exactamente? Bueno, sus principales aliados comerciales son los corredores. Si no está del todo familiarizado con lo que es, o lo que hace un corredor, un corredor (o agente de corretaje) es alguien que compra y/o vende un activo, o activos, para otra persona (usted, en esta situación). Se trata de una persona u organización empleada para arreglar o negociar asuntos financieros para la(s) persona(s) u organización(es) empleadora(s).

Capitúlo 14 Entradas y salidas

Hay una vieja expresión: "es muy importante que un avión despegue, pero es mucho más importante que aterrice". ¿Qué significa eso? Es simple y sencillo. La parte fácil es colocar las operaciones, y la parte difícil es decidir cuándo registrar los beneficios, dejar correr una operación, añadir a una posición, o reducir las pérdidas. Esto se puede gestionar con un plan de trading fácil y sencillo, o quizás con un diario.

Cuando yo estaba en el mercado, había una empresa que solía hacer que todos sus operadores escribieran cada una de las operaciones que habían ejecutado ese día, por qué las habían colocado, si eran rentables y por qué las habían retirado. El trading se basa en patrones, y en ver si puede reconocer patrones en usted mismo. Algunos operadores operan bien por la mañana, y como saben que se agotan por la tarde, algunos operadores siempre hacen su entrada inicial en largo. Por lo tanto, debe entender cómo opera y qué acciones opera bien. Es muy importante si realmente desea convertirse en un trader profesional. Personalmente, sé que opero muy bien por la mañana, porque es cuando hay más acción, y luego todo disminuye. Me gustan los mercados rápidos y volátiles, cuando hay grandes oscilaciones intradiarias. No opero bien en los mercados de rango limitado y en los mercados alcistas lentos.

Otro de mis amigos solía decirme que en el Texas hold 'em no existe una mala mano, sino un mal flop. Eso significa que usted podría tener un 2 y un 7 en su mano, la peor mano en el póker, en cuanto a probabilidad, pero el flop podría ser 7, 7, 2. Bien, usted acaba de pasar de una mano muy mala, a un full. Siempre digo que, mientras un trader tenga un punto de salida, no hay tal cosa como una mala operación. Creo que la probabilidad y las matemáticas siempre triunfarán, pero si un operador compra una barra bajista después de que la acción se haya vendido, desde la apertura hasta el cierre, durante 12 días consecutivos, existe la posibilidad de que todavía pueda ganar dinero en esa operación. Exploremos esto un poco más y ayudemos a entender los candelabros de velas, y por qué son tan importantes cuando se combinan con la nube Ichimoku.

Las velas nos muestran la acción del precio y su impulso. Una simple vela nos muestra cuatro factores muy importantes: la apertura, el máximo, el mínimo y el cierre. Las velas pueden estar en cualquier marco de tiempo, y es importante alinear el producto adecuado con la velocidad con la que se mueve. Una acción o materia prima que se mueve rápidamente se negociaría en un marco de tiempo más acelerado, y una acción o producto que se mueve mucho más lentamente tendría que ser movido a un marco de tiempo más largo. Cuando se utiliza la nube de Ichimoku, estas son las mejores configuraciones para que un operador opere en ellas:

Forex: barra de 4 horas

Futuros: day trading, barra de 12 minutos, haciendo aplicando swing trading: gráfico diario

Acciones: barra diaria, a menos que se haga day trading con ellas, si es así, un gráfico diario.

Si un trader viniera y me dijera: "AK, quiero que el 95% de mis operaciones sean ganadoras". Yo diría que es fácil, pero eso no significa que la cuenta de operaciones vaya a ganar dinero. Sé que podría salir al mercado y vender un Call Spread de 1 dólar por 0,01 dólares, y ese Call Spread ganaría dinero el 99% de las veces, pero la única vez que perdiera se comería todos los beneficios. Es muy importante asegurarse de que tenemos una configuración adecuada de riesgo y recompensa, y cuando un operador está comprando una opción, el tiempo siempre está en su contra.

En la planta de trading, había un anciano, en mi foso de operaciones, que se llamaba Paul. Un corredor entraba en la sala de operaciones y nos pedía un mercado para una opción. Digamos que, basándonos en nuestros valores teóricos, ofertamos 5,00 dólares a 5,20, 100 por encima. Esto significa que, como operador, compraríamos 100 a 5,00 dólares, y venderíamos la misma opción a 5,20 dólares. Así es como un creador de mercado ganaría dinero en su carrera, comprando en la oferta y vendiendo en la demanda. Ser un creador de mercado es muy diferente a operar como un comerciante minorista, porque sólo estamos tratando de hacer dinero con el diferencial entre la oferta y la demanda en las opciones, y en la volatilidad implícita.

Si compráramos la opción, todos los operadores tratarían de vender acciones contra sus órdenes de compra como una cobertura "delta neutral" contra la posición. Si conseguíamos nuestra cobertura, entonces no solíamos perder dinero en esa dirección, pero podíamos perder dinero si la volatilidad implícita caía.

Luego estaba Paul. En el momento en que compraba esas opciones de compra, las ofrecía a 5,10 dólares. Así que, en teoría, si la acción se movía hacia arriba, Paul aseguraría su beneficio de 0,10 dólares. La mayoría de los operadores estarían bien, porque si usted recuerda, vendimos acciones contra esas opciones de compra. Sin embargo, Paul, en teoría, estaba intentando ganar 1.000 dólares y estaba dispuesto a arriesgar 50.000 dólares (100 * 5,00 *100). Obviamente, esto no es una muy buena relación riesgo-recompensa, y fue la razón por la que Paul ya no estaba operando en los fosos de negociación después de un par de meses.

Si alguien en el mundo le dijo que el comercio de opciones es fácil, están equivocados. Hay muchas variables y factores que juegan con su mente. Entender el riesgo es una de las cosas más importantes a la hora de operar. A menudo me comparo con un gestor de fondos de cobertura, que debe gestionar el riesgo. A menudo vendo posiciones, no porque no me guste esa operación, sino porque me gusta más otra posición.

Cuando estoy operando, observo la actividad inusual de las opciones, y miro el volumen, el interés abierto y el gráfico. También miro el tiempo que tiene la opción hasta el vencimiento, y entiendo que $500 de riesgo en las opciones semanales es mucho más riesgo que $500 de riesgo en la posición de la opción que está a un año de plazo.

Hace poco estuve en Nicaragua, y me dijeron que es un país muy peligroso, y que secuestran a la gente sin motivo con mucha facilidad. Así que tomé un taxi desde el aeropuerto hasta Puerto Cortés, donde estaba mi hotel. Durante todo el trayecto pensaba en un plan de salida. Si el taxista se detuviera de repente a un lado de la carretera, hacia dónde correría, si tengo algo afilado en el bolsillo, y que podría hacer. En el trading debería ocurrir lo mismo. Cada comerciante debe tener un plan de salida sobre lo que debe hacer en cualquier operación. ¿Está bien el precio de la opción, el precio en el que se negocia el gráfico, el período de tiempo, o debo mantenerlo para una operación de swing? Todo esto es muy importante. Todos sabemos que los buenos operadores piensan en cuánto dinero pueden ganar, pero los mejores operadores saben cuánto dinero pueden perder si se equivocan. Simple y sencillo: nunca jamás compre opciones de compra por 1,00 dólar sin un plan de salida basado en el precio de la opción, el precio de la acción, o el período de tiempo. Eso ayudará mucho a su negociación.

Capitúlo 15 Gestión del riesgo

Un swing trader puede tener el mejor sistema de trading para el mercado Forex, pero sin un buen plan de gestión de riesgos, podría perderlo todo en cuestión de horas. En términos sencillos, la gestión del riesgo consiste en unir ideas que ofrezcan una protección contra las caídas para los operadores. En el mercado Forex, un swing trader puede optar por una serie de estrategias, que incluyen la selección de un volumen de pérdidas adecuado, el uso de órdenes de stop-loss, la diversificación de la inversión y el uso de herramientas de análisis para supervisar las operaciones.

Consejos para la gestión del riesgo

Aparte de las órdenes de stop-loss y la diversificación, hay una serie de consejos que se pueden seguir para reducir el riesgo, entre ellos:

Seguir la tendencia

Es posible que uno haya decidido mantener una posición durante un tiempo prolongado. Sin embargo, todo operador debe reconocer que, independientemente de la posición que adopte, no se puede luchar contra las tendencias y los movimientos del mercado. Debe adaptarse a los cambios y asegurarse de que las estrategias de trading reflejan los nuevos aspectos; esto le ayudará a reducir el riesgo.

Continúe aprendiendo

Cada día surge nueva información en el mercado. A medida que el mundo cambia, también lo hacen la economía y el mercado. Un operador debe saber cómo funciona el mercado en la actualidad, cómo ha evolucionado y hacia dónde podría dirigirse.

Utilizar herramientas y programas de ordenador

El uso de herramientas y programas puede ayudar a seleccionar una buena opción y a evitar el riesgo. Sin embargo, es importante tener en cuenta que estos sistemas son creados por seres humanos, por lo que no son del todo perfectos. Es mejor utilizarlos como una herramienta de asesoramiento, y no como una base completa de las decisiones de negociación.

Utilice un apalancamiento limitado

El apalancamiento es muy atrayente, porque da al operador la oportunidad de obtener mayores beneficios. Sin embargo, también aumenta las posibilidades de perder el capital; por lo tanto, hay que evitar recurrir a un apalancamiento masivo. Un movimiento erróneo con el apalancamiento, y toda su cuenta puede desaparecer.

La gestión del riesgo en el mercado de divisas implica muchos aspectos que en realidad son muy fáciles de entender. La mayoría de ellos se han tratado en este libro. Lo difícil es reunir la suficiente autodisciplina para seguir las reglas, cuando el mercado dicta lo contrario. La conclusión es que, cuando un operador limita el riesgo, puede permanecer en el juego durante más tiempo, y seguir invirtiendo incluso en condiciones adversas.

Concusión

Como puede ver, no hay una fórmula fija para operar. Y como scalpers, sólo debemos ser flexibles y adaptar nuestras operaciones a las condiciones actuales del mercado. Si la situación cambia, no se quede estancado con su estrategia actual, ya que puede dejar de ser relevante para la nueva situación del mercado. En su lugar, cierre su posición, si su stop loss no se ha ejecutado ya, y pase a la siguiente estrategia. Pero sea cual sea el método de negociación que siga, tiene que ser riguroso en su negociación y recordar que para cada operación:

- Necesita tener un plan de negociación con un precio de entrada, un objetivo de salida y un stop loss;
- Siempre debe operar con un stop loss;
- Nunca sobreoperar utilizando demasiado apalancamiento y, por lo tanto, demasiado margen en la cuenta.

No respetar estas reglas puede provocar grandes pérdidas en su cuenta, arruinando sus ganancias acumuladas, y poniéndole en una situación difícil.

Así pues, opere de manera estricta y no tendrá problemas.

Desde mi punto de vista, el scalping es la mejor manera de empezar a operar con un riesgo mínimo, dado que los stop loss son muy ajustados y las posiciones se cierran antes de terminar las operaciones del día. Trabajando una y otra vez, acumulando pequeños beneficios, operación tras operación, puede desarrollar su confianza y disfrutar del trading como lo hago yo.

Le deseo que tenga éxito en este emprendimiento.

Made in the USA
Coppell, TX
27 October 2021